Allitera Verlag

GERD HOLZHEIMER, Dr. phil., geboren 1950, ist Autor und literarischer Land-
vermesser, Leiter literarischer Exkursionen zwischen Würm, Amazonas, Man-
dovi-River und Ammer oder Amper. Er wirkte an dem Film »Trüffeljagd im
Fünfseenland« (2013) mit, verfasste Buch und Drehbuch dafür. Holzheimer ist
künstlerischer Leiter der Veranstaltung »Literarischer Herbst« im Landkreis
Starnberg und Herausgeber der Zeitschrift »Literatur in Bayern«.

VOLKER DERLATH lebt seit 1982 als freier Fotograf in München. Seine Haupt-
betätigungsfelder sind München und Umgebung. Seit 1998 arbeitet er zusätzlich als Dozent für verschiedene Bildungsträger. Zur Erholung fährt er immer
wieder an den Ammersee.

Gerd Holzheimer &
Volker Derlath

Miniaturen

Allitera Verlag

Weitere Informationen über den Verlag und sein Programm unter
www.allitera.de

Originalausgabe
Juni 2015
Allitera Verlag
Ein Verlag der Buch&media GmbH
© 2015 Buch&media GmbH, München
© 2015 alle Fotografien Volker Derlath
Umschlaggestaltung unter Verwendung eines Fotos von Volker Derlath
Druck: Printingsolutions.pl
Printed in Europe · ISBN 978-3-86906-688-2

Inhalt

Leinen los

Ein Schiff pflügt sich durch einen See, rot ragt ein Horn in den blauen Himmel: Durchsagen für irdische Passagiere. Über das Signalhorn erfährt man Richtungsänderungen des Dampfers. Dreimal Tuten hintereinander bedeutet Rückwärtsfahrt. Zweimal eine Kursänderung nach Backbord, eine nach Steuerbord, glaub ich jedenfalls – oder ist es umgekehrt? Aber Steuerbord ist doch rechts, oder? Sollte man wissen als Segler, damit man weiß, wohin man ausweichen muss. Als Leser muss man es nicht wissen. Man muss auch nicht ausweichen, aber man kann Richtungen folgen, backbord, steuerbord. Rückwärts besser nicht, vorwärts ist immer gut: Richtungen, die Wege weisen, für den Lauf, wie ihn das Leben nehmen kann, Wegweiser für das eigene.

Über die Lautsprecher hören wir Durchsagen: wo wir hinfahren, wo wir anlegen, wann es weitergeht. Wichtige Informationen für die Weiterfahrt auf dem See, gleichzeitig grundlegende menschliche Fragen: Woher kommen wir? Wer sind wir? Wohin gehen wir? Oder noch mehr: Was wollen wir im Leben? Was ist daraus geworden? Wo könnten wir noch hingehen?

Zu dem einen Grundton des Schiffshorns gesellen sich andere, mehrere andere, sodass nach und nach eine Symphonie erklingen wird, die Symphonie einer Landschaft und der Menschen, die in ihr leben, mit der Musik, die sie spielen, mit den Geschichten, die sie erzählen, mit den Bildern, die sie aus ihrem Inneren schöpfen. Auf diese Weise entsteht eine Art von barockem Gesamtkunstwerk, voller Widersprüche, voller Auf- und Erlösungen, Abgründe, Einsichten, Blödheiten, Erleuchtungen, Glück, Trauer, edler Gefühle, stiller Schönheit und großem Jubel: Kommen Sie! Zum Ammersee!

Der See

Die Schiffe auf dem Ammersee heißen »MS Herrsching« und »MS Diessen«, es gibt die »MS Utting« und die »MS Augsburg«. Allein, dass ein Schiff »Augsburg« heißt, stellt einen anderen geografischen Bezug her, als ihn der Starnberger See hat. Der Ammersee ist ein See, nach dem sich die Augsburger stärker sehnen als die Münchner. Der Dampfer »Augsburg« ist eher klein, es ist wirklich kein großes Schiff, vielleicht auch ein wenig altmodisch,

liebenswürdig altmodisch. Kaum hört man ein Motorengeräusch, es gleitet durch den See, als gehörte es selbst dazu, nicht nur als Teil der Bayerischen Seenschifffahrt, als Bestandteil der friedlichsten Flotte der Welt, sondern als eine Woge im See, ein Molekül Wasser, na gut, sagen wir: viele Moleküle. Ein wenig anders die »Diessen«, der Schaufelraddampfer: mächtiger, raumgreifender, ackert er sich mit seinen Maulwurfsschaufeln durch den See, verwandelt den Ammersee in einen Mississippi, der breit und gemächlich sich so gut wie gar nicht vorwärtsbewegt. Nicht anders die »Herrsching«. Ihr Schaufelrad als Logo noch mal am Schiffsleib: Könnte auch ein Sonnenrad sein, die Jakobsmuschel, und ist es auch, all das: Schaufelrad, Sonnenrad, Jakobsmuschel – alle Bewegung als Weg, entscheidend ist das Unterwegssein, im Unterwegssein entsteht das Sein.

Über dem Anker kräuseln sich die Wellen. Eine Nymphe hat einen dicken Fisch gefangen. Den bringt sie fröhlich lächelnd dem Löwen hinterdrein, der das bayerische Wappen vor sich her als Bug durchs Wasser steuert. Er dreht sich um, das Wasser läuft ihm im Mund zusammen, die Zunge hängt ihm aus dem Maul, man weiß nicht, ob nach der Seejungfrau oder nach dem Fisch, wahrscheinlich nach beidem.

In seiner Mitte ist der Ammersee ein Silbersee, eine riesige Schatzkiste voller Silbertaler, und auch durch diesen Schatz im Silbersee schaufeln sich die »Herrsching«, die »Diessen«. Tom Sawyer und Huckleberry Finn treiben auf einem Floß vorüber, sie haben nichts anderes zu tun, als sich vorübertreiben zu lassen. Sie haben nichts anderes vor, darin besteht ihr ganzes Glück, Anarchisten des Glücks, direkt unmoralisch. Sie sind unermesslich reich. Ihnen gehören nicht nur all die Silbertaler, ihnen gehört noch viel mehr, ihnen gehört nichts, außer der Zeit. Das macht sie so reich. Eine Gruppe Graugänse schließt sich dieser Ansicht an und hält überhaupt nichts von Verhaltensforschung, darin sind sie sich vollkommen einig. Ein Fisch springt aus dem Wasser und jubelt: »Seht her: Ich kann fliegen!« Im Flug schwimmt er durch die Luft, macht dieselben Bewegungen wie im Wasser, dann kehrt er wieder in sein ursprüngliches Element zurück, bildet mit dem Wasser den See: Wasserstoff, Sauerstoff, Luftikus.

Ein paar Möwen verwandeln sich in Katzen und krächzen »miau, miau, miau«, nur behaglich zu schnurren, will nicht gelingen, noch nicht vielleicht. Junge Blässhühner bürsten sich die Federn auf dem Kopf in die Höhe und färben sie rot ein, Punks im Reich der Wasservögel. Vogelfreunde melden sie der Ornithologischen Gesellschaft als sensationellen Fund: Der praktisch schon ausgestorbene Waldrapp hat sich wieder angesiedelt am Ammersee. Der Vorstand der Gesellschaft freut sich und lacht.

Man kann in Stegen am Ufer des Ammersees Kaffee trinken oder ein Bier, man kann auch Minigolfspielen – oder, wenn man Zeit hat, gar nichts tun und einfach aufs Wasser schauen. Und wenn man keine Zeit hat, noch besser, dann sollte man erst recht aufs Wasser schauen und sonst nichts. Die Gedanken kommen von allein, da kann man nichts machen. Aber man kann sie ein wenig leiten, ihnen Wege anbieten, Türen öffnen, dann tun sie sich leichter.

Wenn man sich daheim fühlt, am Ufer sitzend, kann man plötzlich weit weg sein, aber »weit weg« in einem guten Sinne: Alles erscheint plötzlich neu, im Lichte einer Entdeckung, sehr aufregend. Man kennt alles und doch noch nichts, in diesem Augenblick entsteht die Welt und man selbst mit ihr.

Der Schaufelraddampfer liegt ein wenig schief im Wasser, oder es scheint zumindest so. Ja, wahrscheinlich scheint es nur so, ebenso wie es scheint, dass er da vielleicht schon ein gutes Jahrhundert lang liegt, irgendwie vergessen, weil er sich selbst vergessen hat. Er kennt jede Menge Geschichten, kein Wunder, wenn man schon den Mississippi rauf und runter ist. Ein paar Passagiere hören auf seine Geschichten, in ihrem Körper spüren sie jede einzelne Schaufel, die ins Wasser greift, als kleinen Ruck.

Langsam geht der Nachmittag in den Abend über, dunkel, wie die Nacht finster, wird der See versinken und doch derselbe bleiben – er bleibt sich immer treu.

Die Tür zur Gegend

Sitzt man am Ufer des Ammersees und schaut in die Berge, sagen wir von Stegen aus, tut sich in der Landschaft eine große Pforte auf. Zwei Kirchtürme bilden schmale Türpfosten, die sich fein und filigran in den Himmel verlängern: der vom Heiligen Berg der Bayern, vom Kloster Andechs, hoch über dem Ostufer, und der vom Marienmünster in Dießen im Westen, rechter Hand. Betritt man diese Kirche durch die Seitentür, und anders geht es meistens gar nicht, fällt der Blick unverzüglich auf einen Engel über dem Taufbecken. Er lächelt, er tanzt, er schwebt in einer Leichtigkeit, die keine Schwerkraft kennt. Dabei kennt er die Erde, er liebt die Erde, ohne jeden Zweifel kommt er aus dieser Gegend, aus dieser Umgebung, einer ursprünglich bäuerlichen. Dieser Engel ist, wie so oft Engel in Bayern, ein irdener Engel, mit allen Sinnen liebt er das Land, erkennbar ein fröhlicher. Nichts hat er von esoterischer Durchsichtigkeit, vermutlich weniger ein Fall für Betschwestern mit engen Herzen und wunden Knien. Dafür tut sich dieser Engel offenkundig zu leicht auf seinem Weg in den Himmel. Er grüßt. Lacht. Wie bei den Vögeln alles so angelegt ist, dass sie fliegen können – die Luft in den Knochen, das Federkleid, das geringe Körpergewicht – das ist diesem Engel bis ins Nasenspitzerl hinein, in die Zehen und Fingerkuppen zum Fliegen gegeben; Flügel hat er auch. Schon ist er auf dem Weg nach oben, nach ganz oben: Servus! Eine Rose im Haar zeigt seine Nähe zu Maria an, sie ist ihm sehr nah.

Aller Erkenntnis nach hat ihn Johann Baptist Straub geschaffen, der gute Mann lebte von 1704 bis 1784. Auch drüben in Andechs, auf der anderen Seite des Sees, hat er Figuren geschaffen, den Heiligen Nikolaus und die Heilige Elisabeth, die beiden Patrone der Kirche. Vom Nikolaus glaubt man gern, dass er für Geschenke zuständig ist, auch heute noch. Ursprünglich vor allem Nüsse und Äpfel, mit denen er oft abgebildet wird. Die Äpfel können auch goldene Kugeln sein, denn er soll in seiner kleinasiatischen Heimat drei jungen Frauen in drei aufeinanderfolgenden Nächten je einen Goldklumpen durch das Fenster geworfen haben, damit sie eine anständige Mitgift haben und nicht auf den Strich gehen müssen, was ihr Vater schon mit ihnen vorhatte vor lauter Verzweiflung über die Armut seiner Familie.

Auch Elisabeth ist eine, die gerne gibt. Brot bringt sie den Armen, was ihr Mann nicht wünscht, jedenfalls wird es so erzählt. Und dass sie ausgerechnet ihm in die Arme läuft, mit einem Korb voller Brote im Arm. Was sie da drin hat, möchte er wissen. Es bleibt ihr nicht viel anderes übrig, als die Decke vom Korb zu ziehen, doch sind da keine Brote mehr drin, kein einziges, aber lauter Rosen. Anders wird die Geschichte freilich so erzählt, dass ihrem Mann eine aus seiner Sicht, gelinde gesagt, etwas übertrieben gestaltete Ausübung des Glaubens zu viel wurde, namentlich endlose nächtliche Gebete oder auch masochistische Selbstgeißelungen. In noch einmal anderer Version spielt die Geschichte nicht in Thüringen, sondern in Portugal, und Elisabeth wäre solchermaßen die Elisabeth von Portugal.

Die ganze Landschaft scheint zu schweben, himmelwärts, nicht lauthals, nicht marktschreierisch, der See geht mit dem Himmel eine Einheit ein, weil er ihn spiegelt, alles scheint auf Ausgleich bedacht zu sein: Farben, thermische Strömungen, Licht – und natürlich auch Schatten.

Keine Landschaft dieser Erde, und mag sie noch so idyllisch erscheinen, kann eine Idylle sein. Dafür sorgen schon die Menschen, die da gelebt haben oder noch leben. Immer ist da auch Konflikt dabei, Destruktion, Zerstörung. Der Gazastreifen beispielsweise passt, schmal und winzig, wie er ist, zweimal zwischen Ammer- und Starnberger See, reicht von Weilheim nicht einmal bis München – und kennt nichts als Gewalt, Zerstörung und Elend.

Nicht einmal die Schöpfung als Ganzes ist nur gut oder nur schlecht, wobei man in dem Fall besser gar nicht in moralischen Kategorien sprechen sollte, sondern von Werden und Vergehen, welche sich wechselseitig bedingen. Das kann nicht beschönigend für den Menschen ins Feld geführt werden, doch im Bewusstsein muss es bleiben. Die Geschichte des Hiob im Alten Testament, dem Gott alle, aber wirklich alle Übel an den Hals schickt, bleibt reichlich unverständlich, da dieser Hiob ganz treu in seinem Gottvertrauen bleibt. Allerdings muss ihm und den Lesern der Geschichte klar werden, dass dieser Gott mit seiner Schöpfung eben nicht nur das Gute in die Welt setzt, schon gar nicht nur das Liebe, sondern auch das Böse, Abgründige, Dämonische. Dessen sollte man sich bewusst sein, in Dießen so gut wie auf dem Hartschimmelhof, auf dem Heiligen Berg oder in Herrsching. Dann versteht man vielleicht das Weltganze ein bisschen besser – und sich selbst auch. Jeder trägt diesen Gegensatz, diesen Widerspruch in sich. Der Teufel will mit im Spiel sein. Verweigert man ihm diesen Wunsch, spielt er trotzdem mit, aber dann wird er richtig gefährlich, weil er sich im Unbewussten austobt. Hilft also alles nichts: Auch die Schatten wollen integriert werden, genauer gesagt, sie müssen. Das lässt viele Dinge noch einmal anders anschau'n, in anderem Licht, im eigenen Land. Zum Beispiel, was etwas wert ist. Der Frieden unter den Menschen ist so unendlich viel wert, und die Natur ist so viel wert. Der Mensch ist auch Natur, und ohne sie gäbe es ihn nicht oder nicht mehr – sie ohne ihn schon.

So haben wir es auch in dieser Betrachtung einer Landschaft mit sehr gegensätzlichen Figuren und Konstellationen zu tun. Johannes Eckert, Abt vom Kloster Andechs sagt, was ihn an einem Menschen interessiert: »Was hat Gott in ihm angelegt? Und was macht er daraus?«

Der »Heilige Berg« der Bayern und der Mord an der Bernauerin, der schwebende Taufengel in Dießen auf der einen und auf der anderen Seite das Warnamt X, zu dem der Volksmund selten treffend schlicht und einfach »Atombunker« sagt, Bert Brecht mit seiner *Dreigroschenoper* hier, Rudolf Heß mit seinem »Volk ohne Raum« da, die satirische Zeitschrift *Simplicissimus* mit ihrer roten Bulldogge und die braunen Nationalsozialisten, Bund Naturschutz und Außerirdische an der Erdfunkstelle Raisting, Künstler vereint in Zeitschriften wie *Jugend*, *Die Insel* und Vereinigungen wie »Die Scholle«, und der Damm, den sich der Biber baut im Fluss des Wassers, Heimatverbundenheit und Entwurzelung, alles schön beieinander im Strom des Seins oder auch weniger schön. Wo viel Licht ist, gibt es auch Schatten. Luzifer, der verstoßene Lichtträger unter den Engeln, will auch dorthin, wo es hell ist. Vielleicht ist das überall so, wahrscheinlich, mehr oder weniger. Aber hier ganz besonders.

Irgendeine Art von Schlussfolgerung wird nicht daraus zu ziehen sein. Die Menschen und die Dinge sprechen für sich selbst. Soweit möglich, sollen die Dinge, sprich die Landschaft, die Gewässer, die Pflanzen und die Tiere, die Orte, die Bauten aus sich selbst heraus zur Sprache kommen. Im englischen Sprachgebrauch gibt es dafür den sehr hübschen Ausdruck: »place essaying« – Plätze, die von sich selbst erzählen. Aufschreiben muss es natürlich der Mensch, damit andere Menschen verstehen, was gemeint sein könnte. Auch dafür hält das Angloamerikanische einen feinen Ausdruck parat: »deep mapping«, die Herstellung einer Landkarte, die in die Tiefe geht, in die der Landschaft und zugleich in die eigene innere, welche ihre Entsprechung in der äußeren findet, mithin eine poetische Landkarte, auch »Geopoesie« genannt.

Man kann das alles auch schlicht und einfach so formulieren: Es bedarf des

Landesvermessers, in dem Fall des literarischen Landesvermessers, um eine solche Karte zu gestalten. Sein methodisches Vorgehen ist nicht systematisch. Er geht der Nase nach. Was der Ethnologe oder Volkskundler »Feldforschung« nennt, nimmt er wörtlich. Überwiegend zu Fuß durchquert er Felder und Wälder, Häuser und Dörfer, Kirchen, Archive, Ateliers und Bibliotheken und kehrt fleißig in Wirtschaften ein, den naheliegendsten soziologischen Instituten der Welt mit einer Kantine, in der alles fließt, was das Herz begehrt. Ungeniert fragt er nach, wenn ihn etwas interessiert: »Was macht denn ihr da?!«

Aus allem, was er erfährt, indem er es sich ergeht, sammeln sich die Erfahrungen, die hier wiedergegeben werden: Gespräche oder auch nur Teile von Gesprächen, Geschichte und Geschichten, Zitate aus Beschreibungen vor Ort, Überlieferungen, wissenschaftliche Essays, das eigene Leben, Intuition, Assoziation, Anschauung der Natur, ihre Geräusche, Stille. Und dann bleibt er einfach wieder am Ufer sitzen und schaut über den See.

Amper und Ammer wörtlich

Am Anfang, so heißt es, sei nichts als Energie gewesen, nach Laienverstand als Licht vorstellbar. Und Licht wiederum besteht aus nichts anderem als aus Wellen. Nicht so einfach zu verstehen, vielleicht ist es auch gar nicht so, aber am See, wenn man sitzt, und in die Wellen hineinschaut, in das Blau des Wassers, das nur Licht zu sein scheint, kann einem eine Ahnung davon anfliegen, dass Materie aus dem Licht entstanden ist. Das Blau des Wassers im See: Lichtmaterie. Das Blau der Berge im Süden des Sees: Lichtmaterie. Nur das Blau des Himmels ist reines Licht, ohne Materie. Aber auch Materie ist nicht fest, auch Materie fließt. Das bereitet manchem Kummer, der sich an Wirklichkeit festhalten möchte und diese Wahrheit nicht akzeptieren kann, wo es doch schon im Volksmund heißt: »Wasser hat keine Balken!« Da kann einem schon heiß werden im Kopf. Ein Bad im See hilft immer. Wer es sich bewusst macht, der kann mit jedem Gang in den See seine Wiedergeburt feiern. Er bewegt sich in den Kreislauf der Dinge hinein, der immer in Bewegung bleibt. Auch der See steht nie still. Vom Süden her ergießt sich ein Fluss, der heißt Amper. Als Ammersee bewegt sich das Wasser nach Norden. Dort fließt ein Fluss ab, der heißt Ammer.

Der Name »Ammer« oder »Amper« wird schon von den Römern als »Ambrae« verwendet, und wie vieles bei den Römern, was Hand und Fuß hat, kommt »ambrae« aus dem Griechischen, und im Griechischen heißt »Amper« »ombros«, und »ombros« bedeutet »Wasser« oder »Regen« oder einfach »feucht«, sodass die Ammer aus Wasser besteht, das feucht ist – na, wer hätte das gedacht? Aber die Ammer heißt eben auch so. Und auch aus dem

Indogermanischen wird die Amper hergeleitet, von »ombh«, und »ombh« heißt Gott sei Dank auch »Wasser« oder »Wasserlauf«, und im Keltischen heißt's »ambra« und ist mit dem Wort »ampart« verwandt: »geschickt« und »gewandt«. Und »See« kommt von »se«, sodass sich im Ammersee das Wasser doppelt, schon im Wortsinn, als See aus Wasser.

Die Nähe zum Schwäbischen

Natürlich liegt der Ammersee in Oberbayern – noch. Natürlich wird seit jeher der Lech als Grenze angegeben, von dem aus westlich gesehen das Schwäbische beginnt. Aber das klingt schon am Ammersee immer wieder an: etwa in Utting ein »erscht wenn« statt eines »erst wenn« …

So ist es nicht weiter verwunderlich, dass eher die Augsburger den Ammersee als den ihren sehen als die Münchner, die den Starnberger See überbevölkern. Es ist eben auch Augsburg anders, erkennbar anders, allein schon daran bemerkbar, dass gegenüber vom Rathaus Augustus die platzbestimmende Figur ist – ein römischer Kaiser. Nach ihm heißt die Stadt ja auch: Augusta vindelicorum, Augsburg, eine römische Stadt. Anders München, schon vom Gründungsakt her mafiös: dem Bischof die Brücke über die Isar abgefackelt, einen eigenen Übergang geschaffen, Maut kassiert, Kern einer Stadt angelegt, Wohnstatt für Neureiche halt, und nichts Römisches.

Als hätte diesen historischen Vorgang auch der Ammersee in sich aufgenommen, erscheint er als der Ältere zwischen den beiden großen Seen, obgleich sie erdgeschichtlich natürlich die gleiche Geschichte haben.

Gott und die Welt

Ein See ist ein guter Ort, um sich an sein Ufer zu setzen und zu schauen, nichts als zu schauen. Dabei stellt sich nach einer Zeitlang ganz von selbst eine Art von Nachdenken ein, nicht gezielt, eher so wie die Wellen in die Kiesel am Ufer streichen; Großthema natürlich *Gott und die Welt*. Und wem Gott zu groß ist und zu weit entfernt, der bleibt in der Welt. Das ist auch ein sehr lohnendes Gebiet, vor allem natürlich die Frage, wie man selbst in ihr steht. Das kann in vollkommen abstrakter Form geschehen, in Form eines Entwurfs oder Lebensplans, oder in konkreterer, indem man sich in Bezug setzt zu bereits gesammelten Erfahrungen anderer: Anlass, sich an deren Biografien zu überlegen, wie der eigene Lauf des Lebens seinen Gang nimmt. Wer einen weiteren Schritt gehen möchte, findet ihn in der Reflexion des Zeitgeistes, eines vergangenen und des jetzigen, zeitgenössischen: Gibt mir Kultur Anregung, Orientierung, gar Stütze für meinen Geist, für mein eigenes Denken? In erweiterter Form: Anstöße für spirituelle Suche, wenn ich sie denn suche. Und nicht zuletzt, sondern eigentlich an erster, vor allem im Wortsinne völlig unumgänglicher Stelle: die umgebende Natur. Für all diese Felder menschlichen Lebens bietet der Ammersee Möglichkeiten, noch einmal neu nachzudenken, alte Wege zu überdenken, neue zu beschreiten. Es sind nicht nur sehr reichhaltige Möglichkeiten, es sind vor allem außergewöhnliche Möglichkeiten, die man anderswo nicht so leicht findet. Der Ammersee ist ein ganz besonderer See.

In Analogie zu seiner Bedeutung für den *Simplicissimus* könnte man ihn auch ganz »simpl« betrachten, einfach, ohne Vorurteile. Das entspricht ihm und seinem archaischen Wesen zutiefst. Dann kann man sich an sein Ufer legen, dies Buch als provisorisches Kopfkissen zwischen Kiesel und Himmel schieben, sein Kopf drauflegen und darauf vertrauen, dass es der Herr den Seinen im Schlaf gibt.

Grundton Carl Orff

Der Rhythmus der Schaufelräder ist als der eine Grundton des Ammersees weithin zu hören, der andere ist die Musik des Carl Orff, doppelter Generalbass. Orff hat diese Gegend geliebt, eine »Lebenslandschaft«, wie sie Josef Othmar Zöller, ein Urgestein des Bayerischen Rundfunks, einmal genannt hat. Geboren ist Orff zwar in München – sein Leben lang brauchte er die Weite, »die Weltweite einer Großstadt und die Weite der Landschaft«, wie Zöller schreibt.

Doch schon als Bub war er viel draußen, seine Eltern hatten eine Sommerfrische in Unteralting bei Grafrath am Ammersee, der zu Orffs Kinderzeit tatsächlich noch bis zu diesem Ort mit Schiffen befahren werden konnte. Über seine Entdeckungsreisen als Kind schreibt Orff selbst so – und Zöller fügt hinzu, dass sich dieser »Wurmsatz« bei Orff im »Rhythmus eines antiken Epos« liest:

> »Die waldreichen Hügelzüge mit ihren verwunschenen Gumpen, Filzen und Wassern
> Die romantische Amperschlucht mit den großen heidnischen Opfersteinen
> Die Hünengräber, die verwachsenen Römerkastelle ad ambra,
> auf denen wieder Burgen, die auch schon längst verfallen waren, gestanden hatten.
> Die Gletschermühlen, die riesigen Findlingssteine,
> die man im Wald versteckt, von Moos und Farn überwuchert, antreffen konnte –
> all das regte meine Phantasie an, so daß meine Wanderungen immer auch Entdeckungsfahrten wurden.«

Das hat Orff als Kind geschrieben. Hier hat er seine Wurzeln, und es ist gut, wenn man Wurzeln hat und in der Welt unterwegs ist, damit man nicht verloren geht in der Welt. Egberth Tholl hat vor gut zehn Jahren einen nach eigener Aussage »ungerechten Text« über Carl Orff verfasst. Ungerecht deshalb, weil er alle anderen Tonschöpfer der Region einfach weglässt. Anstelle von all diesen anderen widmet er sich in diesem Beitrag mit dem Titel *So angenehm schaurig-archaisch*, erschienen in *Unser Bayern* / Juni 2004, ausschließlich Carl Orff, weil die oberbayerische Landschaft einen hat, »der zeitlebens auf sie drauf geschaut hat«, und, weiß Tholl, »jede Landschaft hat den Komponisten, den sie verdient«. Und die Ammerseeregion hat eben den Carl Orff. Wenn er von seinem »Komponierhäusl in Dießen«, wie Tholl den veritablen Landsitz nennt, von dem noch die Rede sein wird, wenn er von dort aus also »von seinem Schreibtisch, auf dem sich das Bayerische Welttheater abspielte«, hinüberschaute, über den See, »da konnte er schon zu Lebzeiten den Turm jener Kirche sehen, in der er am 3. April 1982 beigesetzt wurde«. Da kommt nun wirklich alles zusammen, »was wohl zusammengehört«: Sein Grab liegt in unmittelbarer Nachbarschaft des Porträts des bayerischen Herzog Albrecht III., dem Ehemann der Agnes Bernauer, der Orff sein großes Welttheater, »ein bairisches Stück« – *Die Bernauerin* – komponierte und das Libretto schrieb. Als ein Regenbogen, der dauerhaft sich über den

Ammersee spannt, steht dieser kräftig bunt strahlende Regenbogen aus Musik, Geschichte und archaisch wortmächtig bairischer Sprache am Himmel über dem See, stellt die Verbindung her zwischen Ziegelstadel, Orffs Wohnsitz und dem Kloster Andechs, in dessen »Florian-Stadl« sein Werk mit ungebrochener Begeisterung gespielt wird.

»Ich bin Altbayer«, sagte Orff von sich, »in München geboren, und diese Stadt, dieses Land, diese Landschaft haben mir viel gegeben und mein Wesen und mein Werk mitgeprägt. Was mir diese meine enge und weitere Heimat gegeben hat, ist eingegangen in meine Werke und ist mit diesen über die Welt gegangen, um dort nicht zuletzt von meiner Heimat Zeugnis abzulegen.«

Die Liebeserklärung des Herzog Albrecht von Bayern an Agnes Bernauer wird zur Liebeserklärung an das ganze Land Bayern.

>»Itzt steh i vor dir,
i neig mi zu dir,
und heb di zu mir
auf das Roß.

Wir reitn, wir reitn,
wir reitn durchs Land
wir reitn und reitn
heim.«

Grundton zwei: Orlando di Lasso

Neben dem Generalbass oder Grundton, den Orff in diese Landschaft schwingen lässt, webt sich noch eine weitere Musik in die Gegend. Man muss sich nur noch die Amper ein Stück weiter flussabwärts treiben lassen, bis nach Schöngeising, in dem Orlando di Lasso ein Sommerhaus hatte. Herzog Wilhelm V. von Bayern schenkt Orlando ein Stück Land, »60 schrit lang und 40 prait«, eben in Schöngeising, dort, wo die Straße von Kloster Fürstenfeld her in die Ortschaft hineinführt.

Das Heilige und das Erotische, das liegt auch bei ihm, wie später bei Orff, ganz nah beieinander. Seine Madrigale, Chansons, Bauernlieder verbinden sich mit geistlichen Motetten, Passionen, Litaneien, Bußpsalmen und seinen Messen zu einem großen musikalischen Werk: *Matona mia cara*, also die liebe Mutter Gottes, und die Trompeten des Hintern und Mandarinen, die aus Schamkapseln hüpfen, alles Orlando di Lasso – sooft die Flammen in seinem Busen züngeln.

1564 holt sich Herzog Albrecht V. – den man nicht mit dem ein Jahrhundert vorher residierenden Herzog Abrecht III., Gemahl der Bernauerin, verwechseln sollte – den vielleicht wichtigsten Musiker der damaligen Zeit an den Hof seiner bayerischen Residenz: Orlando di Lasso. Der Herzog lässt es wirklich krachen, seit er von 1550 an der Herrschaft ist. Er heiratet eine Habsburgerin, möchte gerne im Konzert der ganz Großen mitspielen. Auf kultureller Ebene gelingt ihm das auch. Er lässt eines der ersten Antikenmuseen nördlich der Alpen errichten, das Antiquarium.

Wie ein Karl Valentin später, der – in dem Fall natürlich vor Publikum – zu sich selbst sagt: »Entschuldigen Sie, dass ich mich unterbreche!«, unterbricht Orlando di Lasso ein Schreiben an den bayerischen Herzog Albrecht V., immerhin an seinen Dienstherren mit einer bemerkenswerten Begründung: »Ich würde gewiß ausführlicher schreiben, aber es ist jetzt sozusagen Zeit zur Vesper zu Ehren des Hosenlatzes und ich kann nicht umhin, den Niederlanden meiner Frau einen Besuch abzustatten.« Das ist wirklich eine gute Idee, besonders wenn man selbst, wie Orlando, aus den Niederlanden stammt, geboren 1532 in Mons, in den damals burgundischen Niederlanden. Man kennt sich sozusagen aus in der Gegend. Aber Orlando glaubt, noch deutlicher werden zu müssen: »Denn allzulange hab ich nicht mehr gevögelt.« Natürlich auch etwas komisch, dass ihm das mitten im Schreiben einfällt, noch dazu an den Herzog. Er kann sich auch gar nicht mehr einkriegen und spinnt das nun mal so fröhlich aufgegriffene Thema fort und fort: »Das ist natürlich, nicht schön zwar, aber vergnüglich und würzig wie Johannisbeeren.« Johannisbeeren stehen in dieser Zeit als Redensart auch für etwas ganz anderes, für den eindringlichen unverwechselbaren Duft einer Frau, die nach einem besonders kräftigen Liebhaber Ausschau hält. Da bleibt natürlich keine Zeit mehr, einen Brief fertig zu schreiben. Dreist verabschiedet sich Orlando an diesem »Samstag, drei Uhr nach dem Essen, im Monat Juli 1572«, mit den Worten: »Ich will sie gleich besteigen. Gehabt Euch wohl, Herr!«

Leider ist die Antwort nicht überliefert. Hat der Herzog lachen können? Hat er es seinem dreisten Untergebenen herausgegeben und selbst recht zünftig obszön zurückgeschrieben? Oder hat er sich geärgert und es unterschwellig in sich gären lassen, dass er es dem schon noch einmal zeigen wird? Oder war man sich einfach so nah verbunden, dass an dem Ton nichts Befremdliches war? Orlandos Frau mit dem hübschen Namen Regina Wäckinger war eine Bedienstete von Albrechts Ehefrau, Herzogin Anna. Es wird berichtet, dass die Ehe zwischen Orlando und Regina recht glücklich gewesen sein muss, eine Ehe zwischen einem Mann, der nicht nur heiter und lustig war, sondern oft mit sich selbst zerworfen, und einer ganz und gar bodenständigen und praktisch veranlagten Frau.

Seinerseits fragt er seinen mächtigsten Herrn, Fürsten und Palatin, »Herrn des Rheins usw!« nach »Ew. Frau Gemahlin«: Schwillt ihr der Bauch jetzt dick und prächtig/Ein Zeichen ist's – Ihr drückt sie mächtig/Spürt sie schon ihr Kindlein viel –/Das kommt von vielem Bürzelspiel.« Political correctness lag den Herrschaften der Renaissance wirklich fern. Auf Augenhöhe befindet er sich mit seinem Herzog auch, was Trinkgewohnheiten angeht, er beruft sich direkt auf ihn: »Ich trinke so viel wie sonst, denn mein Herr hält es nicht anders […].«

Nervös, sprunghaft, manchmal oberflächlich dahinwitzelnd, dann wieder voller Tiefe, leider gepaart mit Schwermut, ein Melancholiker vor dem Herrn, heiter wie alle der Melancholie, gleichzeitig zu Tode betrübt, sodass man schon in seinen letzten Lebensjahren ein sanftes Irresein befürchten musste, wogegen wiederum das strahlende Leuchten seiner geistlichen Musik spricht. Ein großer Musiker, einer der größten seiner Zeit, einer, der sich mit seinem Nachbarn in Schöngeising bis aufs Messer um einen Vogelbauer streiten kann. Schwankend zwischen Narrischsein und depressiven Anfällen, nicht mehr unterscheiden können zwischen Maske und Person, zerrissen zwischen einer Welt und dem eigenen Leben, sodass dem Leben die Spur verloren geht in dieser Welt; freilich selbst davon überzeugt, dass es auf der Welt nichts Verrückteres gibt als den Menschen. Deshalb wollte er auch sich selbst nicht ernst nehmen, sich selbst am allerwenigsten. Nennt sich einen Narren und weiß doch ziemlich genau, dass er der größte Komponist seiner Zeit ist, was ihn nicht sicherer macht: Selbstzweifel nehmen überhand. Die Stimmen, die er in seiner Musik hörbar macht, zerfallen in seinem Inneren zu einem Orchester, das ein einziges Durcheinander spielt, jeder gegen jeden: Choleriker, Musiker, Narr, Melancholiker, Provokateur, der vorschlägt, die Sünde durch das Sündigen zu vertreiben, und abwägt, ob ein Radieschen in den Hals gehört oder in den Hintern, und das beim Herzog, seinem Herrn, und das noch aus Gottes Hand höchstpersönlich. Möglicherweise hat das seinen Preis. Wer sich so weit aus dem Fenster lehnt, bleibt absturzgefährdet. So er die Balance hält, kostet das gleichwohl enorm viel Energie. Die will aufgebracht werden. Nicht immer gelingt aber die Balance, und dann muss der Hasardeur schauen, wie er in seinem Inneren die Pendelausschläge wieder zusammenbringt. Orlando teilt diese seelische Spannweite mit all ihren Gefährdungen mit anderen, die eine solch moderne Existenz in der Renaissance riskieren wollten, das sind möglicherweise die Kosten eines waghalsigen Aufbruchs, so viel persönliche Freiheitsgefühle, maßlose Augenblicke des Glücks und tiefstes Erleben, welche die Erfahrung eines menschlichen Lebens glanzvoll bereichern.

Der Preis ist es wert. Was für ein Leben: Die Nachricht von der »hellen, lieblichen Stimme« eines Chorknaben aus Mons, das im heutigen Belgien liegt, hatte sich schon um 1540 wie ein Lauffeuer in adligen Kreisen ausgebreitet. Zweimal wurde er entführt, beide Male konnten ihn seine Eltern zurückholen. Beim dritten Mal aber trat er in die Dienste seines Entführers, des Vizekönigs von Sizilien, Ferrante Gonzaga. Das war im Jahr 1544. Orlando di Lasso war zu diesem Zeitpunkt zwölf oder höchstens vierzehn Jahre alt. Ein aufregendes Leben begann für den Jungen, der ganz offensichtlich aus einfachen Verhältnissen stammte: Mit seinem Dienstherrn reiste er durch Italien, er verkehrte nun in Adelskreisen, lernte die italienische Lebensart kennen, die Volksmusik, das Stegreiftheater auf der Straße, die Commedia dell'Arte, die Kunst der Improvisation – und wurde wieder entlassen, als er in den Stimmbruch kam. Zum Glück hatte er sich bereits mit eigenen Kompositionen einen Namen gemacht und fand schnell wieder einen neuen Gönner und Förderer: den Marchese della Terza in Neapel. Aber Orlando war bildungshungrig und reiselustig, er erwarb umfassende Kenntnisse in der Literatur und lernte mehrere Sprachen fließend sprechen. Schon als junger Mann sollte er ein echter Renaissancemensch werden, ein uomo universale. Er war in Florenz und in Rom, wo er zeitweilig als Kapellmeister im Lateran angestellt war, später reiste er bis nach England und ließ sich schließlich in Antwerpen nieder. Er dürfte wohl einer der ersten »freischaffenden Komponisten« überhaupt gewesen sein und gab seine Motetten, Madrigale und Chansons als Drucke heraus, was ihn geradezu schlagartig »weltberühmt« machte. Er komponierte in vier Sprachen: französische Chansons, italienische Madrigale, deutsche Lieder, lateinische Motetten. Nun war der Zeitpunkt gekommen, an dem auch der junge bayerische Herzog Albrecht V. auf Orlando di Lasso aufmerksam wurde und ihn 1557 zu sich nach München holte.

Im Alter von 59 Jahren, im Jahr 1591, erlitt Orlando einen Zusammenbruch. Seine Frau führte das auf »das zu viele Komponieren« zurück. Vermutlich war es ein Schlaganfall, danach aber wurde Orlando zunehmend depressiv und melancholisch. Auch musste er den Niedergang seiner Epoche erleben, als, bedingt durch den Bau der Michaelskirche, die Hofhaltung praktisch zusammenbrach und als Sparmaßnahme die Hofkapelle drastisch verkleinert wurde. Am 14. Juni 1594 starb Orlando di Lasso in München.

Auch sein Dienstherr, der Herzog, wurde mit fortschreitendem Alter von Melancholie, wenn nicht Depression geplagt. Doch was hatte auch er für ein Leben geführt! Keine Kosten gescheut und keine Auseinandersetzungen mit seiner Hofkammer, um ihm die allerbesten Musiker zu verschaffen. Für ihn wurden Prunkgewänder genäht, und seine Manuskripte wurden von Hofmalern und Schreibern kunstvoll verziert. Orlando holte italienische Tanzmeister nach Bayern, denn nun wurde auch »all'italiana« getanzt. Bei der Hochzeit des Thronfolgers Wilhelm mit Renata von Lothringen trat er selbst mit großem Erfolg bei einer commedia all'improviso alla italiana als Schauspieler, Sänger und Lautenist auf.

»Obwohl die meisten Anwesenden (von den ›erlauchten Damen‹) nicht verstanden, was die Schauspieler sagten, so stellte doch der wahrhaft virtuose Orlando Lasso den venezianischen Magnifico mit soviel Bravour und Grazie dar, und ebenso tat dies sein Zanne, daß im Verlauf der Akte alle schallend lachten.« So steht es in dem detaillierten Bericht von Massimo Troiano, der nicht nur Mitglied der Hofkapelle war, sondern als Co-Autor von Orlando und als Mitspieler fungierte.

Italien war also am Münchner Hof eingekehrt: Bei einer so hochoffiziellen Veranstaltung wie der Hochzeit des Thronfolgers war es möglich, »ain lustige und kurtzweilige Comedj in Italienischer sprach« aufzuführen. Ebenso war die Commedia dell'arte in München angelangt, obwohl sie zu diesem Zeitpunkt in der überlieferten Form kaum älter als zwanzig oder dreißig Jahre alt gewesen sein dürfte.

Was wird ihm hier so gefallen haben, dass er die Residenzstadt München gern einmal hinter sich lassen mag, auch wenn der Weg weit und beschwerlich ist? Hatte die Amper-Landschaft etwas Flämisches für ihn, Heimatliches? Oder die Anarchie der Biber und ihrer Bauten? Oder einfach die Fügung, dass sich Herzog Albrecht oft im Kloster Fürstenfeld aufhielt und natürlich auch auf die Jagd ging, unter anderem im Gebiet des Jexhof, heute ein Bauernhofmuseum mit einem so anspruchsvollen, teils avantgardistischen Programm, dass es weit über ähnliche Einrichtungen hinausragt. Albrecht kannte die Gegend also gut, teils gehörte sie ihm, so konnte er seinem herausragenden Musiker ein Geschenk machen, am 27. Januar 1587: »Von Gottesgnaden Wir Wilhelm Pfalzgrave by Rhein, Herzog in oberen und niedern Bayrn etc. bekennen etc., das wir unnserm obersten Capellmeister unnd lieben getreuen Orlando di lasso aus sondern Gnaden damit ime geneigt, unnd um der underthenigen Dienst willen […] erzeigt hat […] unnsern aigenthumblichen Garten zu Geising, so 60 strit lang unnd 40 prait mit dem hindern Ort an unnser gemauert Haus allda unnd vorn an des Allten dräxls Hofraid stoßend […].« Noch im gleichen Jahr macht sich Orlando ans Bauen und wünscht geschäfftüchtig und dem Geist der Zeit entsprechend, dass ihm die Fronbauern des Herzogs die nötigen Baumaterialien gefälligst anliefern. Bei aller Vertrautheit, die sonst die beiden miteinander pflegen, lehnt der Herzog den Antrag ab, mit der Begründung, die Bauern wären schon genug belastet. Also muss das Kloster aushelfen. Akribisch notiert Abt Treuttwein die Bautätigkeit des Herrn »orando«: »17.4.1587 hern orlando mit 4 Rosen den gantzen tag holtz ausgeschlaifft. Item ime geben zu mannendorf 40 Zimmerholtz«, der gleiche Eintrag ist für den nächsten Tag zu lesen. Und »2 furn kalch und sandt« lässt der Abt zu dem Herrn »fieren«, und gleich noch mal, und immer den ganzen Tag. Auch für Verpflegung wird gesorgt: »an brott 20 hern brot, 20 gastbrot, 90 maurerbrot – 28 mas wein« am 11. Mai 1587, und so geht das fort und fort. Gern speist Orlando auch im Kloster, am Morgen, mittags und auch am Abend. Immerhin kommt am 21. September 1587 Frau Orlando: »Die frouw orlanden mich mit 45 R redlich an abgang bezalt.« Und Orlando selbst am 13. Februar 1588: »orlanden mir auff den bau erlegt an halben Batzen.« 1590 kann der Abt selbst seinen berühmten Nachbarn in dessen Anwesen in Schöngeising besuchen. Freilich sorgt Besitzstand auch für Ärger, man sieht sich genötigt, ihn zu verteidigen gegen unliebsame Nachbarn. In Orlandos Fall ist es der Förster Gregorius Vogl, mit dem er sich wegen eines Vogelherdes in die Wolle bekommt. Natürlich beschwert sich Orlando beim Abt, der Ausgang des Streits ist unbekannt.

Das banale Leben in einem oft verdrießlichen Alltag: Auch das gehört zum Leben eines Renaissancemenschen – geradeso wie zu unserem. Blöd, doch schmälert es nicht das Gelungene. 1584 soll Orlandos Motette *Gustate et videte* bei der Fronleichnamsprozession sogar dem heftig niedergehenden Regen Einhalt geboten haben. Danach hielt das Volk seine Musik endgültig für »göttlich«, und in den Kirchen knieten die Gläubigen vor Ehrfurcht nieder, wenn seine Chöre erklangen.

Grafrath und Tel Aviv

Wer das Wort »Zweig« hört, denkt natürlich an den Zweig am Baum, und vielleicht auch noch daran, dass dieser Zweig seinerseits ein Zweigerl hat, und das Zweigerl einen Ast, und der ein Asterl, bis man schließlich in schier endloser Kette mit dem schönen Lied »Drunt in da greana Au steht a Birnbaam schee blau juchhe« bei jenem wunderschönen Federl ankommt, das dem wunderschönen Vogerl gehört aus dem Nest in dem Baum, der da drunten in der Au steht, justament dem Münchner Stadtteil, in dem Karl Valentin geboren ist, weshalb man sich weiter nicht zu verwundern braucht, dass dieser Baum ein »Birnbaum, schön blau« ist. Aber dieses Lied wird nicht mehr so oft gesungen, infolgedessen auch nicht mehr so oft gehört. Und noch weniger bekannt ist in der Zwischenzeit ein Schriftsteller namens Arnold Zweig, den selbst Leser nicht kennen, die eventuell den Schriftsteller Stefan Zweig kennen, der uns noch auf dieser Rundreise um den Ammersee begegnen wird. Die beiden sind nicht verwandt miteinander. Böswillige Kritiker, denen wir nicht auskommen an den Ufern des Ammersees, so wenig wie an denjenigen des großen Ozeans kreativer Schöpfung, weil ihnen der direkte Zugang dazu verwehrt ist, nennen Stefan Zweig den »Geschäftszweig«, weil er eben, was nicht so häufig ist, viel Geld mit seinem Schreiben verdienen konnte. Jedoch konnte auch Arnold Zweig einen sogenannten Welterfolg verbuchen, mit dem *Streit um den Sergeanten Grischa*, 1927 erschienen. Der Roman geht so an: »Die Erde, Tellus, ein kleiner Planet, strudelt emsig durch den kohlschwarzen, atemlos eisigen Raum, der durchspült wird von Hunderten von Wellen, Schwingungen, Bewegungen eines Unbekannten, des Äthers, und die, wenn sie Festes treffen und Widerstand sie aufflammen läßt, Licht werden, Elektrizität, unbekannte Einflüsse, verderbliche oder segnende Wirkungen.« Er hat den Roman dem Vater der Psychoanalyse, Sigmund Freud, gewidmet, mit dem er befreundet war.

Was das alles mit dem Ammersee zu tun hat? Ein wenig. Viel. Alles. Am Ammersee verbirgt sich der kleine Planet oder, wenn man will, die große weite Welt, wie sie sich überall in der sogenannten kleinen Welt findet, wenn man nur möchte, denn der Welt ist es ziemlich gleichgültig, wo man sie entdeckt. Außerdem hat der Schriftsteller Arnold Zweig, der einmal sehr bekannt war und noch immer etwas zu sagen hat, am Ammersee gelebt, in Grafrath. Grafrath gibt es eigentlich gar nicht, also ursprünglich nicht. Erst seit 1972, als sich die Gemeinden Unteralting und Wildenroth zusammengeschlossen haben, als Grafrath. Vorher war Grafrath nur ein Weiler gewesen, der mit einem anderen Weiler mit dem eigentümlichen Namen »Mauern« wiederum zu Unteralting gehört hatte, sodass aus dem Weiler eine ganze Gemeinde wurde. Die Einfahrt nach Grafrath ist, kommt man vom Süden, recht eigentümlich: Man fährt oder geht unter dem überdachten Verbindungsweg hindurch, der vom Konventsbau des Klosters zur Kirche St. Rasso führt, einst täglicher Weg der Mönche.

Bis 1939 gab es sogar eine Dampfschiffverbindung zum Ammersee nach Stegen. Das Schiff bekam 1880 den schönen Namen »Maria Therese«, sodass die Münchner mit dem Zug nach Grafrath fahren, im Restaurant »Dampfschiff« einkehren und von da aus auf der Amper durch das Ampermoos nach Stegen stampfen konnten. Allerdings haben die Menschen seinerzeit dem Schiff einen anderen Namen gegeben, und so wurde aus der »Maria Therese« die »Mooskuh«. »Mooskuh« deshalb, weil es eben durch das Moos fuhr und weil sein Signalton sich so ähnlich anhörte wie der Ruf der Rohrdommel, der auch nur aus zwei so dunklen Tönen besteht, dass man nicht denkt, dass ihn ein Tier hervorbringen könnte, schon gar nicht ein Vogel. In der sogenannten Pfahlstellung sieht die Rohrdommel aus wie ein Schilfrohr, sodass man sie kaum erkennen kann. Bei Gefahr nimmt sie diese Stellung ein, sie ist polygam. Sie ist sehr selten. Die »Mooskuh« gibt es gar nicht mehr, seit es eine Bahnverbindung von München nach Herrsching gibt – verklungene Tage.

Verklungene Tage, so heißt auch ein Roman von Arnold Zweig, geschrieben 1938. Er spielt in den Jahren 1908 und 1909, da heißt es: »Manchmal fuhren Dampfschiffe die Amper hinauf, es sah aus, als glitten sie unmittelbar über die Seewiesen, wie in Träumen.« Carl Steinitz, in dem man, soweit Dichtung immer Wahrheit erlauben mag, den Autor Zweig zumindest in Teilen zu erkennen vermag, flüchtet sich in diesen Ort oder Ortsteil Wildenroth. Er ist als Student, genauer: Doktorand der Philologie, unglücklich verliebt und sucht Abstand, auch von München. Nicht der Starnberger See und nicht der Schliersee und nicht der Tegernsee ziehen ihn an, sie sind ihm sozusagen zu prominent, lieber sucht er den abgelegeneren Ammersee auf, an dem er sich sehr wohlfühlt. Er wohnt in einem Bauernhof, gern hört er auf die Hühner. Täglich nimmt er ein

Bad in der kalten Amper, streift vergnügt durch die Gegend, seine unglückliche Liebe verblasst. Im Wirtsgarten des Gasthauses »Alter Wirt« entsteht mehr oder weniger zufällig ein Gespräch mit einem Herrn mit »Schnurr- und Knebelbart«, der im wirklichen Leben Heinrich Mann war. Das Gasthaus ist verschwunden, das Haus in der Mauerner Straße 2 lässt, Fantasie vorausgesetzt, noch erahnen, dass es da einmal stand, ein zweigeschossiger Bau mit Halbwalmdach, im Kern besteht es seit dem achtzehnten Jahrhundert, jetzt bröckelt es dahin, obgleich oder weil es drei Firmen mit Schildern behängen, die selbst gebastelt zu sein scheinen. Anbauten, die den Nachweis führen wollen, dass auch Architekten ästhetisch etwas Kriminelles an sich haben können, verstellen das an sich schöne Anwesen vollends – wie überhaupt die nähere Umgebung etwas Grattliges an sich hat. Selbst das Türmchen der einigermaßen idyllisch in der Flussinsel gegenüber gelegenen St. Nikolaus steht schief. Arnold Zweig aber beschreibt den Flecken seinerzeit so: »Zu beiden Seiten des rasch strömenden Baches baute es seine weißen Mauern und Ziegeldächer mitten im Grünen hin, umgeben von lichten Hügeln und Laubwäldern. Die Luft flog kühl und feucht von den Bergen her über die unabsehbare Wasserfläche, nachts sangen die Frösche Urwaldchöre, die Menschen kleideten sich in Wolle und Loden.«

Auch die »MOOSKUH« findet Erwähnung in Zweigs Roman. Zunächst weiß Carl Steinitz aber nicht, um wen es sich handeln könnte bei seinem Gesprächspartner. Es »durchblitzte« ihn dann »der Einfall, dieser Herr müsste etwas mit dem Simplicissimus zu tun haben, der bissigsten, unabhängigsten und bestgezeichneten Wochenschrift Mitteleuropas«. Carl Steinitz aber wagte es nicht, »seine Vermutungen laut werden zu lassen; denn jener, nachdem er sich bei der Kellnerin Resi erkundigt hatte, wann das Dampfschiff ihn zur Bahnstation und zum Zuge nach Weilheim zurückbringe (und seine Zeche gezahlt, damit er jederzeit aufbruchbereit sei), sprach ihn unvermittelt an«. Und zwar folgendermaßen: »Was er denn für das Wichtigste halte? Junge Männer zwischen zwanzig und dreißig müssten auf solche Fragen doch vorbereitet sein, da sie ja von heut auf morgen in Uniform gesteckt werden könnten und an die Grenzen geschoben: »Was für Zeitungen lesen Sie hier?« – »Gar keine.« Und Carl Steinitz schüttelte lächelnd den überlegenen Kopf. »Das Wichtigste aber ist die ästhetische Erziehung des Menschengeschlechts«, fuhr er fort, »um mit Worten Schillers zu reden. Das Politische interessiert uns nicht, wir überlassen es gern denen, die einen Beruf daraus machen, den Reichstäglern und Herrenhäuslern. Und das sittliche Leben, die Zähmung der Bestie Mensch ist so weit fortgeschritten, dass es in ganz Europa nur noch Haustiere gibt, demokratische; Herden- und Stimmvieh – nützlich und langweilig und alles andere erregend als Besorgnis. Aber für das Ästhetische ist noch viel zu tun. Nirgendwo steht so viel Glück bereit für den, der sehen und hören will.« So lässt Zweig seinen Heinrich Mann sprechen, um ihn dann so weiter zu beschreiben: »Der Herr überließ unmutig seine beiden Barte nervösen Fingern, setzte sich seinen breiten Strohhut auf mit schwarzem Bande, nahm einen Stock zwischen die Knie, blieb aber sitzen, den Blick auf Steinitz' gescheitem und wachem Gesicht. »So denken die«, fragte er halblaut, »die so intelligent aussehen? Was ist da von den ändern zu erwarten? Glauben Sie nicht, dass den Arbeitern, all den Massen, mehr mangelt als bloß das Ästhetische?« Bloß das Ästhetische, durchfuhr es Steinitz mit Unmut, nein, der Mann ist kein Künstler, er sieht nur so aus. »Die Arbeiter«, wiederholte er, »die Massen. Wenn sie nur nicht so hässlich wären. So roh und gewöhnlich. So feindselig gegen den Geist.« Der Herr stand auf, blickte hochnäsig auf ihn hinunter – ja, hochnäsig, das war das Wort.« Dass ein Mitglied der Familie Mann als hochnäsig empfunden wurde, verwundert weiter nicht, doch lässt ihn Zweig weiterreden: »Junger Herr«, sagte er, indem er seinen Hut leicht lüftete, »wenn es Ihnen gelingen sollte, Geist und Sehnsucht nach Geist im Leben zu suchen und nicht in gesammelten Werken, etwa des armen Nietzsche, merken Sie vielleicht einmal, wie viel Brot und Hoffnung jemand braucht, bevor an seine Erziehung zur Schönheit gedacht werden darf. Leben Sie wohl.« Er nickte belehrend und stelzte davon. Alsbald läutete vom Bootsweg her eine blecherne Glocke. Fahr ab, magister germaniae, dachte Steinitz spottend. Über Arbeiter wissen Leute einigermaßen Bescheid, die auf der Schuhbrücke in Breslau den Vorzug der Geburt genossen haben und sich mit den schlesischen Volksschülern herumgeprügelt.« Diese Sichtweise auf Heinrich Mann behält Zweig in dem Roman nicht bei: »Es sollte einmal eine Zeit kommen, in der sich Carl Steinitz beschämt an diese Begegnung erinnern würde und wo er den Titel, den er diesem Mann ironisch beigelegt hatte, nämlich magister germaniae, mit freudigem Ernst in mehreren Erdteilen wiederholen würde. Aber damals wusste er noch nicht, dass er in Wildenroth einer Begegnung mit dem Schriftsteller Heinrich Mann teilhaftig geworden war, der sich zu dieser Zeit nach Weilheim zurückgezogen hatte, von breiteren Erfolgen bei der Leserschaft jener Jahre vorerst ausgeschlossen.«

Arnold Zweig stand eine andere Schifffahrt als bloß die mit der »Mooskuh« bevor, über das Mittelmeer, nach Haifa, Israel. Vom Fünfseenland in Bayern ist Zweig hinaus in die Welt. Er musste – ins Exil. Als Jude. Er gehört zu denen, deren Weg wir um den Ammersee herum ein Stück weit begleiten. Wie bei etlichen anderen ein Weg, der nicht geradlinig verlaufen wird. Von der »Fehlkonstruktion« seines Lebens spricht er. Am Ersten Weltkrieg hat er teilgenommen, doch haben das bei einem Juden die Deutschnationalen überhaupt erst gar nicht wahrgenommen, seien sie noch so mutig gewesen, und vollständig ignoriert, weil es ihr Feindbild gestört hätte. 1923, nach dem Hitlerputsch, flieht er von Starnberg nach Berlin und von da aus, nach Hitlers Machtübernahme, über die Tschechoslowakei und die Schweiz von Sanary-sur-Mer im Süden Frankreichs 1934 nach Haifa, in dessen Hafen so viele Juden ankamen. Von Grafrath

nach Haifa und Tel Aviv: So fern die Verbindung scheint, so nah ist sie, wenn
man sich die Linien fortdenkt, zwischen »weißen Mauern und Ziegeldächern
mitten im Grünen« in Straßenzügen der israelischen Hafenstadt Haifa, die
so auch im Württembergischen stehen könnte, erbaut von Mitgliedern der
Tempel-Gesellschaft, die sich als Bausteine des Hauses Gottes empfanden und
ins Heilige Land kamen, um den Messias gleich als Erste begrüßen zu dürfen,
wenn er wiederkommt, im Heiligen Land. Selbst zur Landarbeit nehmen sie
den Sonntagsanzug mit und hängen ihn über den Griff vom Spaten, damit sie
nicht in dreckiger Arbeitskleidung dem Messias gegenüberstehen müssen, von
Angesicht zu Angesicht; das macht ihrer Ansicht nach keinen guten Eindruck.
»Bis hierher hat der Herr geholfen« – so steht es bis zum heutigen Tag auf
einem Türsturz geschrieben. Doch hat es sich als ungünstig ausgewirkt, dass
dies gottesfürchtige Völkchen bis zum Schluss den Führergeburtstag gefeiert
hat, wofür im neu gegründeten Staat Israel begreiflicherweise kein Platz mehr
war. Da wollte der Herr dann auch nicht mehr helfen.

    Arnold Zweig starb am 26. November 1968. Er wäre gerne auf einem jüdi-
schen Friedhof begraben worden, doch bestand die DDR auf einem Staatsbe-
gräbnis auf dem Dorotheenstadtfriedhof in Berlin, neben Johannes R. Becher,
Bertolt Brecht, Heinrich Mann und einigen anderen. Aber immerhin, auf diese
Weise kamen sie wieder zusammen, die Herren Brecht, Heinrich Mann und
Arnold Zweig, vom Ammersee auf den Dorotheenstadtfriedhof im ehemaligen
Ost-Berlin. Das Restaurant »Dampfschiff« gibt es noch immer in Grafrath.

Tanke als Kult

Wer auf der Autobahn von München her kommend die Ausfahrt zum Ammersee verpasst, landet in Greifenberg und sollte sich nicht groß grämen, sondern sich dort eines jener Zeitmaschinengefühle zu Gemüte führen, wie es der Ammersee an mehreren Stellen einer Rundreise vermitteln kann. In dem Fall handelt es sich um eine Tankstelle aus den Fünfzigerjahren. Allein das Dach ist eine Reise wert. In hochelegantem Schwung surft es ins Freie, scheint Teil eines Flugkörpers zu sein, der abhebt, ohne sich an denkbare Kräfte zu halten, die mit der Erdanziehung zu tun haben könnten. Die einzige Säule, die es hält, sieht selbst aus wie Deko, eine geschwungene Bogenlampe ohne Lampe.

Es gibt zwar eine Zapfsäule, eine einzelne Zapfsäule, aus Blech, mit einem runden Fenster wie bei einer Waschmaschine, die aussieht, als hätte man noch nicht die endgültige Form und Bestimmung für sie gefunden. Benzin gibt es keines, schon seit den Achtzigerjahren nicht mehr. Bis dahin muss es einen Tankwart gegeben haben, der jahrzehntelang gleich alt gewesen ist, so ein kleiner Dicker, von dem man vermutet, dass er nicht nur Autos volltankt, immer blau in dem klassischen Anzug der Firma ARAL, in demselben Blau, in dem auch das Innere der Tankstelle gehalten ist. Die abgehängte Decke in dem Glaskasten besteht tatsächlich aus einem echten Flugzeugflügel aus Aluminium.

Die niedrigen Bauernhäuser links und rechts sind verschwunden, die Tankstelle ist noch immer nicht abgehoben, wurde gar vom Landesamt als wichtiges und also schützenswertes Zeugnis für Gewerbebauten aus den Fünfziger- und Sechzigerjahren des vergangenen Jahrhunderts eingestuft. Aus Blech wurden Heckflossen für Autos geformt und aus Beton Dächer für Tankstellen. Tüten und Tulpen wurden zu Lampen, Nieren zu Tischen und Treppenaufgängen, Decken und Dächern; Hauptsache asymmetrisch: kleiner Designerprotest gegen das geradlinige Geprotze von Nazibauten. Eine Tankstelle war das Höchste, da gab es die richtige Mischung für das Moped und andere Zweitakter wie den DKW, immer hieß es »volltanken«, was anderes gab es überhaupt nicht, da traf man sich und kaufte Zigaretten. Man saß, wenn man nicht gleich im Mopedsattel sitzen blieb, an Tischen mit Resopalbeschichtung und trank Pulverkaffee. Die Tanke wurde Kult.

»Im vergangenen Jahrhundert«, wie sich das anhört! Mehr noch: Es ist ja auch ein vergangenes Jahrtausend. An seinem Ende gab es so eine Art von Amerika-Gefühl, das versprach den Geschmack von Freiheit und Abenteuer, nur dass die Cowboys ihre Pferde unter Motorhauben steckten. Das ARAL-Blau wirft seine farblichen Schatten auch noch in zart milderem Abglanz auf die Autos, die in der Tanke abgestellt sind, eine Ape, einen Ford Pick-up und einen Citroën, bei dem das Dach in elegantem Weiß abgesetzt ist ebenso wie die Reifen, die Felgen aber in Rot. Es handelt sich dabei um das »schönste Auto aller Zeiten«, wie es genannt wurde, das Auto mit dem Haifischmaul, am 6. Mai 1955 als Sensation auf dem Markt vorgestellt als »Le Bombe Citroën«, die Bombe Citroën, Citroën DS, im Französischen als »déesse« ausgesprochen, die »Göttin«, entworfen von einem Bildhauer und Architekt, von Flaminio Bertoni, dem Chefdesigner der Firma, der im Übrigen auch den nicht minder legendären 2 CV entworfen hat, die »Ente«. Niedriger Luftwiderstand, langer Radstand und eine hydropneumatische Federung kennzeichnen die Göttin. Da mussten die stolzen Besitzer erst damit zurechtkommen, und auch in Werkstätten brauchte man Jahre, um etwa anfallende Reparaturen bewältigen zu können. Sogar eine Version mit Trennscheibe zwischen Vordersitz und Wagenfonds gab es, die auch mit Funktelefon ausgerüstet werden konnte – 1959! Noch immer ist das Auto nicht nur bei Sammlern begehrt, auch Kameraleute schätzen sie für Aufnahmen während der Fahrt. Es gibt allerdings auch Zeitgenossen, die den Citroën als »fahrendes Sofa« bezeichnet haben.

Die Nachfolge der Ente als Fahrzeug mit Kultstatus hat die Ape angetreten, die »Biene«, die seit 1947 zunächst durch Italien kurvte, als eine Art dreirädriges Rollermobil der Marke Vespa, »Wespe«, des italienischen Herstellers Piaggio. Die Biene steht gleich hinter der Göttin in der Tanke von Greifenberg. Und auch wenn man nicht so viel übrig hat für Autos: Der Pick-up ist auch nicht von schlechten Eltern und bringt einen aus der Ape-Toskana in ein amerikanisches Gefühl, in eine Zeit, als dort die Autos auf einmal sehr eckig wurden, Ende der Sechzigerjahre, Pick-ups zumal.

Bertolt Brecht war sehr stolz auf die Automobile, die er erworben hatte, aber bei Mackie Messer hat er sicher keinen Citroën vor Augen gehabt, auch wenn ihn die »Genf-Studie DS3 Inside« in diesem Zusammenhang zitiert. Aber bei dieser Tanke hätte er vielleicht von Utting her vorbeigeschaut, wenn er nicht bloß sieben Wochen hätte reich werden dürfen am Ammersee. Man denkt es nicht, aber er, Brecht, hat auch ein Reklamegedicht auf Autos geschrieben, mit dem Titel *Singende Steyrwägen*. Und Kollege Thomas Mann, dem wir ebenfalls in Utting begegnen werden, war sehr stolz auf seinen »Horch 350«, ein echtes Luxusgefährt, und später auf »einen hübschen sechssitzigen Fiat-Wagen«. Er freut sich, »33-pferdig in die Stadt zu fahren, nach allen Seiten leutselig zu grüßen«.

Das Schloss ist nicht zugänglich, es befindet sich seit Langem in der privaten Hand der Perfalls, von denen einer schon dem Wilhelm Leibl Modell stehen hat dürfen, als Jäger elend lang in der gleichen Pose hat verharren müssen, wie Leibl das immer verlangt hat. Und dann war er recht enttäuscht, so unaufregend, wie das Bild ausgefallen ist.

Und eine Musikschule gibt es, die zugleich eine Instrumentenbauwerkstätte ist, das »Greifenberger Institut für Musikinstrumentenkunde«, aber das ist natürlich nur für Musiker gedacht. Vielleicht sitzen sie grad an dem Ufer eines kleinen Teichs. Da steht ein Samowar, fröhlich versammelt sich eine Runde von Musikern um den Tisch. Alles, was zupft, das zupft. Auch eine Ziege. Die Musiker besprechen das Programm eines Konzerts. »Sollen wir die Wiederholung vor der letzten Strophe machen?« Antwort: »Das wissen wir noch nicht: entweder davor oder danach!« Der Mann an der Zither hat eine noch bessere Lösung: »Mir fangen einfach mit der Pause an!« Allerdings mit dem Zusatz: »So lang könnt's ihr gar nicht sitzen, wie ich spiel!« Unglücklicherweise konnte er nicht üben, seine eigene Stücke nicht, weil er die Noten nicht mehr gefunden hat. Allerdings kommt es ihm ohnehin vor, dass sie »a bissl lang« waren, aber dafür gibt's eben wieder eine praktische Lösung: »Dann spielen wir sie halt kurz, wenn man sie schon selber nicht hat!« Wer freilich denkt, bei solchem Gerede seien Amateure am Werk, liegt falsch: Nur Profis können sich solches erlauben. Spätestens wenn sie wirklich loslegen, merkt man das, auch am für einen Laien unfassbaren Vorgang, dass man spontan die Tonart wechselt und dann halt sechs »bs« hat: Wie spielt man denn das, bitte schön, fragt man sich. Man spielt es, wenn man es kann. »Und wenn man jetzt noch oktaviert«, schlägt fröhlich die Geigerin vor, »kann ich noch bissl säbeln in der hohen Lage!« So wird's gemacht. Nur Bruckner wird verworfen: »Der beginnt im Off, nach eineinhalb Stunden endet er im Off, und zwischendurch war er nur im Off. Man darf aber die Leut nicht mit hohem Blutdruck entlassen!«

Kinder schaukeln in der Blüte des Apfelbaums. Kater Paul krallt an dem Seil der Schaukel. Weil das Schloss privat ist, ist es auch der Park, doch ist hier ein kleiner Renaissance-Garten entstanden, wie aus einem Bilderbuch mit dem Titel: *Wie lege ich einen Renaissance-Garten an?* Und aus dem Buch wird Buchs, niedrige Hecken, welche dem Garten die Form eines Mandalas geben. Manchmal gibt es Konzerte, die sogenannten Werkstatt-Konzerte, die eine historische Aufführungspraxis mit Originalinstrumenten aus der Zeit mit der Zeitgeschichte selbst in Beziehung bringen, aber dazu will man eingeladen sein.

SCHONDORF

Ein Bauernhof als Heimat für freien Geist

Lebensreform wurde am Ammersee nicht nur theoretisch entworfen, sondern auch in die Tat umgesetzt. Wenn in diesem Buch von Lebensentwürfen an den Ufern des Sees die Rede ist: Hier, in Schondorf, werden Grundlagen gelegt, damit schon junge Menschen ihr Leben zu entwerfen verstehen, so ziemlich von Anfang an.

Wie die Maler gingen auch Lehrer an die frische Luft, um zu unterrichten – Julius Lohmann, der spätere Schulgründer des Landheims Schondorf, allen voran. Die Geschichte beginnt ganz harmlos im Sommer des Jahres 1905 mit einem Ferienkurs, an dem fünfzehn Schüler teilnehmen. Jedoch hatte Lohmann bereits ein Grundstück gekauft, das einem Gärtner gehört hatte. Auf dem Anwesen stand auch ein Gästehaus, das vor sich hin dümpelte. Im Grunde aber alles, was Lohmann braucht: einen großen Garten und ein geräumiges Haus, in dem Menschen untergebracht werden können. Der Mann ist wirklich mutig und schaut weit voraus. Allerdings hatte er auch alle Brücken zu Vergangenheit und Sicherheit abgebrochen und seinen bürgerlichen Beruf als Lehrer aufgegeben. Er hatte keine Lust mehr, die Pädagogik diesen bürgerlichen Zwängen weiter zu unterwerfen, der nichts anderes einfällt als abfragbares Wissen in geschlossenen Räumen, was ohne Zwang nicht möglich ist, weil kein Mensch es aushalten kann, stundenlang im Mief zu sitzen und Kübel voller Wissen über sich auskippen zu lassen, das ihn nicht interessiert. Es interessiert ihn nicht, weil es ihn nichts angeht. Es vermittelt ihm auch erst gar niemand, worin der Wert für ihn bestehen könnte, gar für sein Leben – außer Prüfungen zu bestehen, mit denen man ein Papier erwirbt, mit dem man sich Eintritt in die bürgerliche Gesellschaft verschaffen kann, damit alles wieder von vorne anfangen kann.

Dabei sind Kinder und Jugendliche so unendlich neugierig, begierig darauf, so unendlich viel zu lernen. Wo sonst als im Garten, im Wald, auf den Feldern oder am See soll man sich so etwas wie Botanik aneignen? Wo

Astronomie? Wo auch Physik? Auf einmal gehört alles zusammen: Was da blüht, und warum und weshalb, und weshalb gerade an diesem Ort. Und was da fliegt und wiederum abhängig ist von dem, was da blüht. Ein Blick in den Sternenhimmel schadet auch nicht. Und damit man im Schauen auf das Ganze nicht die Gesetze vergisst, denen alles zugrunde liegt, braucht man die Physik. Und all das wollen die Kinder und Jugendliche wissen und fragen und fragen und fragen – mehr als noch der beste Lehrer beantworten kann. Und der streift mit ihnen durch die Gegend wie ein Aristoteles von Schondorf, welcher der Meinung ist, man müsste auch körperlich immer in Bewegung bleiben, damit es auch die Gedanken tun und kein Gedanke sich verfestigen kann, sondern im Fluss bleibt. Nie kann etwas wirklich zu Ende gedacht werden, am Ende warten neue Fragen, und man muss nicht von Neuem wieder anfangen, sondern weitermachen … weitermachen … weitergehen. Peripatetiker am Ammersee. Ohne Weiteres wandern die Schüler einmal um den See herum, sie haben täglich Wandertag; kein Pädagoge muss sie halb dazu hinprügeln. Von sich kommen sie auf die Idee, den ganzen See ins Auge fassen zu wollen, von wechselnden Ufern aus – dann ist es jedes Mal ein anderer See: der Ammersee.

Aus dem Sommerkurs wird auch nach den Ferien Unterricht, schon 1906 erkennt erstaunlicherweise das Kultusministerium das Landheim als »Privatgründung mit Mittelschulcharakter« an. Ein richtiges Schulhaus wird gebaut. Kein Geringerer als der Architekt des Justizpalastes in München, Friedrich von Thiersch, entwirft das Gebäude: als Gegenteil eines Justizpalastes. Im Grund ein großes Bauernhaus, das trotz seiner Größe Behaglichkeit ausstrahlt; es passt nicht nur sehr gut in die Gegend, es kann geradezu als stilbildend gelten. Ein Bauernhof als Heimat für freien Geist. Bewusst wird als Titel des Unterfangens »Landheim« gewählt und nicht »Landschulheim« und schon gar nicht »Landerziehungsheim«. Nicht um die Schule ging es in erster Linie, sondern dass man daheim sein kann, in freier Natur, am See, in einem schönen Haus, umgeben von Schlosserei, Schreinerei und weiteren Werkstätten, denn von Anfang an gehört zur Ausbildung unabdingbar auch das Erlernen verschiedener Handwerksfertigkeiten. Eine Schule für Kopf, Herz und Hand. Lohmanns simple Devise: »Macht's selber!«

Schon 1920 allerdings wird Julius Lohmann Gegenstand einer Gedenkrede. Als sein Nachfolger sieht sich Ernst Reisinger gezwungen, von den »schweren inneren Erschütterungen« Lohmanns zu sprechen, von Enttäuschungen, Kämpfen mit Mitarbeitern, Zweifel an seinem Lebenswerk und dazu eine politische Lage, die den deutschnationalen Lohmann nach dem verlorenen Weltkrieg und dem Untergang des alten Systems noch weiter am Sinn des Daseins verzweifeln ließ. So kommt es, dass ein Mann, dem die Herzen der Menschen zugeflogen waren, weil er einfach verstanden hatte, was für junge

Menschen wichtig ist, und zwar nicht nur mit dem Verstand, sondern auch mit einem großen Herzen, zuletzt in tiefe Schwermut versank, dass er es vorzog, zu sterben. Ein Schicksal, das er mit manch großer Gründerpersönlichkeit teilen muss, deren Charisma in Umständen, die ihr widrig erscheinen, nicht mehr weiter ihre strahlende Kraft entwickeln kann.

Allem Anschein nach hatte er alles richtig gemacht. Hatte hochfahrende Utopien einer freien Erziehung und Bildung nicht zu sehr abheben lassen, sondern diese eingebunden ins Bodenständige, Ursprüngliche, in eine Arbeit im Garten, in den Werkstätten, auf dem See. Auch hatte er das nötige Glück gehabt, großzügige Unterstützer um sich zu haben, die das kühne Schiff auch finanziell über Wasser hielten. Und Zuspruch, jede Menge. Ein Lebenswerk scheint zu gelingen, ein großes, ein großer Wurf. Und was das Landheim betrifft, blieb er es auch, bis zum heutigen Tag. Zum Wesen der Schule gehört ein ungewöhnlich hohes Maß an Miteinander zwischen Lehrern und Schülern, weit über den gewöhnlichen Unterricht hinaus.

Die Schule selbst stellt sich so dar: »Dabei ist nicht nur der Schüler der Lernende. Zur Philosophie der Schule und der Lehrer gehören die Offenheit für Innovationen und eine zeitgemäße Entwicklung der Schule. Somit verstehen sich alle Landheimer als Beteiligte einer lernenden Organisation.«

Löhmann hatte sich klugerweise noch seinen Nachfolger ausgesucht, eben jenen Ernst Reisinger, der so große Worte für Lohmann gefunden hatte. Und Reisinger war zusammen mit seiner Frau Julie ein Glücksfall für Schondorf.

Mit den beiden kam eine Struktur ins Landheim, welche den manchem vorher zu spontan und zufällig erscheinenden Lerneinheiten für die Kinder einen festeren Rahmen gab. Den Reisingers ist es dann auferlegt, das erfolgreiche Experiment, das schon zur festen Einrichtung geworden war, durch den Wahnsinn des Nationalsozialismus zu steuern. Wenigstens bis zum Sommer 1944 ist ihnen das gelungen. Eine Hitlerbüste, eine Nachbildung des Modells von dem Nazibildhauer Arno Breeker, von ihnen in ihre »Gottbegnadeten-Liste« aufgenommen, musste der Vorschrift zufolge aufgestellt werden. Reisinger positionierte sie im Vortragssaal so hoch oben auf einer Säule, dass sie praktisch kaum zu sehen war. Von Hitlerbildern, welche die Schüler in ihren Zimmern aufhängen mussten, meinte Reisinger, vom Format her genüge eine Briefmarkengröße auch. Die Schüler benutzten sie aber gerne als Schießscheiben. Zur Ausstellung »Entartete Kunst«, in der die Nazis Gemälde von Franz Marc und anderen Expressionisten an den Pranger stellen wollten, fuhr Reisinger mit seinen Schülern, weil sie in ihrem Leben so etwas Schönes wohl nicht mehr sehen würden. Zu den Schülern des Landheims gehörten die Widerstandskämpfer Christoph Probst und James Graf von Moltke.

Vollkommen frei von solchem Geiste blieb ein Mensch wie Pfitzner.

Man muss wirklich sehr aufpassen, mit den moralischen Kategorien von heute auf eine vergangene Zeit, auf eine Zeit in einer Gewaltherrschaft zu blicken. Niemand kann von sich behaupten, wie er sich verhalten hätte. Ob mitlaufend, aktiv gar, wenn auch verblendet, ob opportunistisch, ob in Deckung – oder doch etwas riskierend? Kaum jemand ist zum Helden geworden, man wird es allenfalls. Vielleicht hätte man auch nur den Mund nicht halten können, in einer Situation, in der einem etwas herausrutscht, was man denkt. Etwa der freudige Ausruf eines jungen Soldaten, der die Nachricht vom Attentat auf Hitler im Radio nicht bis zum Ende des Satzes abwartet, sondern gleich schon in die Welt hinausposaunt: »Endlich hat's die Drecksau erwischt!« Das wär's dann gewesen, mit ungewissem Ausgang, aber auch nur vielleicht.

Wer sich aber bewusst auf die Seite der Nazis stellt, der muss sich klar sein, dass er sich von jeder Menschlichkeit abgekehrt hat. Nicht für die Nachwelt ist er dann verloren, sondern auch für sich selbst – wenn er denn nicht wenigstens noch irgendwann ein erkennbares Einsehen zeigt. Müsste sich klar sein, ist es aber nicht.

Hans Pfitzner: Egk mich am Orff

Drei namhafte Komponisten lebten am Ammersee in einem Dreieck von Dießen, Unterschondorf beziehungsweise Utting und später Inning auf der anderen Seeseite: Hans Erich Pfitzner, Carl Orff und Werner Egk. Pfitzner hielt sich von 1918 bis 1929 in Unterschondorf auf, Jahrzehnte später kam Werner Egk an den See, der 1955 nach Utting zog, fast gleichzeitig zog Carl Orff nach Dießen. Egk hat bei Orff gelernt, in Musikerkreisen kursiert das Gerücht, er habe an der Carmina Burana zumindest mitgeschrieben. Aber nicht nur Musiker setzen gerne Gerüchte in die Welt. Egk war freilich ein ganz anderer Typ als Orff: anders als dieser so barock expressive Mensch sehr zurückhaltend, beinahe zu zurückhaltend, so schildert es Renate Haushofer vom Hartschimmelhof. Pfitzner hielt richtig auf Distanz. Was Pfitzner von zeitgenössischer Musik halte, insbesondere von seinen Kollegen Orff und Egk, wurde er gefragt. Seine berühmt-berüchtigte Antwort: »Egk mich am Orff!«

Auf dem Friedhof findet sich das Grab einer Mimi Pfitzner: Ob die etwas mit dem Pfitzner zu tun hat, dem Komponisten? »Nach der Rückgabe von Elsass-Lothringen an Frankreich hat es die Leute an den Ammersee gezogen«, sagt ein Friedhofsbesucher. Tatsächlich kommt Pfitzner 1917 von Straßburg nach München. 1919 kauft er sich in Unterschondorf ein Haus. *Von deutscher Seele* entsteht da, das Klavierkonzert Es-Dur, das Violinkonzert h-Moll, das cis-Moll-Streichquartett und etliche Lieder. 1926 stirbt seine Frau. »Ihren Mann«, sagt der Friedhofsbesucher, »haben sich die Wiener gekrallt. Der liegt jetzt auf dem Zentral.«

Aber eine Pfitzner-Gedächtnisplatte hat die Schondorfer Gemeinde an die Seepromenade gestellt. Und in ihrer Gemeindebroschüre lässt sie es ungeniert so stehen: »Das Schondorfer Leben klingt an in den Werken des Komponisten und Dirigenten Hans Erich Pfitzner (1869–1949), der hier zehn Jahre lehrte und komponierte.« Das Denkmal erinnere diesem Text zufolge »an den vielseitig Begabten, der auch als Regisseur und Schriftsteller arbeitete. Dank seiner Musikalität galt er neben Richard Strauss als der bedeutendste deutsche Komponist der Vorkriegszeit«.

Nach Gedichten von Joseph von Eichendorff komponiert Pfitzner *Von deutscher Seele*. Schwere Trübungen legen sich als Schatten über diese deutsche Seele. Zusammen mit dem Kollegen Knappertsbusch ist Pfitzner Initiator des Protests der Richard-Wagner-Stadt München, der sich gegen Thomas Mann und seinen Vortrag *Leiden und Größe Richard Wagners* richtet, aus Sicht der Unterzeichner eine »Verunglimpfung Wagners«, veröffentlicht am 16. / 17. April 1933 in den *Münchner Neuesten Nachrichten*. Unterschrieben haben unter anderem die Herren German Bestelmeyer, Präsident der Akademie der Bildenden Künste, Richard Strauß, Olaf Gulbransson; ausdrücklich berufen sie sich dabei auf Hitlers Machtergreifung, da ist keine Ausrede möglich: »Nachdem die nationale Erhebung Deutschlands festes Gefüge angenommen hat, kann es nicht mehr als Ablenkung empfunden werden, wenn wir uns an die Öffentlichkeit wenden, um das Andenken an den großen deutschen Meister Richard Wagner vor Verunglimpfung zu schützen.« Sie »empfinden Wagner

als musikalisch-dramatischen Ausdruck tiefsten deutschen Gefühls«, und das wollen sie »nicht durch ästhetisierenden Snobismus beleidigen lassen«, was aus ihrer Sicht »mit so überheblicher Geschwollenheit in Richard-Wagner-Gedenkreden von Herrn Thomas Mann geschieht«. Sie werden dann auch noch persönlich, obgleich einige von ihnen eben mit Thomas persönlich befreundet waren: »Wir lassen uns eine solche Herabsetzung unseres großen deutschen Musikgenies von keinem Menschen gefallen, ganz sicher aber nicht von Herrn Thomas Mann.«

Thomas Mann, der 1918 zum Eintritt in den neu gegründeten *Hans-Pfitzner-Verein für deutsche Tonkunst* aufgerufen hatte! Und nach dem Protest nicht mehr von seiner Vortragsreise zurückkehrt nach Hause, sein Exil beginnt.

Pfitzners Antisemitismus beginnt schon 1918 in Berlin, weil sich das »deutsche Volk« in der Revolution nach 1918 von »russisch-jüdischen Verbrechern«

anführen ließ. Der Gegensatz zwischen deutscher Musik und ihren jüdischen Zersetzern wird sein Lebensthema. »Dolchstoßlegende« und »Kriegsschuldlüge« sind ihm selbstverständliche Begriffe, unaufhörlich sieht er das »Ende der deutschen Kunst« heraufdämmern. Schreibt Aufsätze wie *Die neue Ästhetik der musikalischen Impotenz. Ein Verwesungssymptom*, prägt das Wort »Musikbolschewismus«. Lob und Ehrung durch den Nationalsozialismus bleiben nicht aus, im August 1944 wird er in die »Gottbegnadeten-Liste« aufgenommen und innerhalb dieser Liste noch einmal in einer von Hitler angefertigten Sonderliste, welche die darin Genannten von sämtlichen Kriegsverpflichtungen befreite. Im gleichen Jahr versteigt er sich ins völlig Ungeheuerliche, er komponiert die *Krakauer Begrüßung,* op. 54, für seinen Freund Hans Frank, Generalgouverneur des Generalgouvernements, »Judenschlächter von Krakau«; Pfitzner dirigiert selbst in Krakau. Zwei Jahre später hängt Frank am Strick der Kriegsverbrecher. Pfitzner wird 1948 von der Spruchkammer in München als »vom Gesetz nicht betroffen« eingestuft und war damit entnazifiziert. Ehrenerklärungen für ihn waren nicht nur von ehemaligen Mitstreitern eingegangen, sondern ebenso von dem jüdischen Dirigenten Bruno Walter, von Menschen, die ins Exil gehen mussten wie Alma Mahler-Werfel oder Carl Zuckmayer.

Hans Frank richtete seine letzten Worte an das deutsche Volk: »Gott vor allem hat das Urteil über Hitler gesprochen und vollzogen, über ihn und das System, dem wir in gottferner Geisteshaltung dienten. Darum möge auch unser Volk von dem Weg zurückgerufen sein, auf dem Hitler und wir mit ihm es geführt haben. Ich bitte unser Volk, daß es nicht verharrt in dieser Richtung, auch nicht einen Schritt.« Pfitzner geht sogar noch einen Schritt weiter, er schreibt nach dem Ende von Krieg und Nationalsozialismus: »Das Weltjudentum ist ein Problem & zwar ein Rassenproblem, aber nicht nur ein solches, & es wird noch einmal aufgegriffen werden, wobei man sich Hitlers erinnern wird & ihn anders sehen, als jetzt, wo man dem gescheiterten Belsazar den bekannten Eselstritt versetzt. Es war sein angeborenes Proletentum, welches ihn gegenüber dem schwierigsten aller Menschenprobleme den Standpunkt des Kammerjägers einnehmen liess, der zum Vertilgen einer bestimmten Insektensorte angefordert wird. Also nicht das ›Warum‹ ist ihm vorzuwerfen, nicht, ›dass er es getan‹, sondern nur das ›wie‹ er die Aufgabe angefasst hat, die berserkerhafte Plumpheit, die ihn dann auch, im Verlauf der Ereignisse, zu den Grausamkeiten, die ihm vorgeworfen werden, führen musste.«

Keine Frage, dieser Mann war und blieb und ist Faschist, einer von der übelsten Sorte, bis in die Knochen hinein. Recht froh wurde Pfitzner seines Lebens nicht mehr. Ein Sohn war im Alter eines Kleinkindes und sein Sohn Paul bereits 1936 verstorben; seine Tochter Agnes hatte sich 1939 umgebracht, sein Sohn Peter war 1944 im Krieg gefallen. Fünf Jahre später starb er selbst an einem zweiten Schlaganfall.

In Musikerkreisen wird seine Oper *Palestrina* noch immer hochgeschätzt, aufgeführt wird sie kaum noch. 1917 wurde sie als »Musikalische Legende« im Münchner Prinzregententheater aufgeführt. Aber dass noch in den späten Fünfzigerjahren der Luchterhand Verlag mit markigen Worten Pfitzners Reden, Schriften, Briefe als ein *Geschenkbuch für Freunde der Musik* deshalb so preisend ankündigt, weil sie »Zeugnisse eines eigenwilligen Künstlers und aufrechten Menschen« seien, macht doch nachdenklich, vor allem auch, was ebendiese Fünfzigerjahre betrifft. Ungebrochen wird da unseliger Zeitgeist fortgesetzt, indem Pfitzners »Mut, seine Wahrheitsliebe, seine kompromißlose Unbedingtheit« herausgestrichen werden. Sie seien »ebenso in die Zeitgeschichte eingegangen wie sein Witz und eine Reihe treffender Formulierungen und Anekdoten«. Das ist der gefährlich verharmlosende Ton der Adenauer-Ära, in der nationalsozialistisches Gedankengut, vermengt mit Witz und Anekdoten, unverändert salonfähig bleibt.

St. Jakob: Von einem heiligen Land ins andere

Es gibt nicht so viele Kirchen in Bayern, die dem rauschenden Taumel des Barock entgangen sind – manchen sieht man immerhin noch den romanischen Ursprung an. St. Jakob in Unterschondorf gehört dazu, man sieht ihr sogar sehr gut dieses Alter an, mit einer Grundsteinlegung im zwölften Jahrhundert. Über schmale Steintreppen führt der Weg ins Innere.

Unverputzt begleiten stattliche Quader aus Tuffstein den Besucher in eine kleine Stille über der Seepromenade: Station für Pilger vermutlich schon auf dem Jakobsweg. Im Obergeschoss der Kirche befindet sich ein Raum, den sie zur Rast nutzen konnten, auch als Herberge. Im Krieg wurde der romanische Christus gestohlen, noch nicht als der Schmerzensmann dargestellt, sondern einer, der mit seinen ausgebreiteten Armen etwas mitteilen möchte. Er hat eine frohe Botschaft, die spricht von der Liebe, von der Liebe zu den Menschen. Und weil man zu den Menschen auch selber gehört, gehört auch die Liebe zu sich selbst dazu. Sonst kann man die anderen nicht lieben, wenn die anderen von einem sagen: »Der mag sich selber nicht!« Und das Land auch nicht, in dem man lebt. Man merkt es erst gar nicht.

Eine Kirche zu stiften, hat er nicht im Sinn gehabt, eine Amtskirche schon gar nicht. Er hat nur vorgeschlagen, die bestehenden Vorschriften ernst zu nehmen, nicht nach dem Buchstaben, sondern nach deren Inhalt, und deren Inhalt ist, auf sein Herz zu hören: Was das sagt. Das ist alles. Aber es ist viel.

Der Mann stammt aus Palästina. Von einem heiligen Land wandert er in ein anderes, in dieses unter anderem.

UTTING

Leben als permanenter Sprung

Das Wahrzeichen von Utting ist ein Sprungturm. Sprungtürme sind oft Wahrzeichen von Schwimmbädern. Es gab Sprungtürme schon in der Antike, und sie dürfen auch nicht bei den Olympischen Spielen der Moderne fehlen. Sie stehen in Kabul mitten im Bürgerkrieg und in Tokyo auf erdbebengefährdetem Boden und auch im friedlichen Utting. Für Architekten sind sie eine echte Herausforderung. Mit einem Sprungturm kann ein Architekt ein Markenzeichen setzen, sein Markenzeichen, aber ein Wahrzeichen für einen ganzen Ort ist ein Sprungturm nur in Utting. Er ist zehn Meter hoch, hat drei Etagen und ist ganz aus Holz gebaut. Er ist unverwechselbar. Er hat eine unglaubliche Dynamik. Die zweite Etage schiebt sich vor die erste und die dritte über die zweite, sodass schon der Turm selbst in den See zu springen scheint und die Springer schauen können, ob sie nachkommen.

Droht der Blick – ihr Blick – auf ihr Wahrzeichen, den Sprungturm, verstellt zu werden, droht Ungemach von den Uttingern. Ausgerechnet das Strandbad selbst ist es, welche die Ursache darstellt: eine Markise mordsmäßigen Ausmaßes ist es, die zwar den Biergartentischen ausreichenden Schutz gewähren soll, was für ein Wetter auch immer über den See fegen mag, aber erst einmal fegt der Proteststurm erzürnter Bürger durch Biergarten und Strandbad. Hundertzwanzig Quadratmeter überspannte Fläche erscheinen ihnen doch reichlich überspannt. Der Pächter der Anlage ist selbst überrascht, wie massiv seine Investition ausgefallen ist, die höchste im Übrigen, die er je getätigt hat, seit fünfundzwanzig Jahren. Beileibe ginge es ihm nicht nur um die Erwerbsquelle, für ihn ist der Platz eine Herzensangelegenheit: Unter dem großen Ahorn sei er schon als Baby im Schatten gelegen, der Mann kennt sich aus. Und er lädt alle Kritiker ein, alternative Vorschläge zu der Markise zu entwerfen, und zu einem Freigetränk an Ostern lädt er auch ein, natürlich unter die neue Markise.

Utting ist ein hübscher Ort und hat das große Glück, an einem wunderschönen See gelegen zu sein – dem Ammersee. Besucher werden die Bewohner glücklich schätzen, dass sie Uttinger sind, aber natürlich ist auch Utting ein Ort, in dem sich bewegende Geschichten abgespielt haben, die nicht nur als geglückt bezeichnet werden können; sagen wir, nur teilweise geglückt oder auch gar nicht.

Zum Beispiel hatte ein Mann, bloß ein paar Straßen von diesem Sprungturm entfernt lebend, drei Kinder, von denen nur die Mutter wusste, wer der Vater ist. Der Mann war weltberühmt. Er hatte eine Familie mit fünf Kindern in Connecticut und noch zwei oder gar drei geheime Parallelfami-

lien dazu in Deutschland und in der Schweiz, also gut zehn Kinder von vier Frauen, unbekannte weitere nicht hinzugerechnet. Doch möchte jemand richten über einen Menschen als »polygamen Steinzeitmenschen, den es ins Zeitalter der Fliegerei verschlagen hat?« Wer mag beurteilen, welche traumatische Wunden und Auswirkungen die Ermordung des erstgeborenen Kindes in einem Menschen auslösen? 1957 war er nach Deutschland gekommen, da hatte sich das so ergeben, niemand erkannte ihn. Der Mann hat weitere Wege durch die Luft unternommen, als von einem Sprungturm aus möglich sind. Er ist als Erster allein über den Atlantik geflogen in der *Spirit of St. Louis* und heißt Charles Lindbergh. Sein erstes Kind war 1932 entführt und ermordet worden.

Ein anderer Unglücklicher liegt auf dem Friedhof bei St. Anna im nahen Oberschondorf, nicht als Opfer einer gewalttätigen, menschenvernichtenden

Herrschaft, aber als Kind einer Liebschaft, die es nicht hätte geben dürfen: zwischen dem berühmten Maler Wilhelm Leibl, der sich 1875 in die Theresia Bauer verliebt hat, Kellnerin in der »Post«, Wirtschaft zu Schondorf. »Jatz hozn und er hoz aa«, heißt es in der Wirtschaft, also die beiden hat es erwischt, und jetzt haben sie sich – jedenfalls beschreibt es so Anton Sailer in dem 1959 erschienenen Buch *Leibl. Ein Maler- und Jägerleben. Nach Tatschen frei erzählt.* Leibl fühlt sich demzufolge an Akademiezeiten erinnert, in der man im Augustinerbräu »auch gleich gewusst hat, für wen die Köchin etwas übrig hatte ...« Selbst schon unehelich geboren, bringt die Res einen Karl auf die Welt, doch stirbt der Bub, noch nicht einmal ein Jahr alt, im März 1877 an Keuchhusten. Leibl heiratet seine Resl natürlich nicht und verlässt sie und Schondorf. Bloß ein von Efeu zugewuchertes Grab, das nur findet, wer es kennt, erinnert an die Geschichte: »Hier ruht auch der einzige Sohn von Wilhelm Leibl KARL«.

Und natürlich gibt es die Bilder von Wilhelm Leibl, *Die Dorfpolitiker* zum Beispiel, oder *Das geldzählende Paar* oder innerlich sehr passend zu seiner eigenen Geschichte: *Das ungleiche Paar.*

Und Thomas Mann war hier und Brecht, und die Gruppe 47 tagte hier, und heute lebt Monika Drasch hier, zum Beispiel. Leibl, Mann, Brecht, Lindbergh: So unterschiedlich ihre Biografien aussehen – alle haben sie sich eingeschrieben in die Geschichte eines Ortes, in die Geschichte von Utting, und das ist natürlich noch längst nicht alles. Jedes einzelne Leben hat sich eingeschrieben, aber die kennt man nicht so. Oder nur zufällig. Oder weil man dort lebt. Und deren Geschichte und Geschichten ergäben wieder ein anderes Buch.

Das Leben genauso wie die Kunst ist ein permanenter Sprung vom Turm, insofern ist der Sprungturm in Utting ein gutes Wahrzeichen für die Menschen, die in Utting leben und mit Kunst zu tun haben oder hatten.

Wilhelm Leibl: der zweite, der tiefere Blick

Wilhelm Leibl gehört schon sehr früh zu denjenigen, die der Stadt München den Rücken kehren, samt dem Atelier in der Schwanthalerstraße, und auf das Land ziehen, an den Ammersee, weil ihnen die städtische Gesellschaft mit ihrer Kultur gestohlen bleiben kann. Einer, der Ursprünglichkeit sucht, Unverfälschtheit, Natürlichkeit und sich deshalb vom Kunstbetrieb absetzt, der weg will von den Lügen, vom Betrieb, einer, dem nichts wichtiger ist als die Arbeit. Holbein ist sein Vorbild, die Oberflächen lässt er aufscheinen wie kaum ein anderer, Leibl ist ein Meister der Stofflichkeit, er führt uns Tischplatten, Zinnteller oder Dirndlbordüren vor Augen, dass wir meinen, unsere Hände könnten sie spüren. Im Bäuerlichen sucht er nichts Folkloristisches, ihm ist nach dem Einfachen, nach dem Natürlichen. Oft und oft hat er sich beklagt, dass er verkannt wird, samt seiner Kunst, dabei ist er auch ziemlich konsequent seinem Erfolg davongelaufen. Lieber stänkert er gegen die Akademie, gegen den Kunstbetrieb als solchen »Leben hat kein Schema, aber das Schema ist bequem«; auch in Kunstkreisen gibt es Menschen, die sich bequemerweise so verhalten. Julius Meier-Graefe gehört nicht zu dieser Sorte. Er hält Leibl für den bedeutendsten Bildnismaler seit Rembrandt. In der Nationalgalerie in Berlin wird Leibl ein eigener Saal gewidmet. Seine »Idee des rein Malerischen« wird dort herausgehoben. Sein künstlerischer Werdegang wird in diesem Saal so beschrieben: »Sein Bruch mit den Namen der Akademie, seine Hinwendung zur Natur und sein Ruf nach absoluter Authentizität faszinieren noch heute.« Nicht mehr um die »Bilderzählung« wollte es Leibl gehen, sondern um die »Rückbesinnung auf das Naturvorbild«. »Ich werde nur malen, was mir beliebt und wo ich will!« Der Mann ist eigensinnig, weitab von den Metropolen der Kunst hält er sich auf, am Ammersee und im Chiemgau, und malt nur das, was und wo er will. Er flieht dem Akademiebetrieb und flucht auf ihn, gleichzeitig beklagt er sich, dass seine Kunst dort nicht anerkannt wird, von den Farbenschmierern und anderen Dilettanten. Man klebt ihm ein Markenzeichen auf: der »Bauern-Leibl«, ein krachlederner Idylliker, ausgerechnet er, der kölsche Jung.

Er mietet sich in einem Fischerhaus in Utting ein. Auf den Heiligen Berg von Andechs ist er natürlich auch gepilgert. »Tief unten am jenseitigen Ufer des Ammersees lag ein kleines Nest. Beim »Steininger«, dem einzigen Wirtshaus, saß er jeden Tag beim Essen. »[…] Resl, die Wirtstochter, hatte es ihm angetan […]«, so beschreibt es der Leibl-Biograf Anton Sailer in dem Buch *Leibl. Ein Maler- und Jägerleben.* »Das Sexualleben auf dem Lande war damals – insofern es sich heute gebessert hat – durchaus nicht den Ansprüchen einer sittlichen Warte geartet«, meint Queri 1911 und schreibt so Sachen wie:

»Am Ammersee, am Ammersee,
da reckn d' Fisch dee Schwänz in d' Höh.
Wann ih zu meiner Kathl geh,
gehts mir wia dee Fisch am Ammersee.«

Im Ton subtiler hört sich das bei Anton Sailer an: »Sie hatte eine Art, zum Schanktisch zu gehen, zurückzukommen, das volle Glas auf seinen Tisch zu stellen, daß er vermeinte, so viel an natürlicher ungezwungener Grazie noch nicht gesehen zu haben. Und wie sie hernach wieder wegging – langsam gelangweilt, doch mit dem gesammelten Ernst eines artigen Kindes, gefiel ihm nicht minder.« Vollkommen in seiner Kunstfigur Leibl geht sein Biograf Sailer auf: »Leibl greift nach seinem Andechser Klosterbier und ließ den dunklen würzigen Trank in die Kehle rinnen. Die Rosl! dachte er wieder und sah ein Dirndlgesicht vor sich, breit, festgebaut, rund und jung, mit dunkelblondem Haar und dunklen Augen.«

»Wie er sie einmal«, also der Leibl die Resl, »mit einem Arm hochgehoben hat, ganz hoch, damit sie den heiligen Berg von Andechs besser sehen konnte,« da ist der Heilige Berg als »ferne Silhouette gegen den Himmel gestanden – doch gerade als sie gedacht hatte, auf ihm einmal Hochzeit zu feiern, hatte es vor ihren Augen geflimmert und er war im Nebel zerflossen.« Die Gegensätze sind unüberbrückbar, vielleicht weil sie in Leibl selbst unüberbrückbar sind. »Du bist anders«, muss die Resl einsehen. Aber das uralte Spiel von Begehren und Begehrtwerden hat schon seinen Lauf genommen: »jetzt hozn und er hoz aa«. Aber natürlich hat der Stiefvater der Resl etwas gegen diese Geschichte: »Was hat denn schon ein Maler? Ein paar Bilder, aber kein Haus, keine Kuh.«

Eine kunsthistorisch vermutlich schwer haltbare Vorgeschichte für Leibls Gemälde »Das ungleiche Paar« entwickelt Anton Sailer, aber es ist eben nach eigener Aussage nur »nach Tatsachen frei erzählt« – ein guter Trick, um Legenden in die Welt zu setzen. Jedenfalls erzählt Sailer, dass der »alte Böck, Fischer in Schondorf« kaum, dass er den Leibl durch die Fenster der Gaststube kommen sieht, schnell zur Resl sagt: »Schnell, setz dich her, damit der Meister meint, wir zwei hätten was miteinander! … Nix sag'n … Paß auf, wie's deinen Leibl reißt!« Aber Leibl geht in dieser Geschichte gar nicht auf die inszenierte Situation ein, er erfasst sie ganz anders: »Sitzenbleiben! Keine Bewegung!« In der Eile findet er nichts als einen Briefumschlag, auf dessen Rückseite er schnell eine Skizze hinwirft, aber nicht etwa, um aus dieser Skizze ein Gemälde entstehen zu lassen, sondern vielmehr, um die beiden genau in dieser Position wieder hinzusetzen, wenn er sie malt. Leibl war berüchtigt für seine Sitzungen. Sie konnten tagelang dauern. Die »Modelle« froren, langweilten sich, hatten keine Lust – Leibl blieb unerbittlich. Resl ist entsetzt, dass »ihr« Maler sie mit dem alten Böck auf die Leinwand setzen will. Ob er denn überhaupt nicht eifersüchtig sei? Leibl geht gar nicht darauf ein, ihn interessiert ausschließlich das Sujet. Der alte Böck hat für ihn das Grinsen eines Fauns, und das will er. Als Modell wäre der Mann unbezahlbar. Und in seiner Resl erblickt er das Gesicht der Mona Lisa, also zumindest ein »Hauch, nur eine unbestimmte leise Andeutung«. Freilich, kaum entdeckt er das, legt sich schon wieder »bäuerliche Schwere« über die Vision der Mona Lisa.

Wenn nicht alles täuscht, legt Leibl, unbewusst oder bewusst, seine eigene Geschichte mit der Resl in dieses »ungleiche Paar«, das er da verewigt, die uralte Geschichte von der manchmal nicht auflösbaren Spannung zwischen den Geschlechtern, die nicht immer nur eine gute sein muss. Resls Gesicht hat in dem Bild etwas Lauerndes, keinen Blick, keine Geste, keine Hand gönnt sie dem Mann auf ihrer Seite. So angespannt ist sie, dass ihr, ohne dass sie es bemerkt, das Bierglas in der rechten Hand fast schon entglitten ist; sie hält es so schräg, dass sich kaum noch Bier in dem Glas halten kann, wobei man nicht davon ausgehen sollte, dass dies auf die überlang strapazierte Sitzgeduld des »Modells« zurückzuführen ist. Auch fragt sich, ob die junge Frau in dem Bild nicht schon schwanger ist, das Bäuchlein ist deutlich gerundet.

Tatsächlich wird die Resl dem Leibl einen Sohn gebären. Es scheint, als würde er seinen Nachwuchs kaum zur Kenntnis nehmen. Als sich das Bübchen nach nur einem Jahr schon wieder aus dieser Welt verabschiedet, hält sich Leibl gar nicht in ihrer Nähe auf. Was wird das für Folgen für die Resl gehabt haben in ihrem weiteren Leben?

Mit dem Leben weiß Gott nicht leicht getan hat sich Wilhelm Leibl. So mancher wird angesichts seiner berühmten Bilder wie *Die drei Frauen in der Kirche* oder *Das ungleiche Paar* möglicherweise ein klein wenig seufzen und sagen: »Na ja, ganz recht und schön, sehr naturalistisch, bissl altväterlich halt« – muss man einen Gewährsmann wie van Gogh herbeizitierend herbeizerren, der von Leibl zutiefst beeindruckt war? Man kann, man muss aber nicht. Wie immer lohnt sich der zweite, der tiefere Blick.

Insgesamt drei Jahre lang arbeitet Leibl an dem Bild *Die drei Frauen in der Kirche*. Drei Jahre sitzen Anna Staber von Berbling, genannt s'Zach Nandl, Maria Bucher von Berbling, genannt s'Pongrascht Mädei und die Maria Vogl von Mietraching, genannt die Turmin von Miadakring, in der Kirchenbank der Heilig-Kreuz-Kirche von Berbling bei Bad Aibling, zwar gegen Bezahlung für das Modellstehen, aber eben auch bei großer Kälte, zum Teil auch gegen den Widerstand des neuen Pfarrers. Drei Lebensalter werden dargestellt: in ihrer Zusammengehörigkeit, doch auch in ihrer jeweiligen Eigenständigkeit. Eine helle Figur vor dunklem Hintergrund wechselt mit dunkler Figur vor hellem Hintergrund, die in der Mitte sitzende Greisin wird von der etwas jüngeren und der sehr jungen Frau geschützt. Im Dezember 1881 ist das Bild fertig, seine Aufnahme bleibt zwiespältig. Die einen erkennen in Leibl den bedeutendsten Bildnismaler seit Rembrandt. Kaulbach, selbst ein »Malerfürst« in München, spricht von Leibl als dem »Malerkönig von München«. Andere bemängeln, dass es mit der gewählten Perspektive nicht hinhaut: die Kirchenbänke stünden nicht parallel, die Hände der Frauen seien unproportional groß und so weiter.

Die in dem Gemälde *Dorfpolitiker* abgebildeten Personen studieren nicht eine Zeitung, wie manche lange angenommen haben, sondern Katasterauszüge. Es geht also ums »Sach«, um Wert, Vermögen, Geld. Von daher dürfte die Aufmerksamkeit noch wesentlich angespannter sein, und das sieht man auf Leibls Bild. Da kommt so ziemlich eine Palette menschlicher oder soll man sagen männlicher Verhaltensweisen zusammen, wenn's um's Sach geht. Bis in die Kopfbedeckungen hinein spiegeln sich die Individualität der fünf: Einige tragen Zipfelmützen, ein anderer eine Pelzkappe, der Skeptiker einen Hut mit geschwungener Krempe. Schuhe und Stiefel zeugen zerknautscht von schwerer Arbeit, etwas besser beieinander sind die Trachtenjoppen, bei dem alten Mann in langer Reihe von Messingknöpfen gesäumt. 1877 ist dieses Bild entstanden. Der Zweite und Dritte von links sind die Hauptbeteiligten des Geschehens, intensiv studieren sie das Blatt. Schon fährt dem Dritten nachdenklich der Handrücken ans Kinn: Stimmt da was nicht? Sein rechter Nebenmann verkörpert diese Skepsis noch viel stärker. Auf seinen Stock gestützt, lehnt er sich zurück, ein wenig schon abgewendet, den Mund geöffnet, wie zu einem ersten: »Ah, geh!« Ihm ist die ganze Sache nicht geheuer, sein Gesichtsausdruck voll bäuerlicher Erfahrung: »Da stimmt was nicht!« Sein rechter Nebenmann wiederum, der älteste in der Runde, ist noch offen für das, was sich da offenbart. Die abgearbeiteten Hände ineinander gefaltet, nicht wie zum Gebet, aber doch beinahe andächtig, beugt er sich nach vorne, neugierig, was die zwei, die unmittelbar an dem Katasterblatt dran sind, wohl meinen. Vielleicht hört er aber auch nicht mehr besonders gut. Gleichzeitig scheint er schon über der Sache zu stehen. Seine Augen haben viel gesehen in diesem Leben. In sein hageres Gesicht haben sich die Furchen eingegraben, die er seinerseits dem Acker gegeben hat. Ihm ist eigentlich alles recht, er schaut in die Ferne, vielleicht schon auf die andere Seite.

»Die sogenannte Gesellschaft kann ihm gestohlen bleiben«, heißt es in dem Roman *Leibl. Ein Maler und Jägerleben.*

Thomas Mann: Florenz in Utting

In der »Pension Siebein« schreibt Thomas Mann 1904, Bahnhofstraße 10, an seinem Drama *Fiorenza* – seinem einzigen. In diesen sechs Sommerwochen stellt er es fertig, ein Stück Florenz am Ammersee. Es spielt im Jahr 1492, der sogenannten Entdeckung Amerikas durch Kolumbus, doch entdeckt der Mensch in der Renaissance vor allem sich selbst, oder er möchte das jedenfalls. Er wusste noch nicht, dass diese Reise womöglich noch viel gefährlicher ist als die über den Ozean: Abgründe, Widersprüche, selbstzerfetzende Gegensätze in ein und derselben Person, die man selbst ist. In dem Fall geht es um den großen Wortführer der Askese, den berüchtigten Prediger Savonarola, der in der Wirklichkeit alles Schöne als verkommen verdammte und, wenn möglich, auf den Scheiterhaufen bringen ließ. Auf dem landet er allerdings selbst, für ihn just an jener Stelle auf der Piazza della Signoria errichtet, auf dem Gemälde, Musikinstrumente und Noten verbrannt worden waren. Heute erinnert eine in den Boden eingelassene Steinplatte an die Stätte. Seinerzeit wurde der Platz abgesperrt, um Reliquienjäger abzuhalten, bis die Asche des Savonarola in den Arno gestreut worden war.

Thomas Mann erhält 1929 den Literaturnobelpreis, für das am 11. Mai 1907 im Frankfurter Schauspielhaus uraufgeführte *Fiorenza* allerdings ziemlich schlechte Kritiken, die schlechteste von Alfred Kerr ein paar Jahre nach dieser

Aufführung, erschienen in *Der Tag* vom 5. Januar 1913: »In der Mitte steht eine Frauenperson, die offenbar als Gleichnis der Stadt Florenz vom Verfasser gewünscht worden ist. […] Das Bildnis jener Frau ist mehr eine Gemäldebeschreibung als Blutempfundenes. Nicht vom Blitz gezeichnet, sondern gewissermaßen Philologenarbeit. Thomas Mann sah Fiore-Fiorenza gewiß mit den Augen, die über der Schreibtischplatte sind, aber auch gewissermaßen mit denen unterhalb dieser.« Außerdem wird Kerr auch noch so richtig persönlich: »Der Verfasser ist ein feines, etwas dünnes Seelchen, dessen Wurzel ihre stille Wohnung im Sitzfleisch hat. Was zu ersitzen war, hat er hier ersessen. Es gibt ja zwei Gattungen von Schriftstellern; die erste gleicht in irgendetwas dem raschen Siegfried: heiter, unverwundbar, kraft einer hörnernen Haut; schier; blitzend. Die andre Gattung (zu ihr zählt Herr Thomas Mann) ist weniger im Blitzen als im Sitzen stark. Bei dieser Gattung bildet sich die Hornhaut nur an einer Stelle.«

Sehr treffend schreibt Evelyn Roll über solche Art der Kritik am 10. Mai 2010 in der *Süddeutschen Zeitung*, »dass stilsicherer, eleganter und kluger Sprachübermut leicht in Mätzchen, Marotten und Manierismen umschlägt, sobald die Eitelkeit des Autors stärker wird als Neugierde, Schreiblust und Erkenntnisinteresse«. Mehr noch: »Vor allem aber kann man sich bei Kerr eine Lektion darüber abholen, was der literarische und journalistische Preis dafür ist, wenn einer sich verführen lässt dazu, selber mitspielen zu wollen. Wenn er Macht nicht mehr nur beschreiben, sondern auch selbst spüren und ausüben möchte: Die Reportage wird dann starr vor Selbstbeweihräucherung, der Kommentar verkommt zur Kanzelpredigt und die Kritik mutiert zur Kampagne.«

Andere formulieren es schlichter: »Kritiker sind zumeist Menschen, die es selber nicht können, deshalb sind sie Kritiker geworden.« Kerr weiß es natürlich besser: »Aus einem Gedanken macht der Stückmacher ein Stück. Der Schriftsteller einen Aufsatz. Ich einen Satz.« Prophetisch sieht er immerhin seinen eigenen Tod im wirklichen Leben voraus: »Man stirbt einen Tod und weiß nicht welchen, vielleicht ein schmuckes Schlaganfällchen.« Tatsächlich erlitt er während einer Theateraufführung einen Schlaganfall, ausgerechnet einen richtig authentischen Schlaganfall während einer gespielten Theateraufführung. Kritikerkollegen wie Karl Kraus nennen ihn eine »Feuilletonschlampe«, und die Feuilletonschlampe ihrerseits beschimpft den anderen Großkritiker als »Zwanzigpfennig-Aufguss von Oscar Wilde«, als ein »Nietzscherl«, der an »doppelter Epigonorrhoe« leide. Übrigens hat auch Bertolt Brecht diesen Kerr gehasst, hat ihn einen »nach Trüffeln schnüffelnden Five-o-clock-tea-Plauderer« genannt. So geht es in einer Hochkultur zu, die wir als christliches Abendland schätzen. Der Umgang miteinander ist, gelinde gesagt, rustikal. Man hat sich nichts geschenkt, seinerzeit ebenso wenig wie heute, auch in diesen edlen Kreisen. Aus Utting schreibt der als so feinsinnig geltende Thomas Mann am 19. August 1904 an Ida Boy-Ed, die vor allem seinen Roman *Die Buddenbrooks* sehr gefördert hatte, über seinen eigenen Bruder Heinrich so, dass er »förmlich einen Hass« empfinde auf seine Bücher, die »schlecht sind«. Von »der langweiligen Schamlosigkeit seiner Sinnlichkeit« murrt der jüngere Thomas, aber das sei noch nicht mal das Schlimmste, schlimmer noch sei die »geistlose unseelige Betastungsucht seiner Sinnlichkeit«. Thommy liebt bekanntlich lieber sich selbst am meisten.

An den Ammersee in die »Villa Siebein« war er im Gefolge seiner Mutter gekommen, die von ihr vermutlich von Augsburg aus entdeckt worden war, wo ihr Sohn Viktor zur Schule ging. Viel und gern war sie aber auch sonst in Oberbayern unterwegs und hatte ein ziemliches Geschick im Entdecken preiswerter Unterkünfte. Erstaunlich für eine Frau, die aus Brasilien stammt. Das muss man sich einmal vorstellen, die Mutter von Heinrich und Thomas Mann sprach in ihrer Kindheit kein Deutsch, sie konnte es nicht einmal, sie redete in der Sprache ihrer brasilianischen Mutter Maria Luísa da Silva, sprach also portugiesisch. »Es war seine brasilianische Mutter, die das Künstlergen in unsere Familie gebracht hat«, so beschreibt es Enkel Frido Mann. Gestorben ist die in Brasilien Geborene 1923 in Weßling. Und auf ihrem Totenbett wünschte sie sich, Bairisch zu hören. Ihr jüngster Sohn Viktor Mann kann ihr diesen Wunsch erfüllen: »Ja, Muata, uns geht's alle mitananda recht guad«, so beschreibt er es selbst in *Wir waren fünf.*

Und Thomas Mann bemüht sich also ziemlich erfolglos in Utting nicht nur um ein Drama, er versucht auch, der Ungewissheit zu entkommen, ob sich Katja Pringsheim für ihn entscheiden wird. Einen ganzen Sommer hatte sie sich als Bedenkzeit ausbedungen. Piero di Medici, Sohn von Savonarolas Gegenspieler Lorenzo, bewirbt sich in *Fiorenza* vergeblich um Fiore. Im richtigen Leben entscheidet sich Katja Pringsheim für Thomas Mann, der allerdings in seinem Tagebuch einmal vermerkt, im Bette hätte es besser geklappt, »hätte ein Knabe vorgelegen«. Fragt sich nur, ob da ein Knabe zur Vor-, Haupt- oder Nachspeise »vorgelegt« hätte werden sollen. Wie hätten wir es denn gern? Immerhin hatten die beiden, also Katja, später als »Frau Thomas Mann« bezeichnet, und Thomas fünf Kinder miteinander, halb jüdisch, ein Viertel brasilianisch: eine deutsche Familie mit weltberühmtem Familienoberhaupt.

Fiorenza ist etwas in Vergessenheit geraten und wird kaum gespielt, im Gegensatz zu Brechts weltberühmter *Dreigroschenoper,* die zumindest in Teilen ebenfalls hier draußen ihre Ursprünge hat.

Bertolt Brecht: Der Leib wird leicht im Wasser

Brecht kennt, bevor er sich in Utting niederlässt, den Ammersee schon gut.

Augsburger kommen gern an den See. Schon mit dem Vater ist er oft an den Ammersee gefahren. Er ist schnell erreichbar und entspricht auch dem schwäbischen Naturell des Bescheidenen besser als der benachbarte Starnberger See. Er ist sozusagen ihr Starnberger See, der als »Herrensee« gilt, während der Ammersee »Bauernsee« genannt wird. An seinen Ufern hört man erste schwäbische Klänge im Oberbayerischen. Von Augsburg aus kommt Brecht zur Sommerfrische, gern mit seiner Geliebten Paula Banholzer, mit der er ein Kind hat, einen Buben, der nach Wedekind den Vornamen »Frank« erhält. Er nennt sie »Bi« als Abkürzung von Bittersüß.

Das gemeinsame Kind darf Paula auf Anweisung ihres Vaters nicht in Augsburg zur Welt bringen, sondern in Kimratshofen im Allgäu. Brecht selbst stellte sich schützend vor Bi, er war richtig stolz: »Laßt sie doch wachsen, die jungen Brechts!« Der Vater aber lehnte Brecht allein schon wegen seines Schriftstellerberufs ab, das Medizinstudium, das Brecht in München aufnahm, konnte ihn auch nicht besänftigen. Täglich gingen Briefe zwischen den beiden hin und her, zwischen dem Allgäu und der Paul-Heyse-Straße in München, in der Brecht inzwischen wohnte, in der Pension »Trommer«.

Vom 15. Januar 1919 bis zum 15. Juli 1919 belegt Brecht an der Ludwig-Maximilians-Universität in München in einem Kriegsnotsemester die Vorlesung »Bau, Verrichtung und Gesundheitspflege des menschlichen Auges« von Gustav Freytag. Die Wahl des Fachs stellt in gewisser Weise die Fortsetzung seiner Tätigkeit als Militärkrankenwärter fort. Früh findet er dabei seinen künftigen Ton. Im Refrain seines »Liedes für die Kavaliere der Station D« lässt er es hämisch krachen: »O diese Weiber, Himmelherrgottsackerment / Arg schon die Liebe, aber ärger noch der Tripper brennt.«

Freilich sieht er sich gezwungen, infolge der Schwangerschaft seiner Freundin Paula Banholzer umgehend einen Antrag auf Exmatrikulation zu stellen. Diesem wird am 25. Juni stattgegeben, Brecht verzichtet auf die Anrechnung des Zwischensemesters und beendet damit eine Universitätslaufbahn, die nie begonnen hat. Gleichwohl hat er im Seminar Arthur Kutscher, den Gründervater der Theaterwissenschaften, kennengelernt. Insofern hat sich die Alma Mater letztlich doch auch für Bert Brecht gelohnt.

Am 30. Juli 1919 kommt Sohn Frank zur Welt. Auch getauft wird der Bub und das katholisch. In der Gaststätte »Fäßle« feiert man gebührend: »Brecht war völlig aus dem Häuschen; es wurde gesungen, geschunkelt, Gitarre gespielt, Reden geschwungen, rezitiert und gegessen und getrunken.« Paula Banholzer glaubt nicht, dass Brecht sich von dieser Feier zu seiner *Kleinbür-*

gerhochzeit inspiriert haben könnte, es war »eher schon Schwabing in Kimratshofen«. Paula Banholzer übersiedelt mit Sohn Frank wieder nach München, zu ihrer Tante in die Schwanthalerstraße 4a, doch diese Tante verwehrt ihr jeden Kontakt zu Brecht, der in der Nähe wohnt. Brecht pfeift deshalb täglich zwei- bis dreimal vor dem Haus – ein Pfiff, der heute nicht mehr durch den Straßenlärm dringen könnte, aber damals rannte Paula Banholzer auf diese Pfiffe hin die Treppen hinunter.

1919 treffen sie sich noch in Utting, Brecht schreibt ihr: »Ich will bei dir ausruhen, am See« – in einem Fischerhaus, in dem Zimmer vermietet wurden, in der Seestraße 92 und in der Mühlstraße 11, zwischen Rathaus und Schiffslandesteg. Dann trennt er sich von ihr. Brecht hat schon wieder eine andere, bei der er sich ausruht – Marianne Zoff. Der gemeinsame Sohn fällt im Krieg.

Zu Beginn des einundzwanzigsten Jahrhunderts kann die 1902 geborene Großmutter des damaligen Bürgermeisters Klingel von Utting sich in ihren Erzählungen noch an Brecht erinnern als einen »rechten Hallodri«, der immer wieder mit anderen Frauen daherkam. Natürlich wurde er damals nicht als Genie erkannt, sagt der Bürgermeister, »er hod hoid vaschiedana Weiwa ghobt«, wie man damals noch sagen hat dürfen. Auf die Einwendung, dass doch dann seine Groß- beziehungsweise Urgroßeltern recht tolerante Menschen gewesen sein müssen, sagt er: »Mei, wahrscheinlich ging's dene ums Geid!« Und nach einiger Überlegung: »Und auch wenn der Brecht a rechta Sauhund gwen is, er muss hoid aa recht lustiger Mensch gwen sei!«

1928 kommt er noch einmal nach Utting zur Überarbeitung der *Dreigroschenoper* und zur Vorbereitung der Gründung des »Bundes proletarisch-revolutionärer Schriftsteller«. Das Strandbad Utting und der Bund proletarisch-revolutionärer Schriftsteller, das muss man auch erst zusammenbringen im Kopf! Und die Dreigroschenoper dazu. 1932 kommt er wieder. Mit Helene Weigel kauft er sich ein Haus »Im Gries 10«.

In dem Gedicht *Sieben Wochen meines Lebens war ich reich* beschreibt er die kurze Geschichte seines Besitztums: »Vom Ertrag eines Stückes erwarb ich / Ein Haus in einem großen Garten.« Auch das kann man in neuem Licht sehen: Erträge aus der proletarischen *Dreigroschenoper* fließen fein bürgerlich in Haus und Garten: »Ich hatte es / Mehr Wochen betrachtet, als ich es bewohnte.« Liebevoll beschreibt Brecht den großen Garten, dessen Grenzen von keiner Stelle aus alle gesehen werden können:

»Dann das Haus selbst:
Mächtig eiserne Öfen
Von zierlichster Gestalt trugen getriebene Bildnisse: arbeitende Bauern.«

Selbst im wohlhabenden Anwesen finden sich also Motive des Schriftstellers für die Arbeiter, doch verkennt er nicht den unschätzbaren Wert der Ästhetik von Form und Relation, welche in der Dichtkunst ebenso gilt wie in der Architektur: »Was für wohltuende Maße! Jeder Raum anders. Und jeder der beste! Und wie veränderten sich alle mit den Tageszeiten!« Doch muss er es schon im Februar 1933 nach dem Reichstagsbrand verlassen:

»Den Wandel der Jahreszeiten, sicher köstlich, erlebten wir nicht, denn
Nach sieben Wochen echten Reichtums verließen wir das Besitztum, bald
Flohen wir über die Grenze.«

Die Nationalsozialisten treiben Brecht in die Flucht. Sie errichten in Utting zwei Außenlager des KZ Kaufering bei Landsberg, das seinerzeit ein Außenlager vom KZ Dachau war. Hundertsiebenundneunzig Außenkommandos unterstanden dem KZ Dachau zwischen Friedrichshafen und Salzburg, ganz Süddeutschland ein Außenlager von Dachau. Es dürfte nicht ganz einfach gewesen sein, sie nicht zu bemerken. Bis Ende April 1945 gab es diese Lager, ehe die Amerikaner anrückten. Siebenundzwanzig Todesopfer aus den Lagern in Utting haben ihr Grab in einem Friedhof zwischen Utting und Holzhausen.

Ein zeitloses Gedicht, auch ortlos, das auf den Ammersee hin gelesen werden mag wie auf jedes andere Gewässer, in dem man schwimmen kann, hat Brecht dem reinen Glücksgefühl gewidmet, das jeden Menschen überkommt, der sich dem so urvertrauten Element Wasser hingibt, heißt ganz lapidar *Vom Schwimmen in Seen und Flüssen* und da steht:

»Der Leib wird leicht im Wasser«.

Gruppe 47: Bild von einem anderen Deutschland

Nicht nur einzelne Künstler, ganze Gruppen finden sich am Ammersee ein, immer wieder, auch nach dem Zweiten Weltkrieg. In der Mitte des zwanzigsten Jahrhunderts, im Oktober 1949, war das die legendäre Gruppe mit dem Namen Gruppe 47, die sich im Café »Bauer« traf. Das Café »Bauer« gibt es nicht mehr, aber das Haus steht noch, unweit des Eingangs zum Campingplatz. Die Gruppe 47 war eine Gruppe von Schriftstellern, die ungebrochen als die hochkarätigste literarische Gruppierung der Nachkriegszeit gilt; mit Günter Grass und Heinrich Böll gingen zwei Nobelpreisträger aus ihr hervor. Beide prägten das Bild von einem »anderen Deutschland«, vor allem auch im Ausland, von einem Deutschland, das über sich selbst nachdenken konnte, und das sehr kritisch. Vor allem Grass war streckenweise regelrecht »die Stimme« dieses anderen Deutschlands. Literarisch stellt man sein Werk, vor allem natürlich die *Blechtrommel*, neben die *Buddenbrooks* von Thomas Mann.

Zweimal hielt die Gruppe 47 ihre berühmten Tagungen am Starnberger See ab, 1956 und 1957, jeweils im DGB-Haus Niederpöcking. Einmal in Utting am Ammersee. »Sie wollten Verantwortung übernehmen, an einem jungen Europa ohne Phrasen mitarbeiten und frei sein. Von der amerikanischen Umerziehungspolitik hielten sie nichts. Sie freundeten sich untereinander an und vertrauten sich, da ähnliche Erfahrungen im Dritten Reich und im Krieg sie geprägt hatten«, schreibt Toni Richter, Frau von Hans Werner Richter, des Gründers der Gruppe, der sich nie als Gründer sah und die Gruppe nicht als Gruppe. Toni Richter begleitete ihren Mann Hans Werner nicht nur zu den Tagungen, sondern war auch selbst aktiv, unter anderem als Fotografin und als Berichterstatterin. In ihrem Band *Die Gruppe 47 in Bildern und Texten* beschreibt sie die Atmosphäre der Treffen: »Der harsche Ton innerhalb der Gruppe kam noch vom Krieg her, da war man nicht verwöhnt, wurde aber aufgefangen von einer Toleranz, die als oberstes Prinzip galt: Fairneß, den anderen gelten zu lassen.« So wollte Toni Richter mit ihrem Band »lebendige junge Menschen […] auf dem Wege zu sich und zu einem neuen Europa« zeigen. Nach dem Pathos-Geschwulst der Nationalsozialisten, dem Schrecken des Krieges musste erst wieder eine Sprache gefunden werden – eine neue Sprache, mit der man auch von Neuem beginnen konnte.

Wer die lange Liste der Orte durchgeht, in denen die Gruppe 47 getagt hat, wird feststellen, wie sehr die deutsche Nachkriegsliteratur zumindest auch eine »Literatur in Bayern« gewesen ist: in Herrlingen bei Ulm, in Altenbeuren, im Rathaus von Marktbreit bei Würzburg, in Niederpöcking, in Großholzleute / Allgäu, im Rathaus von Aschaffenburg – und eben im Café »Bauer« in Utting am Ammersee.

Auf der Tagung der Gruppe 47 in Utting tritt auch ein junger Mann mit einem Text auf, der sich nicht sicher ist, ob er Schriftsteller werden soll oder Zahnarzt. Nachdem er seinen Text fertig gelesen hatte, sagt Hans Werner Richter: »Deutschland ist um einen Zahnarzt reicher geworden.«

Auch Luise Rinser war als Gast zur Tagung eingeladen.

Der Mann, der vor ihr seine Geschichte, eine Katzengeschichte, las, der Schriftsteller Horst Münnich, erinnert sich so: »Es muß in Utting gewesen sein, Utting am Ammersee, und ich hatte die berühmte Karte erhalten: ICH LADE SIE EIN ZUR TAGUNG DER GRUPPE 47 HANS WERNER RICHTER. Da war ich nun, und ich war da mit einer Geschichte, die von einer alten Schauspielerin handelte und ihrer Katze, die ihr entlaufen war und die man ihr, sich rächend für gestohlene Nächte, durch die der Lockruf der alten Dame gellte, als Katzenfell an die Haustür nagelte.

Es waren etwa dreißig, vierzig Leute da. »Darunter«, setzt Münnich seine Erzählung fort, »auch einige Gäste, wie Richter mitteilte, und wie ich hörte – auch eine Arrivierte, jedenfalls eine nicht unbekannte Schriftstellerin, Autorin oder gar Dichterin.« Vornehm verschweigt Münnich den Namen der arrivierten Dame, doch verrät er bereits dadurch, dass er sie »arriviert« nennt, dass sie eben allein dadurch gar nicht in den Kreis derer passt, die gerade erst aufbrechen wollen, nicht auftrumpfend, überhaupt nicht, sondern im Gegenteil suchend, tastend.

Irritiert muss Münnich erkennen, dass während seiner Lesung Unruhe aufkommt. War seinerzeit der »Feuerstuhl« genannte Platz ohnehin Anlass zur Nervosität genug, verstärkte sich natürlich jetzt das ungute Gefühl im Inneren des Autors. Er sucht die Ursache zunächst bei sich selbst: »Entweder das Sujet, meine betont spröde Sprache oder die verkappte Moral, die das Ende schon ahnen ließ, störte oder mißviel.« Doch ist es »kein Muckser, kein Schneuzen, kein zuerst leises, dann stärker werdendes Geflüster«, das ihn irre macht, es ist eine »Frau in schon mittleren Jahren«, doch fragt er sich – tatsächlich oder nur gespielt? – vergeblich nach ihrem Namen. Allerdings müsste sie ihm schon einmal begegnet sein, kommt ihm vor. Plötzlich erscheint sie wie ihm ein Pferd, »das mit den Hufen scharrte«.

Münnich ist am Ende seiner Lesung überrascht, dass er gnädig davonkommt, was bei dieser Gruppe als einer »Verbindung zwischen Freundschaft und kritischer Grausamkeit« als Glücksfall gelten muss. Das »stampfende Pferd« aber ruft schon vorab triumphierend aus: »Jetzt werde ich Ihnen meine Katzengeschichte vorlesen!« Solchen Ton war man nicht gewohnt in der intellektuell feinen Gruppe. Auch Richter ist überrascht, doch setzt er gegen Pfiffe und Zischen seine Forderung nach »Ruhe!«durch. »Frau R.«, wie sie Horst Münnich noch immer scheinbar diskret nennt, erhebt sich eilig, »und man hörte das Klappern ihrer Absätze auf dem Weg zum Feuerstuhl«. Sie liest, ihre Katzengeschichte heißt *Die feuerrote Katze*, vermutlich ist sie wieder einmal begeistert von sich, und erneut hat es etwas Triumphales in sich, wie sie ins Auditorium blickt und ihre Manuskriptblätter zusammenrafft. Aber sonst ist es sehr still. Und es bleibt still, was ungewöhnlich ist auf diesen Tagungen der Gruppe, sehr ungewöhnlich, eine ganze Minute lang. Endlich fragt Richter, der kein Richter ist, sondern nur so heißt, Hans Werner Richter, aber natürlich schon etwas von einem Richter hat, von einem Richter der Worte, er fragt, ob denn niemand etwas zu sagen habe, gar niemand. Er kann es gar nicht glauben, aber tatsächlich hat niemand etwas zu sagen. Bis eben, wie gesagt, Franz Josef Schneider seinen linken Arm hebt, die Hand im Gelenk hin und her dreht und scheinheilig nachdenklich »die Heilige und ihren Narren« klingen hört. Die Beleidigte kommentiert ihren Abgang noch mit der Grundvoraussetzung einer Schriftstellerin, dass sie schreiben könne und dass man das wisse. Die Krone setzt diesem Auftritt die zusätzliche Bemerkung auf, dass sie jetzt für ein armes Kind Weintrauben kaufen wolle. Sozial ist sie natürlich auch noch. Aber halt verkannt.

In Dießen wird noch mehr von ihr zu hören sein.

Charles Lindbergh: furchtloser Flieger mit vielen Kindern

Ein wenig verlegen lächelt Charles Lindbergh in die Kamera, ehe er zum Alleinflug über den Ozean abhebt. Etwas einsam ist es um ihn, als er sein Flugzeug besteigt, nur wenige Menschen verfolgen den Abflug. Mit einem ziemlichen Gerumpel hebt die »Spirit of St. Louis« ab, setzt noch mehrfach auf dem Boden auf: Sehr flugfähig schaut das Gerät nicht aus, doch schließlich ist Lindbergh in der Luft. Als er landet, am 20. Mai 1927, wollen ihn die Menschenmassen fast erdrücken. Erneut lächelt er eher verlegen, fast noch ein Bub vom Gesicht her. Alle wollen ihn sehen.

Was nun diese Geschichte wieder mit dem Ammersee zu tun hat?

Dreißig Jahre später taucht ein Mann im VW-Käfer auf, zunächst noch in Geretsried an der Isar, dann in Utting, nichts Besonderes in den Fünfzigerjahren. Gut, eine Baskenmütze tragen seinerzeit nur »bestimmte Leute«, aber das sagt ja noch nichts. Etwas seltsam ist vielleicht, dass er nicht ständig da lebt, obgleich ein Kind nach dem anderen auf die Welt kommt, sondern nur mit einer gewissen Regelmäßigkeit drei- bis viermal im Jahr vorgefahren kommt – aber gut, der Mann ist Schriftsteller. Schriftsteller sind nun mal ein eigentümliches Völkchen, und offenkundig kommt der Mann auch noch aus dem Ausland, er nennt sich »Kent« – »Careu Kent«. Künstler hatte man schon immer viel in der Gegend. Manche nennen es auch Gschwerl. Allerdings ist der Mann gar kein Schriftsteller, doch das stellt sich erst später heraus. Bis 1973 verliefen diese Besuche so, dann blieb der Mann aus. Er war gestorben, im fernen Hawaii.

Wenige Jahre nach dem Tod ihrer Mutter Brigitte Hesshaimer erklärt Astrid Bouteuil in aller Öffentlichkeit, dass sie eine Tochter von Charles Lindbergh ist und ihre zwei Brüder Söhne. Das war 2003. Die Kinder von Charles Lindbergh finden nichts Schlimmes daran, im Gegenteil. Der furchtlose Flieger und die Hutmacherin, sie waren und blieben ein großes Liebespaar. Astrid Bouteuil, die Tochter der beiden, muss es wissen: Die Mutter »war überglücklich mit ihm. Mit unserem Vater verbrachte sie die glücklichste Zeit ihres Lebens«.

Allerdings blieb Brigitte Hesshaimer mit ihren drei Kindern nicht die einzige Parallelfamilie im Leben des Charles Lindbergh. Mit ihrer Schwester Marietta hatte er ebenfalls zwei Söhne. Und mit einer Freundin des Hauses ein Verhältnis. Das hat natürlich schon ein gewisses System, vom Verhalten her das eines Kuckucks. Abgesehen von seiner schon vorhandenen Familie mit Anne Morrow Lindbergh, seiner Ehefrau, mit er der bereits fünf Kinder hatte, jenseits des ermordeten Sohnes. »Ich muss mein Herz abhärten – nicht weil ich ihn nicht liebe, sondern weil ich ihn liebe«, so sprach Anne Morrow Lindbergh über das Verhältnis zu ihrem Mann. Sie starb im gleichen Jahr 2001 wie Brigitte Hesshaimer. Was mögen die Beweggründe für diesen Mann zur Gründung mehrerer Parallelfamilien gewesen sein? Eine absolut traumatische Erfahrung nach

seinem unerhörten Höhenflug war die Entführung und Ermordung seines ersten Sohnes; tiefer kann es nicht hinunter gehen im Leben eines Menschen. Vermutlich führen aber nur Klippschul-Darwinisten Lindberghs Verhalten auf diesen entsetzlichen Verlust zurück. Auch die immer schwieriger werdende Ehe mit einer Frau, die ebenfalls ihren eigenen Weg geht, als äußerst erfolgreiche Schriftstellerin, reicht nicht als Grund; damit steht Lindberg nicht allein. Führte ihn das Gefühl vollkommener Grenzenlosigkeit, das er beim Fliegen erlebt, zu solch grenzenlos sich verströmender Liebe, verführte sie ihn dazu? Oder ist es ein gutes altes Europa mit seinen beschaulichen Verhältnissen, das dem weltgehörigen Amerikaner Sicherheit verspricht, im Kreis seiner jeweiligen Familie eine Geborgenheit, die er sonst vielleicht nicht erleben konnte? Aller Wahrscheinlichkeit nach wirken all diese Kräfte auf ihn, und noch weitere dazu, von denen man nicht so viel oder gar nichts weiß. Seinen Biografen sträuben sich alle Haare nach dem Bekanntwerden seines Zweit- und Drittlebens. Ein fest gefügtes Bild, das sie sich von Lindbergh gemacht hatten, gerät aus ihrer Sicht aus allen Fugen. Der Mann überfliegt seine Biografen.

Lindbergh widmet ein Exemplar seines *Spirit of St. Louis* dem Wikinger vom Tegernsee, Olaf Gulbransson. What a wonderful world: Wer denkt jetzt die beiden wieder zusammen: Charles Lindbergh und Olaf Gulbransson?

Keine Region bleibt für sich, nirgendwo mehr auf dieser Erde. Aus jeder Gegend zieht es Fäden hinaus in die Welt, und mitten in diesem bunten Knäuel ist auch der rote Faden der Welt geborgen, mit dem alles zusammengehalten wird, im Innersten; manchmal ist er auch etwas verborgen, dieser rote Faden der Welt.

Monika Drasch: nicht wissen, wohin man kommt

So schön es am Ammersee ist und rundherum: So ganz daheim fühlen muss man sich nicht gleich, zum Beispiel, wenn man von woanders her ist. Und anders redet. Nicht so oberbairisch, sondern gleichsam eckiger, rauer, schwerer. »Des is des Schlimmste«, sagt Monika Drasch, »dass i mei Sproch do ned hear!« Und warum sie dann überhaupt hergekommen sei? Den Kontrast hatte sie einstmals gesucht, das Leichtere. In der Kindheit war ihr das noch nicht bewusst, natürlich nicht, aber während des Studiums kam das dann. Die Gegend war ja praktisch ein Urlaubsland, aus Sicht des Bayerischen Waldes.

Monika Drasch kommt aus dem Wald. Sagt sie »Woid«? So ähnlich. Aber wie schreibt man das bitte, auf korrekt Woidlarisch? Aus dem Bayerischen Wald kommt sie, genauer aus Hengersberg. Das betont man hinten, auf der letzten Silbe, also »Hengersbérg«. Nein, sie sagt, sie sei von »z'Hengaschbea, aber eigentlich in Huab, Pfarrei Schwanenkirchen, Gemeinde Hengersberg«.

Wie ein Schiff, das halt einen Steg braucht zum Verankern, braucht man etwas im Leben, zum Beispiel »dass man jemand trifft, der auch frei denkt, frei redt«. Und natürlich, »weil ich das Bühnending hab, das is Freiraum, immer!«. Und langsam wird auch gemeinsam mit den Kindern Fuß gefasst, »weil für die es ja klar ist, wo man daheim ist: da, wo man aufgewachsen ist«.

Es ist so schade, dass man ihre Sprache, ihre wunderbare Sprache, nur schwer verschriftlichen kann. Die Konsonanten bleiben beharrlicher in der Luft stehen, einfache Vokale scheinen sich zu dipthongisieren. Zwanzig Jahre lang wollte sie das nicht wahrnehmen, dass dies hier fremdes Land ist, beinah aus Trotz nicht. Nur »wenn des Nasale neischiasst: schee, aber bewusst, manchmal sogar fremd«, dann hat sie das wieder gespürt. Und wenn sie Texte schreibt, dann müssen die Reime klingen, nach der »alten Sprach«. Und natürlich zu ihrer Musik passen, zu ihrer Stimme, ihrer Art, auch der Geige Juchzer zu entlocken, die der Urform Jodeln eine archetypische Tiefendimension verleihen. Und der Art, wie sie auf der Bühne ist. Sie ist so, wie sie ist. Das spürt man. Sie

gibt sich nicht anders, macht nicht irgendeine Show, sie ist eine Schau. Schaut auf sich selbst, auch auf das Zerbrechliche, und ist darin ganz stark.

Es scheint, dass Monika Drasch selbst nicht so genau gewusst hat, wo sie jetzt musikalisch hingehen will – bloß nicht mehr das Alte weitermachen, das tatsächlich oder scheinbar Bewährte. Lieber aufbrechen, woandershin, auch wenn man nicht weiß, wohin die Reise geht. Vielleicht wollte sie deshalb, dass ich mit ihr zusammen neue Texte verfasse, weil ich es auch nicht weiß. Und so fielen sie dann auch aus: »Hosd du oiwei des gmocht / wos du woidst / Oder hosd du des gmocht / wos du soidst.« Oder: »Is des gwiss? Is des gwiss? Gwiss is ned! / Nix is gwiss, und ned amoi des is gwiss!« Diese Zeilen gingen später ein in das Lied »Nix is gwiss« auf der CD »Auf der Böhmischen Grenz« erweitert um »Bluads Sterberei und gscherter Dod / Es is um des scheene Leben ewig schod« und »Ob i den rechten Glauben han, / Is am Herrgott wurscht, ja Gott sei Dank. / Bleibt's gsund, Es Herrn und Es Damen, / Jetzt und in Ewigkeit. Amen.« Von hitverdächtigen Nummern wie »Am Ufer von der Ammer, / da seng mir scho Havanna. / Fahrst du mit mir nach Kuba / I nimm die Geign und du die Tuba« – oder: »Tschuidigen'S, Herr Nachbar / Warten Sie auf bessre Zeiten? / I wissad uns a Nachtbar / die beste in unsern Breiten« haben wir wieder Abstand genommen. Manchmal sind wir auch einfach hängen geblieben an üblen Lautzusammenballungen wie »entwurzelt vawutzelt aussazutzelt«, aus denen dann nichts weiter geworden ist.

HOLZHAUSEN

Künstlerkolonie: der Schönheit wegen

Zu dem vielen, was den Ammersee so liebenswert macht, gehört auch ein schmales Sträßchen am Westufer, das sich bald näher, bald ferner vom Ufer entfernt durch Dörfer und Gehölze windet. Für den Durchgangsverkehr gesperrt, verkörpert es tatsächlich noch etwas, was in alten Zeiten eine Landstraße gewesen sein mag; Fußgänger und Radfahrer können sich auf ihr halbwegs ungefährdet fortbewegen. Im Sommer ist es natürlich auch sinnvoll, Badesachen mit einzupacken. In Holzhausen bieten sich weitläufige Wiesen an, in denen man bequem lagern und zum See gehen kann.

Man kommt dabei auch an einem wunderlichen Anwesen vorbei, das manchen – wer es denn kennt – auf den ersten Blick an den Barkenhof des Heinrich Vogeler in Worpswede erinnern mag, nur etwas weniger streng im Jugendstil, verspielter, bäuerlicher, der vielen Blumen wegen auch südlicher, kurz: vielleicht weniger kunstvoll, aber recht behaglich. Es ist das Sommerhaus des Künstlerehepaars Gasteiger, das sie 1902 bezogen. Dass es mitsamt dem umgebenden Garten und Park noch immer so ausschaut, wie es ausschaut, ist das Verdienst der Malerin Anna Sophia Gasteiger (1877–1954). In ihrer Person vereinigt sich die Gärtnerin und die Blumenmalerin, sodass Natur und Kunst eine Einheit eingehen, von der man nicht weiß, malt sie jetzt das, was sie gepflanzt hat, oder pflanzt sie das, was sie gerne malen möchte. Ganz einfach: beides! Dass sie dann Lieblingsmalerin von Hitler wurde: Waren jetzt da die Blumen schuld, die Art, wie sie gemalt wurden, oder die Frau Gasteiger? Eine ähnliche Frage, nur nicht so pompös, wie bei Wagner-Musik, lautet: Ist sie, kann sie faschistisch sein?

Ihr Mann, Mathias Gasteiger, ist ein Meister der Miniaturen, die sich anmutig in diese doch recht kleinen Räume fügen, *Der Tanz* etwa, eine Gruppe von Figuren, die wirklich tanzen, selbst in der Statik. Wie in vielen bayerischen Künstlern lebt auch in Gasteiger antikes Erbe fort, sodass die Meister des Rausches durch dieses Idyll ziehen, kleine Bacchanten, und auch anderes wohlbekannte Personal aus der griechischen Mythologie, Kentauren, Amazonen und so weiter. Für manche mag das so inspirierend sein, dass sie hier heiraten möchten, was auch möglich ist. Seinen größten Erfolg feierte Gasteiger mit seinem *Brunnenbuberl*, wie man in München sagt, mit anderen Worten: ein nackter Bub, der an einem Brunnen steht. Darüber kann man sich aufregen, wenn man möchte, und man wollte sich aufregen in München, aber das Brunnenbuberl ist immer noch in dieser Stadt, und das an äußerst prominenter Stelle, nämlich fast am Stachus, gleich hinter dem Karlstor. Eigentlich heißt das Brunnenbuberl nicht *Brunnenbuberl*, sondern *Satyr und Knabe*, aber das ist dem Münchner wurst, wenn er seinen Skandal will. Dann wird er so grantig, dass er auch keinen Witz mehr darin erblicken kann, dass der Satyr aus vollen Backen grinsend das Brunnenwasser über den Buben prustet, was dieser in geschmeidiger Bewegung zu verhindern sucht, vergeblich freilich. Vielleicht kein großes Kunstwerk, aber ganz lustig, das ist alles. Der Stein des Anstoßes ist aus Bronze und vielleicht fünf Zentimeter lang. Mathias Gasteiger ist darüber hinaus etwas gelungen, was eher selten ist bei künstlerischer Begabung: Er war auch ein tüchtiger Geschäftsmann mit Steinbrüchen in Franken und Südtirol, sodass es den Gasteigers auch finanziell recht gut ging. Im Garten der Gasteigers kann man vor dem geistigen Auge Ludwig Thoma zu Besuch und Olaf Gulbransson in seinem Lendenschurz herumrennen sehen.

Dass speziell in Holzhausen eine Künstlerkolonie entstanden ist, führt die Dame dem Fremdenverkehrsverein darauf zurück, dass »die Bauern froh gwen san, wenn's ihre sauernen Wiesen los worn san, während die Künstler hoid damois scho a Seegrundstück ham woidn, der Schönheit wegen«, wie sie sagt. Übrigens wohne der Sohn vom Thöny heut noch da. Aber das ist auch schon wieder lange her, um die Jahrtausendwende herum.

Gemeinsam ist den meisten dieser Künstlerkolonien oder Künstlervereini-
gungen, dass sie der Großstadt den Rücken kehren, sie suchen die Nähe zur
Natur, sie fliehen vor allem, was ihnen akademisch verdächtig erscheint, und
sehnen sich nach einer Reform der Kunst wie des Lebens, wobei sie die Kunst
nicht mehr vom Leben trennen wollen, sondern eine Reform anstreben, eine
Lebensreform, in der die Kunst einen hohen Bestandteil einnimmt.

Zum Beispiel Zeichner, die den *Simplicissimus* geprägt haben wie Paul Neu
und Eduard Thöny.

»In der Abgeschiedenheit von Worpswede und Frauenchiemsee, von Dachau,
Murnau und Tegernsee sind die jungen Künstler der akademischen Enge entkommen. Viele von ihnen sind zu ihrer wahren künstlerischen Bestimmung
herangereift. In die Zahl dieser inspirierenden Orte reiht sich eindrucksvoll
der Ammersee ein: Klostersee, Bauernsee – und rechter Malersee«, so steht's
geschrieben im *Lexikon der Ammerseemaler* von H. Paul Rachinger und
Anton Heinz Heindl.

Norbert Göttler beschreibt in seinem Film *Der Ammersee und seine Maler*
das »Besondere des Ammersees so, dass hier nicht die Malerfürsten anzutreffen
sind, sondern, die ›Entdecker, Spintisierer und Einzelgänger‹. Weit und breit
keine Akademie: ›Nur Licht und Farbe waren als Lehrmeister zugelassen‹.«
Und: »Auf dem Weg in die Moderne wollte die junge Künstlergeneration um
1900 dem staubigen Historismus eine frische, neue Kunst entgegensetzen.

Dazu mussten sie ihr Leben ändern. Das Leben sollte durch die Kunst neu gestaltet werden, nicht umgekehrt. Die moderne Kunst ist ohne den Beitrag der ländlichen Künstlerkolonien nicht vorstellbar.«

Leo Putz: des Lebens Lust

Leo Putz liebt den Augenblick. Und weil alle Lust Ewigkeit will, versucht er, den Augenblick festzuhalten, was eigentlich gar nicht geht. Der Augenblick ist wie das Wasser, das Licht auf dem Wasser, die einmalige Welle, die nie sich wiederholt, der Augenblick ist flüchtig. Eine einzige Möglichkeit gibt es, den Augenblick festzuhalten: ihn auf eine Leinwand fließen zu lassen, als Bild, ebenso flirrend, mit Farben hingegossen, aber in Form gebracht, damit er hält. Leo Putz liebt es, in der freien Natur zu sitzen, auf das Wasser zu schauen. Und wenn jetzt noch eine Badende am Ufer sitzt oder liegt, so will die natürlich auch festgehalten werden. Auch wenn sie ziemlich wenig Kleider umgetan hat, oder genauer gesagt, gar keine. Nacktheit ist ihm etwas ganz Natürliches, so natürlich wie die Natur selbst. Oft genügt ihm das geheimnisvolle Flirren des Sees, die Spiegelung des Wassers, das macht ihn schon glücklich, und sein Glück teilt sich in seinen Bildern mit. Seine Modelle geben sich nackt an den Ufern bayerischer Seen und Flüsse der Sonne hin – und zugleich dem Maler, doch in vollem Bewusstsein dessen, dass sie mit ihrer Schönheit mindestens ebenso viel Macht auf ihn ausüben wie er über sie, der in ihnen das Objekt seiner zumindest malerischen Begierde erblickt. Ein leichtes, leises Flirren schwebt da in der Luft über diesen Engeln der Erotik, die von Spannungen, gar Kämpfen zwischen den Geschlechtern noch nichts wissen – oder zumindest nichts wissen wollen.

Gerne hat Leo Putz am Ufer des Ammersees verweilt, von Gauting herüberkommend. Junge Maler, die etwas anderes wollen als das, was es schon gibt, weshalb sie für die *Jugend* zeichnen oder für den *Simplicissimus*, folgen Professor Paul Hoecker, bei dem manche studiert hatten. Hoecker ist Gründungsmitglied der »Münchener Secession« und macht seinen Studenten Mut, auch im Freien zu malen; zum Teil unterrichtet er auch in der freien Natur, zum Beispiel am Ammersee.

Es ist kein Wunder, dass eine solche Gegend die Künstler anzieht, die Maler insbesondere. Unter dem Namen »Scholle« findet sich seit 1899 eine ganze Reihe von ihnen als Künstlervereinigung zusammen. Die Künstlerkolonie Holzhausen beginnt mit Matthias und Anna Sophie Gasteiger, die 1902 hierher zogen. Nach dem Ehepaar Gasteiger kamen unter anderem die Maler Fritz Erler, Walter Georgi, Adolf Münzer. Von Erler ist zum Beispiel das erste Titelblatt der Jugend; später stießen noch Paul Neu, Walter Schmidkunz oder Eduard Thöny dazu – alles bekannte Illustratoren des berühmten *Simplicissimus*.

Die »Scholle« hatte kein anderes programmatisches Ziel, als dass ein jeder seinen eigenen Boden, seine eigene Scholle bebauen möge. Diese gedankliche Anregung verdanken sie dem zeitgenössischen Schriftsteller Michael Georg Conrad, der die Münchner Gesellschaft in einem groß angelegten Romanprojekt charakterisieren will: *Was die Isar rauscht* und *Die klugen Jungfrauen*. Von diesem Autor stammt auch die Theorie, die Münchner hätten die bis in die Wolken ragenden Doppeltürme der Frauenkirche mit ihren an sich stilbrechenden barocken Hauben auf den gotischen Türmen als zwei kolossale Maßkrüge dargestellt, sodass sie weithin über die bayerische Hochebene sichtbar das fromme Wahrzeichen von München geblieben sind – bis auf den heutigen Tag.

Auch den Mitgliedern der »Scholle« ging es um das Auskosten des schönen, des glücklichen Augenblicks, allen voran Leo Putz (1869–1940), der am liebsten draußen im Freien malte. Das Natürliche hat es ihm angetan: Mutter Natur selbst und insbesondere Frauen, die sich in aller Unschuld nackt im See tummeln. Die Farben ihrer Haut schimmern und schillern nicht anders als die Farben der Wellen, es ist ein Muster, ein großes poetisches Muster voller Lebensfreude und Natürlichkeit. Licht blitzt aus jedem Element, Lust springt aus jedem Knopfloch, so eines vorhanden ist.

In Südtirol geboren, nach Bayern übersiedelt, gar die bayerische Staatsangehörigkeit zugesprochen bekommen (eine solche gab's damals noch, im Jahr 1909), 1923 erlauben es seine Verhältnisse, sich eine sehr noble Villa in Gauting im Würmtal errichten zu lassen, doch hat er irgendwann in dieser Zeit das Gefühl, dass er aus der Zeit gefallen sei. Eine Gauguin-Ausstellung weckt in ihm den Wunsch, nach Südamerika zu reisen und dort zu malen. Der Wünsch geht in Erfüllung. Im Alter von sechzig Jahren bricht Putz noch einmal auf, aus Gauting im Würmtal nach Brasilien, von 1929 bis 1933 bleibt er dort. Er ist beglückt, auch wenn ihm in der wahnsinnigen Hitze die Farben von der Palette rinnen. Putz fühlt sich wie neugeboren, alle jugendliche Kraft kehrt ihm wieder zurück. Selbst nach seiner Rückkehr, bis er vor den Nazis weichen muss, entstehen noch immer Bilder mit Themen aus einem papageienhaft bunten Südamerika. Rio de Janeiro ist für den Gautinger Leo Putz »das Lieblingskind Gottes«. Im »Dritten Reich« von der Gestapo verhört, weicht er 1936 in seine alte Heimat nach Südtirol aus; erst als Toter kehrt er nach Gauting zurück – auf den Friedhof. Den Grabstein hat er sich nicht selbst entworfen, aber er sieht fast so aus.

Befreundet war er unter anderem mit Prinzregent Luitpold, mit Oskar von Miller, mit der Familie Mann. In Brasilien besucht er den Geburtsort von Julia Mann, das war 1931, doch war er schon längst in der Rambergstraße in

München-Schwabing häufiger Gast der Manns gewesen. Oft nur beiläufig, eher als »eben auch anwesend« geistert Leo Putz durch den *Doktor Faustus* des Thomas Mann, erstmalig in der Münchner Rambergstraße, wo Adrian Leverkühn, Held des Romans, als Untermieter einer Senatorswitwe aus Bremen namens Rodde gerade erst untergekommen war. Die Frau Senatorin gibt sich sehr gastlich, sodass eine Vielzahl von Gästen genannt wird, unter ihnen auch ein gewisser Leo Zink alias Leo Putz im wirklichen Leben, »Österreicher aus der Gegend von Bozen, und Spaßmacher seiner gesellschaftlichen Technik nach, ein einschmeichelnder Clown, der unaufhörlich in sanft schleppender Sprache sich selbst und seine überlange Nase ironisierte, ein etwas faunischer Typ, die Frauen mit dem wirklich sehr komischen Blick seiner dicht beieinanderliegenden Rundaugen zum Lachen reizend, was immer ein guter Anfang ist«. Als Erstes wird sein Lachen beschrieben, das sehr auffällig ist. Mit ihm im Gespann kommt stets ein anderes Mitglied der Sezession, Baptist Spengler, mit dem Putz auf »kühlem, zuweilen häkligem Fuß« stand. Eine Beobachtung, die den fiktiven Erzähler des Romans, einen Freund des deutschen Tonsetzers Adrian Leverkühn, zu der Bemerkung veranlasst, »daß die Liebenswürdigen sich untereinander wenig mögen, und daß dies auf männliche Eroberer wie auf schöne Frauen zutrifft«. Erscheint Leo Putz zunächst also noch als liebenswürdig, unter anderem auch wegen der Art, wie er »sich durch Selbstverspottung insinuierte«, so nervt er zunehmend seine Umgebung, auch Adrian Leverkühn selbst, sogar wenn er zunächst noch als »Faunus ficarius« durchgeht.

Putz oder Zink wird, im Vergleich zu seinem Kollegen Spengler, »als Maler begabter und antriebvoller als jener, aber menschlich viel unfeiner« beschrieben. Er hatte »gar keinen Sinn für Adrians Wesen und war gewiß eben nur als der Unzertrennliche dabei – österreichisch einschmeichelnd, mit ›Küß die Hand‹ und falscher Jessas-ja-Bewunderung für alles, was man ihm zeigte, im Grunde feindselig. Seine Clownerien, die possierlichen Wirkungen, die er aus seiner langen Nase, seinen dicht beieinanderliegenden, die Frauen lächerlich hypnotisierenden Augen zog, verfingen nun wieder bei Adrian nicht, so dankbar empfänglich der sonst für das Komische war. Es leidet aber dieses unter der Eitelkeit; und dann war da bei dem faunischen Zink eine schon langweilige Art, im Gespräch auf jedes Wort aufzupassen, ob ihm nicht ein geschlechtlicher Doppelsinn beizulegen sei, in den er einhaken konnte – eine Manie, die Adrian, wie Zink wohl merkte, auch nicht eben entzückte.« Im weiteren Verlauf wird sein obligates »Jessas na!«, wie es dann korrekterweise statt des erst formulierten »Jessas ja« heißen muss, als »dumm-überwältigtes, eigentlich hämisches Jessas na« bezeichnet. Schließlich wird die Ablehnung noch deutlicher, was Zink betrifft, »den weder Adrian noch ich eigentlich mochten.« »Mit Widerwillen« erinnert er sich am Schluss des Romans, »daß Leo Zink seine große, von ihm viel verspottete Nase laut in sein Schnupftuch schneuzte, um eine sichtliche Bewegung zu karikieren, womit er auch wieder einiges Kichern für sich gewann«.

Auch muss der Erzähler bemerken, dass sich »bei all den Unseren« gleichsam symbolisch für die Stimmung des Romans »irgend ein gesundheitlicher Schaden« herausstellte. Auch Zink bleibt nicht davon verschont. Er leidet »an keuchhustenartigen Asthma-Anfällen, zu deren Erledigung er sich von der Gesellschaft zurückzuziehen pflegte«.

Malen ist bei Leo Putz (1869–1940) offenkundige Freude an Schönheit, Nacktheit, Lust. Kaum erscheint er abgründig. Leo Putz sucht das Leichte, Flirrende, das Stillstehen der Zeit als eigentliches Wesen des Eros, seine Heiterkeit, den Humor. Eventuell aufkommende Melancholie verfliegt auch leicht wieder. Natürlich ist der Grat schmal zwischen einer als schlüpfrig empfundenen Erotik und einer gerade in freier Natur empfundenen Natürlichkeit des nackten schönen Menschen, im Fall des Leo Putz im Wesentlichen der Frau, die nackt am Ufer eines Sees, auf dem Steg oder in einem Kahn sich hingießt. Das kann als sexistisch aufgefasst werden – Geschmackssache. Man kann es aber auch so sehen, dass bei Putz der Maler und sein Modell zusammenwirken in einem Akt der Schöpfung. Man wird gelegentlich das Gefühl nicht los, dass die Frauen, die sich von Leo Putz malen lassen, sich gern so zeigen, ganz Hingabe, durchaus auch ein wenig selbstverliebt, ein Wechselspiel aus Voyeurismus und Exhibitionismus. Aus dem Objekt des Modells wird das Subjekt, ohne welches es gar nicht geht.

Das Bildnis Clara Köhler aus dem Jahre 1911 zeigt eine Frau, die sich offenkundig ganz und gar nicht als Objekt empfindet. Ihre gesamte Körperhaltung drückt eine so starke Unruhe aus, dass sie im nächsten Augenblick die Geduld verlieren und dem Maler aus dem Bild rennen könnte. Sie ist wirklich auf dem Sprung. Diese Frau träumt nicht, sie ist schon auf dem Weg – auf einem sehr eigenen Weg.

Seinem Bild *Bacchanal* aus dem Jahr 1905 widmet Barbara Götsch Unterberger eine eigene kleine Monografie. Auf der Münchner Kunstausstellung im Glaspalast erregte es solchen Aufruhr, dass es im Gefolge der Lex Heinze abgehängt wurde. Was ist darauf zu sehen? Verschiedene Figurengruppen, teils Frauen, teils wilde Tiere, zweifelsohne ein orgiastisches Getümmel. Es ist nicht ganz klar, ob Frauen und Tiere miteinander ringen und kämpfen oder nur tanzen und spielen. »Kampfszene« oder »aufreizendes Amüsement«?

Die Ambivalenz, die in der Reaktion auf Bilder von Leo Putz zu erleben ist, scheint in seinen Bildern angelegt zu sein. Sein Biograf Wilhelm Michel erkennt in ihnen »überschäumende Lustigkeit, was Farbe und Vortrag anlangt«, gar »von einem förmlichen Schnalzen des Pinsels« möchte er sprechen, »von einem Jodeln und Kreischen der Farben«. Der Zeitgenosse Werner Hofmann sieht das Verhältnis zwischen den Geschlechtern in seinem Essay *Das irdische Paradies. Motive und Ideen zur Kunst des 19. Jahrhunderts* schon etwas skeptischer: »Zwar sind sie Schöpfungen der männlichen Phantasie, zugleich aber Sinnbilder einer unterworfenen Männlichkeit, die im Eros die Qual, in der Wollust die Grausamkeit, im Weib die kaltblütige Beherrscherin sucht.« Der Skandal um das »Bacchanal« ist mit der Entfernung des Bildes perfekt, es gehöre ganz der »Pornoerotik« an: »Schamlose Orgien nackter Weiber mit wilden Bestien« würden hier dargestellt. »Wer in dem Bild ein Kunstwerk zu erkennen vermag, dem ist jedenfalls die Gabe des ästhetischen Gefühls und des Kunstverständnisses versagt geblieben.«

Der Künstler ist der Schöpfer. Beide zusammen wirken in einem Akt der Schöpfung. Sie ist ganz Hingabe, sie will das so. Das ist ungeheuer erregend. Ein Wechselspiel aus Voyeurismus und Exhibitionismus, ja, unbedingt! Je bewusster, desto besser wird das, ungeheuer! Aus dem Objekt des Modells wird das Subjekt, ohne welches es gar nicht geht. Das ist natürlich vollkommen kontrovers zu der ganzen Feministinnen-Sicht.

Ihm genügt oft das geheimnisvolle Flirren des Sees, die Spiegelung des Wassers, das macht ihn schon glücklich, und sein Glück teilt sich in seinen Bildern mit.

Olaf Gulbransson: alter Seefahrer des Daseins

Auch der Mann im Lendenschurz aus Schafsfell, den jeder am Tegernsee sieht, war am Ammersee, in Holzhausen. Viel steht über ihn geschrieben, sehr viel, aber mit am besten ist es Peter Bamm gelungen, der es bis 1940 geschafft hat, die Wochenzeitung *Deutsche Zukunft* mit ihrem Chefredakteur Fritz Klein frei von Nazi-Einflüssen zu halten. Bamm bezeichnet Gulbransson als »alten Seefahrer des Daseins«, der »uns in die Karte des Lebens die Klippen« gezeichnet hat, »auf die wir so mutig lossteuern, um so mutig an ihnen zu zerschellen«. Er stellt, freut sich Bamm, »unsere eigene Unvollkommenheit« dar: »Das Epos der menschlichen Lächerlichkeit, das Epos der menschlichen Unvollkommenheit«, und das ist, so Bamm, »immer auch das Epos der menschlichen Größe«. Ambivalenzen können dabei nicht ausbleiben: »Je dicker der Bauch ist, den der Mensch hat, um so mehr muß er den Apoll bewundern.« Dabei bleiben alle Bemühungen vergeblich, aber das macht nichts: »Der Mensch ist ein Staubkorn der Lächerlichkeit im All. Sein Herz ist das funkelnde Gefäß seiner göttlichen Bestimmung.« Bamm beschreibt die Relativität der menschlichen Existenz, die »klein« ist, ein »Gnom unter der Sonne«. Aber der Mensch ist auch groß: »Sein Auge reicht von der Erde bis zu den Sternen, und seine Träume finden ihre Grenzen nicht bis in alle Ewigkeit.«

So voller Emphase beschreibt er den »Wiking vom Schererhof«, den »Mann aus den Tälern des Nordens, in denen noch die alten Sagas von den alten Kämpfen der Menschen gegen die Götter umgehen«. Gulbransson selbst setzt die Wikingerlegende von seinem Vater in die Welt, der ein Seehund gewesen sein soll. Sinsheimer, Leiter des *Simplicissimus* von 1924 bis 1929, urteilt so über seinen Zeichner: »Er war wie ein Wunderkind, dem man den Nickel eines Witzes oder einer karikaturistischen Idee in die Hand drückte – und er machte daraus das Goldstück einer genialen Zeichnung.« Und: »Das Wort Wurf war allem, was er zu Papier brachte, besonders angemessen, denn es wirkte wie hingeworfen, ohne durch das Medium der Reflexion oder Berechnung gegangen zu sein. Er war naiv und hatte Geist. Er wirkte als Eingebung.« Noch beglückender: »Ein paar Striche und Schattierungen mit etwas aquarellierender Farbe – damit machte er unvergeßliche Offenbarungen aus seinen großen oder kleinen Zeitgenossen, aus Gesichtern Gesicht, insgesamt aus der trostlosen Menschenwelt ein schon wieder tröstliches Phänomen.«

1902 hat Albert Langen Olaf Gulbransson nach München zum *Simplicissimus* geholt. Von der Entwicklung des Blattes im Ersten Weltkrieg und mehr noch im Nationalsozialismus wird noch die Rede sein. Thomas Theodor Heine bleibt, zutiefst verbittert, sein restliches Leben lang im Exil. Schon in einem Brief vom 3. Juli 1933 an Oskar Maria Graf rechnet er mit seinen ehemaligen Kollegen so ab: »Gulbransson ist kein dummer Hund, sondern ein schlauer, der sich nur dumm und naiv stellt, weil er weiß, was damit zu erreichen ist. Arnold ist kein Harlekin, sondern ein kleinbürgerlicher Spießer mit intelligentem, aber ungebildetem Stammtischhumor. Um auch gleich die anderen zu charakterisieren: Thöny ist im Grunde seiner Seele ein Oberkellner […].« In einem Porträt des *Spiegel* 18 / 1949 über Gulbransson wird in einer Fußnote lapidar festgestellt: »Dass er aber den Th. Th. Heine bei den Nazis verpfiffen hat, ist blanker Unsinn, wenngleich dieser glänzende politische Fechter sich später in Prag mit solchen Verfolgungsphantasien hat herumschlagen müssen.« Was feststeht, ist eine Unterschrift am 16. / 17. April 1933, zwei Monate nach dem »Ermächtigungsgesetz« gegen Thomas Manns »Wagner-Vortrag«, unterzeichnet von Künstlern wie Richard Strauss, Hans Pfitzner, Hans Knappertsbusch, Olaf Gulbransson und anderen. Nie wird Thomas Mann »die analphabetische und mörderische Radio- und Pressehetze« gegen seinen Wagner-Aufsatz vergessen. In der Zeit des Nationalsozialismus wird der *Simplicissimus* nicht nur für Klaus Mann von allen gedruckten Widrigkeiten »der widrigsten eine«. Wohl findet er noch die alten Namen: Gulbransson und Thöny vor allem, aber schon Heine fehlt. »Degoutante Gesinnungslumpereien« attestiert ihnen Klaus Mann, und: »Was diese Humoristen in München treiben, überschreitet selbst das in Deutschland heute übliche Maß.« Gulbransson indes verweigert die Aufnahme in die NSDAP mit der Begründung: »Ich bin noch nie Mitglied eines Gesangvereins gewesen.«

Selten, und doch kommt es vor, dass ihm, der stets in wenigen minimalen Strichen sich selbst auf ein Papier warf – sein Gesicht vor allem –, einmal ein Selbstporträt misslingt. Es gibt eines, das ihn mit einem Spiegel zeigt, in den er schaut und sich darin noch einmal abbildet, aber er ist es nicht. Einem anderen Bildnis seines Selbst verweigert er das Gesicht, sodass der Betrachter ohne Bildunterschrift eigentlich gar nicht wissen könnte, um wen es sich handelt. Man sieht nur einen Rücken, einen bloßen Rücken, und ein Tuch auf dem Kopf. Aber der Rücken ist so massig und das Tuch so kunstvoll auf dem mächtigen Schädel zusammengefaltet, dass niemand anderes als Gulbransson zu erkennen ist. So ist er. So war er. Und jeder Betrachter füllt für sich das Gesicht aus, die Gestalt, das Wesen dieses Trolls mit der sanften Seele, die nicht gegen Irrtümer gefeit ist.

Eduard Thöny: ein bayerisches Bauerngschau für die Ewigkeit

Ist je ein Bauernschädel von einem Zeichner, ein solcher bayerisch-berglerisch-bäurischer Dickschädel in seinem Wesen so tief erfasst wie einer von dem aus Südtirol, genauer aus Meran, stammenden Eduard Thöny (1866–1950), und das im Quadrat? Alle Wetter dieser Welt hat es ihm hinein verhagelt, kein Wunder, dass nichts als Verschlagenheit herausschaut. Als gäbe es auch in diesem Land nicht nur erloschene Vulkane, sondern auch bebend lebende, die ihre Lava aus dem Inneren eines runden Körpers in die Furchen der Gesichtsabgründe schleudern, zu vorspringenden Brocken auffalten – Urmacht der Erde, die aus ihrem Inneren heraus sich in jede nur erdenkliche Form zu explodieren vermag, ein Urmeer letztlich, aus dem sich auch die Berge im Hintergrund erhoben haben, voller Meeresgetier, versteinert, verknöchert und schon wieder am Verwittern, beginnend bei dem ungeheuren Zinken der Nase, in der Brandung von Regen und Sturm ein Blitzableiter, die Furchen im Gesicht wie die Nacht, wie der Tag hell die Augen.

Selbst ein ziemlicher Kauz, wird er von der Schriftstellerin Grete Gulbransson, die in den Jahren zwischen 1906 und 1923 mit Olaf Gulbransson verheiratet war, in seinem Grundstück am Ammersee so beschrieben: »Ein großes Grundstück. Ja, was macht man, wenn man so ein Grundstück hat? Man baut sich gewöhnlich ein Haus. Thöny pflanzte viertausend Bäume – große und kleine. Sehr große Buchen und Pappeln wurden von zwei Ochsen mit Frostballen hergebracht. Mit viel Umstand und Geld wurde gepflanzt. Ein großes Herrenhaus wurde geplant und die Erde für die Unterkellerung ausgehoben. Aber dabei blieb es. Jahrelang pflanzte er weiter nur Bäume, bis es seinem Gärtner zu dumm wurde. Er wollte wenigstens sein Gärtnerhaus haben. Gut, der Thöny baute ihm ein schönes kleines Häuschen – und pflanzte weiter Bäume. Dann brach der Erste Weltkrieg aus. Thöny hatte kein Haus, und es war unmöglich, eins zu bauen. Ja, mei, er zog in seinem Gärtnerhaus ein und sitzt immer noch dort.« Aber er hat es, so fährt Grete Gulbransson in ihrer Schilderung fort, so »wunderbar eingerichtet«, dass es ein »Herrenhaus im Taschenformat« geworden ist. Und auch eine Frau hat er, die Rosl. Die bringt ihn durch den Krieg, obwohl es mit dem »langen Tiroler Meerrettich« nicht einfach gewesen sei, wie die Frau vom Gulbransson findet, die selbst ein Lied zu singen weiß, wie es in einer Ehe mit einem Künstler ausschaut. Aber eine Tochter und zwei Söhne hat sie ihm geschenkt, nur einmal hat sie Pech gehabt: »Mit einem Schwein. Sie dachte, es wäre eine Sau, aber es war ein Eber. Und der Eber hatte um ein Haar ihre kleine Tochter Rapunzel gefressen. Der Eber wurde auf der Stelle kastriert. Aber er war schon längst gefirmt. Es war zu spät. Er bekam einen furchtbaren Rotlauf. Er mußte, ungenießbar, vergraben werden, und der gute Thöny war ohne Geselchtes.«

Ein beträchtliches Faible für Krudes tritt in diesen Erzählungen zutage. In seinen Zeichnungen besteht es fort bis in unsere Tage. Reformerisches Lebensgefühl schlägt sich oft genug als beißender Spott an gültigen Lebensformen nieder, gern auch, was eine gewisse Sonderheit bayerischer oder in dem Fall sehr stammesverwandter südtirolerischer Mentalität betrifft, bei Thöny beispielsweise in seiner Zeichnung *Der indische Fluggast*. Zwei wuchtig bayerische Gestalten, reichlich mit Hirschhorn und Gamsbart auf dem Trachtnhiatl gesegnet, kommentieren, wie sie vor einer Ju stehen und einem Inder mit mächtigem Turban beim Aussteigen zuschauen, den Vorgang so: »Oh Bluatsau, müaß'n s'den auf'n Schädel g'haut ham, weil er an so groß'n Verband hat!«

Olaf Gulbransson lobt ihn in einem Vorwort zu dem Band *Kokotten, Bauern und Soldaten* als »blendenden Zeichner«: »Ich wüsste nicht, was er nicht auswendig aus der Welt zeichnen konnte. Er war vor allem ein hervorragender Kenner des Militärs. […] Den Preussischen Leutnant hat er geschaffen, ohne Thöny wüssten wir jetzt nicht mehr, wie dieser Leutnant gewesen ist. Dabei lieferte er keine billigen Karikaturen. Er hat ihn einfach so dargestellt, wie er war, und unterstrichen. Auf seine Karikaturen hin bekamen wir im *Simplicissimus* die besten Witze von den Offizieren selbst, direkt aus den Kasinos geliefert.«

Im richtigen Leben schreibt Thöny an einen Anton Rath, leider ohne Datums- und Ortsangabe: »Wie ich gestern am Sitzungstag vom Frl. Dor erfuhr, soll für mich ein kl. Nachdruckshonorar da sein, ich glaube, sie hat gesagt, sie hätte es meiner Frau ausgefolgt. Nun möchte ich Sie, lieber Herr Rath, ersuchen, dieses Nachdruckshonorar als mein Privatconto zu betrachten, sonst muss ich wieder Schulden machen. Bitte sagen Sie meiner Frau, die nächsten Montag zu Ihnen kommen wird, es ist nichts eingezahlt worden […].« Da wird die Münze plötzlich klein, und es tut sich ein Verdacht auf: Kann Thöny seine schneidigen Offiziere, Bauernfünfer und miesen Kleinbürgerseelen deswegen so treffend zu Papier bringen, weil er sie so verdammt gut kennt? Von seiner eigenen mickrigen Kleinbürgerseele her?

Schwer zu begreifen ist aus heutiger Sicht, wie sich so scharfsichtige Beobachter ihrer Zeit wie zum Beispiel Ludwig Thoma, Olaf Gulbransson oder Eduard Thöny offensichtlich in ihr politisches Gegenteil verdrehten. Darüber ist viel gedacht, gesprochen und geschrieben worden. Bei Thoma mag es so sein, dass er von seinem Naturell her einfach immer dagegen gewesen ist, der jeweilige Gegner konnte von unterschiedlicher Farbe sein. Waren es erst die Preußen, ihr Militär und Dominanzstreben, waren es dann Juden und Sozialdemokraten. Bei aller nach außen zur Schau getragenen massiven Hirschkopfigkeit scheint sein Inneres nicht besonders sicher im Gleichgewicht gewesen zu sein. Wirkliches Selbstbewusstsein muss nichts zur Schau tragen. Bei Gulbransson verhält sich das, bei aller persönlichen Nähe zu Thoma, möglicherweise etwas

anders. Vielleicht könnte man ihm eine gewisse politische Naivität zusprechen, auch Wurschtigkeit, unter Umständen auch Ignoranz, schlimmstenfalls hemmungslosen Opportunismus, wenn er unverzüglich an die Stelle des in die Emigration gezwungenen Thomas Theodor Heine rückt. Merkwürdig bleiben aber Vorgänge wie derjenige allemal, in denen er zum Beispiel, nachdem das Ende der Schlacht um Stalingrad bekannt geworden ist, hinausgeht und einen Starenkasten zeichnet, der vor dem Hirschberg steht: Meditation pur. Hier fragt sich einer, was überhaupt noch möglich ist. Die Antwort erfolgt nach Art japanischer Tuschemaler: in der Einfachheit, in der Einfachheit eines Starenkastens etwa, der vor den Bergen steht.

Wie aber verhält es sich bei Thöny? Hier ist nicht der Platz, eine biografische Studie über das Innenleben eines Thöny zu versuchen, aber die Frage ist natürlich nicht zu umgehen, wie man beispielsweise von einem Thöny, der sich gefährlich spöttisch über Kaiser Wilhelm II. ergeht, zu einem Thöny kommt, der so hochfahrende Töne spuckt und gleichzeitig noch Geld an seiner Frau vorbeizuschleusen trachtet?

Was tun, wenn verschiedene Teile, Abschnitte eines Lebens so gar nicht zusammenpassen wollen, sich überhaupt nicht fügen lassen? Sie passend machen? Nein. Sie analysieren, klären, erklären? Hilft auch nicht viel. Bleibt: Widersprüche anschauen, Widersprüche darstellen, Widersprüche stehen lassen. Da riskiert Thöny 1898 eine Karikatur zur Karikatur, für die der Verleger Albert Langen, der Zeichner Thomas Theodor Heine und der Redakteur Frank Wedekind angeklagt und verurteilt worden waren; sie hatten sich über die Palästina-Reise von Kaiser Wilhelm II. lustig gemacht. Festungsstrafen für Heine und Wedekind waren die Folge, der Verleger Langen geht mit seiner Familie für gut vier Jahre ins Exil nach Paris. Thöny zeigt seine verurteilten Kollegen als Schaustücke in einem seinerzeit bekannten Wachsfigurenkabinett, nämlich in *Castans Panoptikum*. Sie reihen sich als »die neuesten Erwerbungen für die Schreckenskammer« ein, vor der mit einer Tafel gewarnt wird: »Nur für Nervenstarke!«

Es ist wirklich auch nicht zu begreifen, wie ein so harmloser Text wie *Im heiligen Land* eines gewissen Hieronymus, hinter dem sich natürlich Wedekind verbirgt, solch dramatische Folgen für die *Simplicissimus*-Mitarbeiter haben konnte. Es ist überflüssig, auch nur ein einziges Beispiel anzuführen für die sagenhaft borniert Dummheit eines Kaisers Wilhelm II. und seiner willfährig preußischen Administration, doch an das inkriminierte Gedicht im *Simplicissimus* sei erinnert. Der Besuch von Wilhelm II. im Heiligen Land wird aus Sicht von König David eingeleitet, der den Herrn preist, dass er die Ehre habe, »dem Herrn der Völker einen Psalm zu weihn«. Wild greift er wieder in die Saiten: »Willkommen, Fürst, in meines Landes Grenzen, / Willkommen mit dem holden Ehgemahl. Mit Geistlichkeit, Lakaien, Exzellenzen / Und Polizeibeamten ohne Zahl.« Nun, damit war zwar so ziemlich das vollständige Personal des *Simplicissimus*-Personals versammelt, aber davon konnte Seine Majestät kaum beleidigt sein. Wohl auch kaum vom »heißen Wunsch, photographiert zu sein«. Denkbar harmlos auch, dass er, wenn auch satirisch, lobgepriesen wird, so glücklich sein zu können, sein Land für eine Weile zu verlassen, ohne seine Herrschaft in Gefahr zu bringen. Und soll das Majestätsbeleidigung oder gar Blasphemie sein: »Mit Stolz erfüllst du Millionen Christen; / Wird von nun an Golgatha sich brüsten / Das einst vernahm das letzte Wort vom Kreuz / Und heute nun das erste deinerseits.«

Das war zu viel! Als Verfasser firmierte ein Autor namens Hieronymus – gegen ihn, den Zeichner und den Verleger, wird Haftbefehl wegen »Majestätsbeleidigung« erlassen. Aus Versehen lüftet der Verleger Langen das Pseudonym, Wedekind tobt. Langen und Wedekind fliehen in die Schweiz (Wedekind während der Premiere seines Stücks *Erdgeist* im Schauspielhaus am 29. Oktober 1898), Heine stellt sich und wird inhaftiert. Dem im *Simplicissimus*-Redaktionsteam verbliebenen Thoma vergeht darüber das Spotten nicht: »Wer reist so spät durch Nacht und Wind? / Herr Langen und Herr Wedekind! / So nachts zu reisen ist kein Genuß / Und das kommt vom Hieronymus.« Wedekind kehrt zurück, am 21. September 1899 tritt er seine Strafe auf der Festung Königstein in Sachsen an, Kollege Thomas Theodor Heine wartet schon auf ihn.

Während Albert Langens Exil vertritt ihn Korfiz Holm, 1900 tritt Ludwig Thoma in die Redaktion ein, auch er bekommt Probleme – wegen seines Gedichts »An die Sittlichkeitsprediger in Köln am Rheine«, veröffentlicht im *Simplicissimus* vom 25. Oktober 1904 mit einer Zeichnung von Olaf Gulbransson, welche einen dickbäuchigen Geistlichen zeigt, dessen selbstgerecht herausgefressenes Gesicht nicht nur über einen kirchengekrönten Hügel hinausragt, sondern in eine Wolke hinein, die zwei nackte Engel besetzen, ärschlings zum Zuschauer. In dem Gedicht werden die Herren Sittlichkeitsprediger gefragt: »Was wollen Sie eigentlich von der Liebe / Mit Ihrem Pastoren Kaninchentriebe / Sie multiplizierter Kindererzeuger / Sie gottseliger Bettbesteuger?« Macht sechs Wochen Haft, trotz einer vehementen Verteidigungsrede Ludwig Ganghofers.

Am besten überstanden hat die Haft wahrscheinlich Ludwig Thoma. Er weiß einen Roman hinter sich und manchen guten Hirsch und Rehbock vor sich, den er noch im selben Jahr zu schießen gedenkt, außerdem raucht er zweihundertdreißig Zigarren in der Zeit, liest von Platon und Homer bis zu Gottfried Keller und Theodor Fontane nur erstklassige Literatur, schließt seine *Lausbubengeschichten* ab und bereitet das Erfolgsstück *Moral* vor. Darüber hinaus nimmt er zehn Pfund ab, weil er jeden Abend nur eine Halbe Bier kriegt.

Den Justizskandal der sogenannten Palästina-Ausgabe des *Simplicissimus* vom Oktober 1898 hat diese Zeitschrift ausgiebig als skandalträchtige Werbung seinerzeit als die wichtigste regierungskritische Einrichtung gegen das Kaiserreich genutzt. Die Auflage konnte um das Doppelte auf über fünfzigtausend Exemplare gesteigert werden.

Eine eigentümliche Fußnote setzt die Geschichte zum Palästinabesuch von Wilhelm II. in Jerusalem, bei dem den Kaiser eine jubelnde Menge auf seiner Fahrt durch die Jaffastraße eskortiert, eben jene Jaffastraße, in der ein paar Jahrzehnte später Arnold Zweig seine Zeitschrift *Orient* drucken lassen will. Doch eine Bombe legt die Druckerei lahm und damit endgültig auch sein Zeitschriftenprojekt.

Eduard Thöny war in der NS-Zeit ein hochgeschätzter Künstler. Er erhielt Ehrungen und Auszeichnungen. Er wurde von Hitler nicht nur zum Professor ernannt, sondern auch in die »Gottbegnadeten-Liste« aufgenommen. Bis zur

Einstellung der Zeitschrift lieferte Thöny wöchentlich Zeichnungen aus Gesellschaft und Militär, ohne das politische und gesellschaftliche Zeitgeschehen im Nationalsozialismus kritisch zu deuten. In vielen Fällen erhielten seine Zeichnungen aber erst durch die redaktionell beigegebenen Titel und Texte, die er seit jeher nicht selbst verfasst hat, eine eindeutige nationalsozialistische Tendenz.

Schwere Schicksalsschläge ereilten den Künstler in seinen letzten Lebensjahren. Im Mai 1941 kam sein jüngster Sohn als Fliegerleutnant im Kriegseinsatz um. Im März 1944 brannte das Wohnhaus in Holzhausen bis auf die Grundmauern ab. Zahllose Zeichnungen, Gemälde und Dokumente gingen in den Flammen verloren. 1945 geriet sein ältester Sohn als SS-Offizier in sowjetische Kriegsgefangenschaft. Eduard Thöny erlebte seine Rückkehr nicht mehr.

DIESSEN

Marienmünster: Mechanik der Mysterien

Das Marienmünster hoch über Dießen: ein Dampfer, der nicht im, sondern um den Ammersee herum seine Fahrt aufnimmt, ein Kirchenschiff ständig in Bewegung. Alles wurlt, ein großes Spiel. Man weiß gar nicht, wo zuerst hinschaun. Dabei darf man gar nicht durch den Haupteingang ins Innere, damit nicht zu viel Wind und Feuchtigkeit hereinkönnen in die Kirche, sondern nur durch einen Nebeneingang, der an Shop und Toiletten vorbei ins Innere führt.

In die Hölle möchte man nicht, zu den Verlorenen, Verdorbenen, Verzweifelten gleich rechterhand nach dem Eingang, obwohl ihr Künstler auch nicht grad von schlechten Eltern ist: Franz Xaver Schmädl, geboren 1705, gestorben 1777 in Weilheim. Im ganzen Pfaffenwinkel ist er präsent – und wie! Dabei war der eher dekorative Stil der bekannten Wessobrunner Schule nicht sein Weg. Bei ihm spielt das Rokoko in der bäurischen Welt, und zwar in der bäurischen Vorstellungswelt wie auch in den Gesichtern und Gewändern der Abgebildeten. In seinem späteren Lebenswerk kann man aus heutiger Sicht schon Anklänge an den Klassizismus erkennen. Von ihm stammt dieser Kerkeraltar, aber von ihm stammt auch der Taufaltar auf der anderen Seite, und das ist auch der Weg, den man in dieser Kirche gehen kann: zur Erlösung, zum Heil, freilich in dem Bewusstsein, was einem blüht, wenn man ihn nicht geht.

Auf dem Deckel vom Taufbecken tummelt sich eine geradezu unglaubliche Gruppe. Der Schlange wachsen Flügel, also ist die Schlange wohl ein Drache. Dem Drachen steckt ein Apfel im Maul, der auch die ganze Erde darstellen könnte, auf jeden Fall handelt es sich natürlich um die Sünde. Adam und Eva lassen grüßen. Aber die Sünde kann den Engeln nichts anhaben, denn obwohl die Engerl ein bissl gwampert sind und alle ein kleines Bäuchlein mit sich herumschleppen, was für Vögel eher ungünstig wäre, können sie wunderbar und leicht fliegen. So leicht, dass das eine Engerl sogar noch ein Wagerl mit sich hinaufnimmt in den Himmel, und auf dem Wagerl thront auch noch ein Lamm, das Lamm Gottes, das hinwegnimmt die Sünde der Welt, und über dem Lamm kräuselt sich noch eine Wolke heraus, und aus dieser Wolke heraus blitzt ein goldenes Dreieck, in dem eine Taube flattert, der Heilige Geist, der sogar noch über dem Lamm Gottes schwebt, aber schweben tun ja alle, und sie schweben gemeinsam, denn der Himmel ist auch auf Erden, zumindest in Bayern, zumindest in Bayern an ein paar besonderen Orten. Johannes der Täufer ist natürlich auch mit von der Partie, aus dem Buch mit den sieben Siegeln hängen folgerichtig die sieben Siegel heraus und begeben sich mit auf die Reise dieser Himmelfahrt – und diese ganze unglaubliche Gesellschaft dreht sich in einer einzigen Bewegung, in der die Heiligkeit der ganzen Schöpfungsgeschichte gegenwärtig wird, aus dem Taufbecken heraus, welches in Form eines Eis gestaltet ist. Aus dem Ei entsteht alles Leben.

Über diesem wundersamen Taufbecken tanzt sich schließlich auch noch ein Engel in die Luft, der Gloria-Engel oder Taufengel des Joseph Baptist Straub von Dießen. Er lacht, er tanzt, er springt seitwärts in die Luft, winkt voller Grazie mit seiner Rechten, würde man seine schönen langen unbedeckten Beine ein klein wenig lasziv nennen, wäre das gewaltig untertrieben. Schon zum Eingang dieses Buchs im Abschnitt *Die Tür zur Gegend* wurde er beschrieben, weil dieser Engel tatsächlich Türen öffnet. Die Türen zu einer Form von Spiritualität, die Heiterkeit und Ernst, Spiel und Heiligkeit ohne Weiteres verbindet, weil sie nicht zu trennen sind. Wo soll es eine Grenze zwischen Heiligem und Weltlichem geben?

Seine vermittelnde Stellung zwischen Diesseits und Jenseits beschreibt Wilhelm Hausenstein in seinen *Besinnlichen Wanderfahrten* so: »Zwar ist die unbeschreibliche Anmut dieses Engels teilhaftig des Unendlichen – aber es ist ja das Geheimnis auch einer bloß menschlichen Anmut, ein abgefangener oder vielmehr herabgeschenkter Hauch des Unendlichen, eine irdisch gewordene Regung des Grenzenlosen zu sein.« »Aus himmlischer Natürlichkeit geht geistige Schönheit hervor«, schreibt Hausenstein. »Es liegt an uns, wie fähig und bereit wir sind, den steilen, den senkrechten Weg vom Sinnlichen zum Übersinnlichen, vom Menschlichen zum Paradiesischen mitzurückzulegen – vom Irdischen zu Höhen, in denen das Gloria in excelsis Deo am reinsten gesungen und vernommen wird, weil es dort zuhause ist.«

Wie aber haben wir uns den Himmel vorzustellen? »Ich sehe den Himmel offen«, sagt zur Einweihung des Marienmünsters in Dießen am Ammersee der Festprediger beim Anblick des »Dießener Himmels«. Wer solche barocke Kirchen bei sich in der Nähe hat, hat es gut, denn er kann immer wieder

einen Blick in den Thronsaal Gottes werfen, damit er wieder weiß, wie er aussieht. Es ist Theater, wunderbares Theater, heiliges Theater, theatrum sacrum und zugleich theatrum mundi: das Theater der Welt, unser aller Theater.

Von Seitenaltar zu Seitenaltar wird die Dramaturgie deutlicher, die zur Schönheit dieses Theaters hinführt, aber auch zu der Frage des langsam nach vorne tretenden Besuchers, der das Gefühl bekommt, es ginge endlos so weiter, aber eben mit dem Zweifel, ob wir uns sicher sein können, dass es weitergeht? Oder wie weit es noch hinter dem Mysterienalter weitergeht? Es scheint eine Bewegung auf die Unendlichkeit hin zu sein. Ohne

Zweifel freilich wird hier Theater gespielt mit den Zuschauern.
Dabei ist auch eine dieser sogenannten Nebenszenen von keinem Geringeren als zum Beispiel
Tiepolo, nämlich das Martyrium
des Heiligen Sebastian. Es ist das
einzige Gemälde, das nicht in
diesem Raum gemalt worden ist,
sondern in Italien, und Tiepolo
hat es am Ende so gut gefallen,
dass er es eigentlich nicht mehr
hergeben wollte. Immerhin hat
er sich selbst mit über die Alpen
transportieren lassen: Der mitt-
lere von drei abgebildeten Köpfen am rechten Bildrand ist ein
Selbstporträt von Tiepolo.

Links und rechts flankieren
den Hauptaltar je drei toskani-
sche Säulen, welche verdoppelt
werden durch Halbsäulen, und
durch Pilaster dazu: Alles den Eindruck des Nocheinmal des Eintritts in dieses
Theater verstärkend, das Nocheinmal der Stufen zur Kommunionbank, das
Nocheinmal der Altarstufen, das Nocheinmal der gemalten Stufen im Mysteri-
entheater. Ob jetzt dieser Altar von Cuvilliés ist oder doch von den Gebrüdern
Asam? So oder so: Der Eindruck des Gesamtkunstwerks mit seiner Architektur, Stuck, Deckenmalerei, Altarbaukunst, Malerei, Skulptur eröffnet ein
ganz neues Raumgefühl und damit das Erlebnis einer Illusion und eines Spiels
mit der Illusion, die man so bis dahin noch nicht kannte. Die Brüder Asam
waren die Ersten, welche dieses neue Prinzip gestaltet haben. Sie beziehen sich
ihrerseits auf Johann Baptist Straub und dessen Schüler Ignaz Günther. Lokale
Tradition verbindet sich mit internationalen Tendenzen. Kirchenpfleger Keck
glaubt, dass die Brüder Asam niemals den Altar so groß gebaut hätten, dass
die Engel im oberen Bereich durch den Bogen verborgen worden wären, das
spräche also für Cuvilliés, der freilich möglicherweise einen Entwurf der Asam
abgekupfert haben könnte.

Im Marienmünster von Dießen am Ammersee wird der Hauptaltar zur
Mysterienbühne, ein Theatrum sacrum, welches das biblische Geschehen in
wechselnden Bildern darstellt, den stürzenden Christus, das Heilige Grab,
die Himmelfahrt. Aufbau, Reihenfolge wie Veränderungen der Bilder sind

dramaturgisch nicht festgelegt, damit bleiben Abfolge und Darstellungsform auch dramaturgisch offen, interpretierbar und variabel.

Am Karfreitag wird die Kreuzigungsszene gezeigt, natürlich. Als führten nicht schon Treppen zum Altar des Marienmünsters hinauf, wird diese Treppensituation noch einmal innerhalb des Altarbildes wiederholt, nur noch geschwungener, barocker zu einer weiteren Altarsituation, sichtbar durch eine geschwungene Aussparung voller Rocaillen innerhalb des Bildes, zwei kleine Engel ziehen den blauen Faltenvorwurf eines Vorhangs auf, sodass sowohl sie selbst als auch der Kirchenbesucher das eigentliche Geschehen betrachten können: Gegen den Himmel leuchtet und strahlt der gekreuzigte Jesus, während sich zu seinen Füßen eine kleine Trauergesellschaft vor Schmerzen windet, am Boden liegend der Ohnmacht nahe. Manche, die den Anblick nicht ertragen können, wenden sich ab. Schädel, Knochen und Leiter liegen auf dem kargen Felsen des Golgatha, noch ist nicht klar, auf welche Weise hier Erlösung wird geschehen können.

Sie kommt am Morgen des Ostersonntags, wenn Jesus Christus von den Toten aufersteht. Eine in den Kulissen verborgene Mechanik sorgt dafür. Das viereinhalb Meter breite und acht Meter hohe Altarbild wiegt sechs Zentner, und da bedarf es schon starker Männer, es über eine Zahnradwinde aus seinem Schacht herauszuholen; der ganze Vorgang dauert immerhin eine Viertelstunde, aber dann weiß man wieder, was ein Mysterium ist: das Geheimnis um das Heil, das man sich erhofft, die Rettung vor Gefahren, vor Krankheit und Kränkung und vor allem auch das Heil der Seele und ihrer Unsterblichkeit.

Kirchenpfleger Keck befürchtet, der Illusionscharakter des Altars könnte Schaden nehmen, wenn man sich von ihm hinter die Kulissen führen lässt, aber das Gegenteil ist der Fall. Erst von innen heraus wird die Leichtigkeit, mit der die Engerl den Baldachin über dem Altar im Schweben halten, während sie selbst schweben, noch spürbarer, das Unbeschwerte des Himmels. Sie überwerfen sich fast, die Engel in dieser Kirche, freuen sich über jeden, der sich mit ihnen auf den Weg zum Heil macht. Dem Kirchenpfleger freilich steht in regelmäßigen Abständen eine »Standsicherheitsprüfung« ins Haus, denn wenn es ein Engerl herunterhaut, ist er dafür verantwortlich. Natürlich auch für die Sicherheit der ganzen Anlage, die mit Kurbeln, Elektromotoren und Seilen die Kulissen in Bewegung setzen muss. Nein, es mindert nicht das Mysterium, wenn man in seine Mechanik Einblick nehmen darf, so nahe dem Heiligen Geist. Und dass die Weltkugel von hinten oder von innen her so hohl ist wie die Figur von Gottvater, tut der Unendlichkeit keinen Abbruch, eher der Bedrohlichkeit – und das ist kein Schaden.

Simplicissimus: die rote Bulldogge

Vom Westufer des Ammersees kommt nicht nur die rote Bulldogge, das Wappentier des *Simplicissimus*, aus dem Haus des Thomas Theodor Heine in Dießen, sondern dort ist auch in eigentümlicher Weise das seltsam disparate Ende des Blattes im Nationalsozialismus in Gestalt zweier Künstler verkörpert und angesiedelt: mit den beiden langjährigen Kollegen und 1933 plötzlich zu Kontrahenten gewordenen Zeichnern Thomas Theodor Heine und Eduard Thöny.

Der Reihe nach.

Im Falle des *Simplicissimus* melden – ganz entgegengesetzt zu den üblichen Gepflogenheiten in solchen Fällen – viele Männer ihre Vaterschaft an, wer es also gewesen sein soll, der dieses Kind gezeugt hat. Das lässt sich wohl nicht mehr klären, weil es damals schon nicht klar war. Der Name des Kindes ist auch nicht erfunden, sondern, wenn schon, gute zwei Jahrhunderte früher, von Johann Jacob Christoffel Grimmelshausen mit seinem barocken Roman *Der abenteuerliche Simplicissimus* teutsch.

»Simplicissimus« ist der Superlativ des lateinischen Adjektivs »simplex«, auf Deutsch: »einfach«. Es handelt sich also um den »Einfachsten«. Wer von »einfachen Menschen« spricht, wovor man sich freilich besser hüten sollte, meint zumeist sozial bescheiden, noch nicht arm, aber auch weit davon entfernt, begütert zu sein. Es kann aber auch die Geistesart angesprochen sein: »einfach gestrickt«, naiv, am Ende schon einfältig.

Franz Schoenberner, Leiter der Zeitschrift von 1929 bis 1933, nachdem Hermann Sinsheimer im Gefolge der Uneinigkeit der Teilhaber entlassen worden war, macht darauf aufmerksam, dass aber auch »der naive Held den einfachen, gesunden Menschenverstand personifiziert und eben gerade deshalb in einer auf den Kopf gestellten Welt unvermeidlich in groteske Schwierigkeiten gerät. Hoffnungslos verwirrt durch die geistigen und moralischen Widersprüche der menschlichen Gesellschaft, wird er zum unschuldigen Opfer sozialer Ungerechtigkeit und Heuchelei. Er erscheint als ein Narr und wird zum Narren gehalten, entlarvt aber dabei zugleich, wie früher der Hofnarr gekrönter Häupter, die noch größere Narrheit der Weltklugen. Er wird, wie Grimmelshausens Simplicissimus, zu einer komischen, aber auch anklägerischen Figur, zum lebendigen Vorwurf gegen alles, was verkehrt ist in der Welt«.

Der Vollständigkeit halber sei noch hinzugefügt, dass Langen, nachdem er sich 1896 auf den Namen und das Projekt festgelegt hat, vermutlich mehr an das französische Satireblatt *Gil Blas* gedacht hat, seinerseits allerdings eine Bezugnahme auf einen Barockroman, und zwar von Le Sage mit dem Titelhelden Blas. In Bayern hat man sich die Sache noch einmal einfacher gemacht und zum *Simplicissimus* »Simpl« gesagt; auch das ist in Bayern ein einfältiger Mensch. Man könnte sich natürlich auch den Typus eines äußerst naiven Menschen vorstellen, der den Lauf der Welt ohne vorgefertigte Urteile betrachtet und zu beschreiben sucht.

Im Kern sind es die Jahre um 1900, die den Mythos nicht nur von Wahnmoching stiften, sondern auch von München überhaupt als »Stadt der Jugend«. Architektonischen Ausdruck findet dies zum Beispiel in der Innenstadt durch Richard Riemerschmids feine Blütensprache für die Fassade der Kammerspiele. Karl Wilhelm Diefenbach gehört zu den Vorläufern dieses Wahnmochings. Mit ihm kommt 1872 einer der ersten, wie die Münchner so schön sagten, »Kohlrabi-Aposteln« in die bayerische Hauptstadt; wegen unbekleideten Sonnenbadens wird er später verhaftet. Von 1885 bis 1891 gibt Michael Georg Conrad die *Zeitschrift für Gesellschaft* heraus, bis 1893 besteht die »Gesellschaft für modernes Leben«. 1890 erscheint Frank Wedekinds Drama *Frühlings Erwachen* und entfacht unverzüglich gewaltigen Wirbel. Die Gräfin Franziska zu Reventlow taucht 1893 in München auf, im selben Jahr gründet Albert Langen seinen Verlag, in dem 1896 der *Simplicissimus* erscheint. Ein Jahr zuvor sorgte Oskar Panizza mit seinem Liebeskonzil für einen ähnlichen Skandal wie Wedekinds Stück – und wandert in die Nervenheilanstalt. 1896 kommt Georg Hirth mit der *Jugend* heraus, einer humoristisch-satirischen Wochenschrift für *Kunst und Leben*, so der Untertitel. Zwischen 1899 und 1902 erscheint die Zeitschrift *Die Insel*. Die »Elf Scharfrichter« beginnen 1901 ihr Programm. 1903 eröffnet Kathi Kobus das Szenelokal »Simplicissimus« in der Maxvorstädter Türkenstraße. Zwischen 1911 und 1914 gibt Erich Mühsam *Kain. Zeitschrift für Menschlichkeit* heraus.

Große Themen der Zeit sind »Lebensreform« (repräsentiert etwa durch Karl Wilhelm Diefenbach oder Gusto Gräser), »gewaltfreier Anarchismus« (Mühsam), »Sexuelle Rebellion« (Panizza, Otto Gross, zu Reventlow), »Satire und politisches Aufbegehren« (Wedekind, Thoma) und die »Lebenskunst« mit ihren Publikationsorganen *Jugend* und *Die Insel*. Panizza und Otto Gross werden in Nervenheilanstalten eingewiesen, Wedekind, der Verleger Langen und Ludwig Thoma sitzen Haftstrafen ab – alles aus heutiger Sicht unglaubliche Vorgänge, die aber die außerordentliche Brisanz dieser Boheme zeigen. Das waren nicht nur belächelte Randfiguren oder Spinner. Die wilhelminische Gesellschaft, die auch Bayern ihren repressiv autoritären Stempel aufgedrückt hatte, fühlte sich von ihnen in ihrer Substanz bedroht – zu Recht, denn diese Substanz war hinsichtlich ihrer tatsächlichen Werte vollkommen hohl und erstarrt, was ihre Strukturen zur Aufrechterhaltung dieser Hohlheit betrifft.

Die erste Ausgabe des *Simplicissimus* erscheint am 4. April 1896. Damit beginnt die Geschichte eines ungeheuren Erfolgs. Die Auflage steigt auf bis zu fünfundachtzigtausend Exemplare, in Sondernummern über einhunderttausend. Unter den Autoren finden sich Namen wie Knut Hamsun, Thomas und Heinrich Mann, Frank Wedekind, Rainer Maria Rilke, Gustav Meyrink, Kurt Tucholsky, Joachim Ringelnatz, Hermann Bahr, Max Dauthendey, Max Halbe, Ludwig Thoma, bei den Karikaturisten Thomas Theodor Heine, Eduard Thöny, Karl Arnold, Bruno Paul, Olaf Gulbransson. Im Zentrum steht die Kritik an den »Frömmlern und Heuchlern«, vor allem aus dem Kreis von Geistlichkeit und Zentrumspartei, Pfarrern, Staatsanwälten und Richtern und natürlich dem Militär.

In der fünften Ausgabe erscheint erstmals Thomas Theodor Heines zähnefletschende Bulldogge auf dem Titelblatt. Der Maler Lovis Corinth beschreibt Entstehung und Wirkung: »Das Urbild für dieses Ungeheuer war ein kleiner fetthalsiger und asthmatischer Mops, den Heine einige Zeit besaß. Das ist ein weiterer Beweis dafür, dass am mächtigsten wirkende Gegenstände oft den unansehnlichsten Modellen ihre Entscheidung verdanken.« Th. Th. Heine ist seit April 1896 mit der ersten Nummer beim *Simplicissimus* dabei, auf dessen Titelseite seit 1909, dem Tod Albert Langens, sein Name steht: »Begründet von Albert Langen und Thomas Theodor Heine.« Heine ist seit 1889 in München, seit 1892 Mitglied der »Secession«, Mitarbeiter verschiedener Zeitschriften wie *Fliegende Blätter, Pan, Insel*.

Eine ganze Literaturgeschichte versammelt sich im Laufe der Zeit in den Beiträgen dieser Zeitschrift. In dem Fall muss ein »name dropping« einfach einmal sein: Peter Altenberg, Peter Paul Althaus, Otto Julius Bierbaum, Waldemar Bonsels, Bertolt Brecht, Georg Britting, Otto Falckenberg, Oskar Maria Graf, Jaroslav Hašek, Hermann Hesse, Ernst Hoferichter, Hugo von Hofmannsthal, Ödön von Horváth, Erich Kästner, Karl Kraus, Else Lasker-Schüler, Heinrich und Thomas Mann, Gustav Meyrink, Erich Mühsam, Franziska zu Reventlow, Rainer Maria Rilke, Joachim Ringelnatz, Arthur Schnitzler, Ludwig Thoma, Kurt Tucholsky, Frank Wedekind, Arnold Zweig und, und, und. Und das ist nur eine Auswahl.

Objekt der Satire sind vor allem dünkelhafte Staatsbeamte, Offiziere, Junker und Korpsstudenten. Interessant am Erfolg des *Simplicissimus* ist, dass er gerade von dieser Klientel gern gelesen wurde, ja, dass sogar Witze und Geschichten aus diesen Kreisen an die Redaktion weitergegeben wurden. Franz Schoenberner verdeutlicht dabei den Unterschied des Publikums aus dem Kaiserreich zu demjenigen des Faschismus: »Einst, in seiner Blütezeit hat der Simpl fast in keinem süddeutschen Offizierskasino des Kaiserlichen und insbesondere in keinem der K. und K. österreichischen Armee gefehlt: die Opfer hatten das reißende Tier, das sie wöchentlich zerriß, getreulich genährt. Und selbst wo das Kasino den Simpl verbannte, wie es natürlich von oben her befohlen war, da zählten die Offiziere einzeln zu seinen Lesern und Käufern. Das gab es nun nicht mehr. Die neuen Opfer hungerten ihn aus. Das ist ein nicht geringfügiges Zeichen vom Wandel der Zeiten: Macht duldet Satire, Ohnmacht nicht!«

Nach dem Umfall des *Simplicissimus* im Ersten Weltkrieg schaufelte er sich 1933 zwangsweise sein eigenes Grab: »Die späteren Jahrgänge des gleichge-schalteten Simplicissimus, der sich strikt an Dr. Goebbels Richtlinien hielt, sind ohne Belang. Die alten Mitarbeiter fuhren noch mehr als zehn Jahre lang mechanisch fort, Karikaturen zu produzieren. Aber der nazifizierte Leichnam *Simplicissimus* war nur noch ein blasser Schatten seines früheren Selbst.«

Joachimsthaler zeichnet die Strategie der *Simplicissimus*-Macher nach. Er beschreibt die »geschickte Selbstdarstellung« des Blattes, »die im Spannungs-feld zwischen unterschiedlichen Publikumserwartungen, Geschäftsinteressen und internen Auseinandersetzungen ein Bild des Simplicissimus öffentlich zu etablieren wußte, mit dessen Hilfe der kompromißhafte Charakter der Zeit-schrift erfolgreich verdrängt und durch den Eindruck ersetzt werden konnte, der *Simplicissimus* spreche genau jene unliebsamen Wahrheiten mit beneidens-werter Offenheit aus, die seine Leser selbst kaum zu äußern wagten. Dieses vom *Simplicissimus* selbst produzierte Bild des *Simplicissimus* ist das Ergeb-nis einer vielleicht nicht planvollen, aber doch systematischen und geschickt verbreiteten Selbstanekdotisierung, in der der Simplicissimus sich selbst zum Lieblingsobjekt seiner eigenen Darstellungsweise erhob.«

Der Trick ist genial: »Selbstanekdotisierung, also die Kunst, sich selbst im allgemeinen Bewußtsein als das zu etablieren, als was man in den Anek-doten erscheint, die man über sich selbst erzählt, funktioniert [...]« einfach und erfolgreich. Die Mitarbeiter des Simplicissimus schaffen es solcherart, so schlussfolgert Joachimsthaler, sich selbst als Handlungsträger und das noch als »listig-lustige Identifikationsträger« in einer Welt zu etablieren, die mit dunklen Gestalten bevölkert ist.

Der ganze Vorgang verdichtet sich in der roten Bulldogge als »Verkörperung des Simplicissimus innerhalb der Simplicissimus-Welt«, und zwar als »kom-pakte und ihren Feinden gegenüber äußerst aggressive Einheit«. Er täuscht damit ein Kollektiv vor, das es so gar nicht gab; viel zu unterschiedlich waren die Persönlichkeiten und ihre politische oder auch nichtpolitische Ausrich-tung in der Redaktion. Verbote von außen verstärkten einen Zusammenhalt, der von innen her gar nicht so gegeben war. »Mochte der überdimensionierte Schoßhund anfangs noch die staatsanwaltliche Dämonisierung des Blattes satirisch überzeichnen, so wurde er, einmal zur Dogge mutiert, doch rasch zum stolz übernommenen Selbstbild.« Joachimsthaler zeigt das Phänomen am Beispiel der gespaltenen Persönlichkeit des Ludwig Thoma. Er »war nicht min-der widersprüchlich und innerlich zerrissen als die Simplicissimus-Redaktion insgesamt, aber so wie diese ihre inneren Auseinandersetzungen hinter dem kompakten roten Mops verbergen konnten, gelang es Thoma, sich hinter der anekdotischen Maske des Lausbuben zu verstecken.« So wie die Anekdote inhaltlich beliebig ist, aber das Image des Beschriebenen verfestigt, so bildet die rote Bulldogge als Logo ein Zentrum ab, das es so nie gab: »Die fiktive Bissigkeit des fiktiven Hundes« überdeckte »die innerredaktionellen Widersprüche«. Hier rote Bulldogge, dort korrupte Welt! Folgt man dieser Argumentation, so erscheinen die Vorgänge innerhalb der *Simplicissimus*-Redaktion im März 1933 noch einmal in einem anderen Licht. Da ist etwas zerfallen, was auch vorher nicht den Bestand hatte, von dem man vielleicht dachte, es gäbe ihn. Die menschlichen Begleitumstände indes bleiben nicht minder schmerzhaft und sind nicht zu entschuldigen – es sei denn, die Betreffenden hätten sich entschuldigt.

Und noch etwas anderes: Möglicherweise verkörpern die Mitarbeiter des *Simplicissimus* viel eher eine Art von individuellem Anarchismus als erwachsene »Lausbuben«, Flegel und Grobiane als eine tatsächlich eindeutig ausgerichtete Oppositionshaltung: mehr Lust am Ausbruch, Unerlaubten, Provozierenden als politische Gestaltung. »Visionär sublimierende Frustrationsabfuhr« nennt Joachimsthaler das. Die zeichnerische Genialität und die literarische Qualität des *Simplicissimus* bleiben davon natürlich unbestritten bestehen.

Wo sich heute hinter dem Augustinum in Dießen ein seltsamer Weg auftut, offenkundig kaum benutzt, so eingewachsen und halb verwildert, wie er aussieht, waren einmal Wohnhaus und Atelier des Thomas Theodor Heine.

Thomas Theodor Heine: die Sinnlosigkeit des Daseins

Schon als Kunststudent fällt Thomas Theodor Heine, geboren 1867 in Leipzig, gestorben 1948 in Stockholm, unangenehm auf und wird von der Düsseldorfer Akademie verwiesen. Seit 1889 in München, 1892 Mitglied der »Secession«, Mitarbeiter verschiedener Zeitschriften wie den *Fliegenden Blättern*, dem *Pan* oder der *Insel*, seit April 1896 mit der ersten Nummer beim *Simplicissimus* dabei.

Ab 1912 beginnt Heine nach und nach das Gelände des »Spensbergerkellers«, auf dem heute das »Collegium Augustinum«, ein nobles Seniorenstift, steht, nach seinen Bedürfnissen umzugestalten. Am 1. Januar 1925 schreibt er an Kubin: »Ich muss heute Nachmittag noch einige Eichbäume pflanzen, in deren Schatten ich später, im Herbste des Lebens, über die Sinnlosigkeit des Daseins nachzusinnen gedenke [...].« Acht Jahre später wird Heines Haus zu einem Spottgeld von der Gemeinde Dießen gekauft. Mitte März 1933 distanzieren sich die »Simpl«-Kollegen von dem »Juden Heine«, der sie bezüglich der Haltung provoziert habe, gegen Hitler kritisch vorzugehen. Besonders schnöde hätten sich dabei Thöny und Gulbransson verhalten. Heine geht ins Exil, erst in die Tschechoslowakei, dann nach Norwegen, schließlich nach Schweden. Seine Frau stirbt 1939, seine Tochter 1942, er sieht beide nie mehr wieder und stirbt selbst 1948 in Stockholm.

Auf dem Gelände des Altenstifts »Collegium Augustinum« bewachen zwei auf Schilder aufgemalte Bulldoggen ein Areal, auf das ein etwas seltsames kleines Schildchen im Quadrat hinweist: »Zum Th. Th. Heine-Haus«, in voller Kenntnis der Tatsache, dass da eben kein »Th. Th. Heine-Haus« mehr steht, abgerissen nicht von den Nazis, sondern in den Sechziger- und Siebzigerjahren von feinsinnigen, feinfühligen Menschen unserer Zeit. Das Atelier wurde 1967, das Wohnhaus 1972 abgebrochen. Die Gemeinde Dießen gibt 1965 einer Straße den Namen »Th. Heine«.

Hermann Sinsheimers Wertschätzung als zeitweiliger Leiter der Zeitschrift gegenüber Heine ist groß, seine Distanz zu ihm allerdings auch. So kommt es zu interessanten Charakterstudien aus seiner Sicht, der seit 1924 Leiter des *Simplicissimus* war: »Er war der geborene Satiriker, der unversöhnliche Widersacher all dessen, was war, herrschte und glänzte. Er drang, kraft seiner Veranlagung, in das Wesen der Dinge ein, um sie zu entlarven. Es war in ihm und seinen Blättern etwas heimlich Unthematisches, das wie mit Zahlen und Lettern zeigte, daß die Rechnung und Gleichung nicht aufging, ihren eigenen Voraussetzungen widersprach und somit lächerlich war.«

Das ist vielleicht eine der treffendsten Beobachtungen überhaupt, was das menschliche Wesen ausmacht, insbesondere in seiner bürgerlichen Ausformung: dass etwas nicht stimmt, wovon man erst nicht so genau weiß, was da nicht stimmt. Aber man spürt, dass etwas nicht im Gleichgewicht ist, die Gleichung nicht aufgeht, und zwar – und das ist das Wichtigste an dieser Diagnose – deshalb, weil sie ihren eigenen Voraussetzungen widersprach. Und genau darin liegt auch das Komische begründet.

Aller Wahrscheinlichkeit nach konnte Heine das so genau nachzeichnen, weil er es so gut kannte – von sich selbst. Sinsheimer nennt ihn einen »nihilistischen Spießer«. Er weiß, woher diese Zeichnungen letztlich kommen, ihre »gefühlsenthobene Sachlichkeit«, mit der sie »viel zu unnachsichtig und grausam« waren, »um einen lachen zu machen; man hätte eher weinen können«. Sie haben allerdings ihr Zuhause in einem in »englischem Stil gehaltenen Landhaus in Dießen am Ammersee«. Sinsheimer beschreibt es als »ein Museum von Biedermeier-Einrichtung – eine gute *Stube* neben der anderen mit vielen Möpsen aus Porzellan oder anderem Material, seinen Lieblingstieren. Abgesehen von diesen liebte er Tiere so wenig wie Menschen«.

Auf dieser eigentümlichen Kippe sieht Sinsheimer auch das Wahrzeichen des *Simplicissimus* balancieren: »Aus dem Mops, diesem urgemütlichen Tier, hat er die ungemütliche Bulldogge mit der zerbrochenen Kette entwickelt.

[…] In diesem Prozeß liegt das Wahre und auch das nicht geringe Unwahre des Menschen und Künstlers Heine. Im Leben war er, wenn auch nicht äußerlich, ein Mopsmensch, deutlicher: ein Spießer. Aber er war, wie ich ihm auch einmal gesagt habe, ein Spießer mit einem kardinalen Rechen- oder Konstruktionsfehler, nämlich« – und jetzt kommt's –: »ein nihilistischer Spießer«. Heines Naturell bleibt ein unauflösbares Rätsel: »Wo bei ihm die Zahmheit des Mopses aufhörte und das nihilistische Wilde der Bulldogge anfing, war sein Geheimnis.« Sinsheimer geht noch einmal einen Schritt weiter: »Das war, wenn ich das Wort mißbrauchen soll, seine Lebensphilosophie; er hatte keine.«

Heine, am meisten bedroht im Fall einer nationalsozialistischen Machtergreifung, zeigte sich am wenigsten beeindruckt. Dabei hatte er am meisten zu verlieren: »Sein Lebenswerk und ein wunderschönes Heim am Ammersee bei München«. »Dann muss man eben«, äußerte er sich nach seiner Art ziemlich cool, wie man heute sagen würde, »einfach ganz poplig als Emigrant ins Ausland gehen.« Über seine Kollegen pflegte er sich folgendermaßen lustig zu machen: »Wenn wir so weitermachen, werden wir eher die Hosen vollbekommen als unsere nächste Nummer.«

Die Entzweiung der Redaktion bahnt sich an: »Thöny, Schultz und Gulbransson hatten es in den letzten Wochen bereits abgelehnt, das brenzliche Thema der Innenpolitik überhaupt zu berühren.« Schoenberner befürchtet, dass sie durch ihren schon seit einem Jahr laufenden Kontakt mit dem Architekten Troost, der für Hitler baute, nützliche Verbindungen aufbauen wollten.

Sie versuchen, die Stellung von Troost herunterzuspielen, mit der Argumentation, er sei kein Nazi, müsse schließlich aber auch von etwas leben. In Heine hingegen findet Schoenberner einen absolut zuverlässigen Partner. Auch er registriert wie Sinsheimer die kühle Fassade Heines, doch findet er eine plausible Erklärung dafür: »Wie viele überempfindsame, leicht verletzliche Menschen, trug er nach außen den schützenden Panzer einer kühlen Zurückhaltung und eines schneidenden Sarkasmus zur Schau. Sein beißender, sardonischer Witz, der jeden schwachen Punkt unfehlbar traf, brachte aufgeblasene, unsichere, nicht völlig natürliche Menschen zur Raserei. Hatte er aber jemand einmal Achtung und Vertrauen geschenkt, dann war er der zuverlässigste Freund.« Und Schoenberner betrachtet ihn als solchen, trotz eines Altersunterschiedes von fünfundzwanzig Jahren.

Am 12. März verlangt eine »höchst autoritäre Stimme« am Telefon, dass die soeben erschienene Ausgabe des *Simplicissimus* unverzüglich zurückzuziehen sei; die Reichsregierung fühle sich beleidigt. Schoneberner reagiert lachend, in dem Glauben, der Anrufer sei »einer von diesen verrückten Nazihunden, die bellen, aber nicht beißen werden, solange die bayerische Polizei noch da ist«. Eigentümliche Allianzen tun sich auf: der *Simplicissimus* und die bayerische Polizei – es kommt aber noch besser. Fünf Minuten nach dem Anrufer, der natürlich anonym blieb, folgt ein weiterer, diesmal ist es ein Ministerialrat aus dem Bayerischen Kultusministerium, und rückt die Sache wieder zurecht, indem er feststellt, dass besagter Anrufer, ein »notorischer Nazi« im Übrigen, »das Amtstelephon unrechtmäßig für einen privaten Anruf benützt hat«. Der Ministerialrat rät dem Leiter des *Simplicissimus*, sich »durch solche leeren Drohungen nicht einschüchtern« zu lassen. Höchst amüsiert nimmt Schoenberner zur Kenntnis, dass der *Simplicissimus* von einem klerikalen Staatsbeamten nicht nur beschützt wird, sondern dass dieser auch noch seiner Wertschätzung Ausdruck verleiht: »Wir alle wissen Ihren Standpunkt sehr zu schätzen und haben die größte Hochachtung für Ihr Blatt!«

Doch Schoenberner unterschätzt die Gefahr, die sich allerdings unerhört schnell verdichtet. Ein Ministerialrat bekräftigt den »Schutz der rechtmäßigen bayerischen Regierung«, worüber sich Schoenberner jedoch in Sicherheit wiegt: »Solange ein bayerischer Ministerialrat sich darüber aufregen konnte, daß ein untergeordneter Beamter das Amtstelephon unrechtmäßig für Privatgespräche benutzte, solange konnte die nazistische Revolution in Bayern keine besonderen Chancen haben.«

So kann man sich täuschen. Schon am anderen Morgen überfällt eine SA-Horde die Büroräume des *Simplicissimus* und stellt alles auf den Kopf – nur eine Mappe mit Zeichnungen von Gulbransson und Thöny bleibt unbehelligt, worüber sich Schoenberner etwas wundert. Tatsächlich betritt kurz darauf Thöny die Räume, »voll von moralischer Entrüstung, die sich eigenartigerweise aber weniger gegen die Nazivandalen als gegen mich und den abwesenden Heine zur richten schien. Er zeigte eine Art düsterer Genugtuung, und seine ganze Haltung war ein einziges ›Hab ich's euch nicht gesagt‹?« Schoenberner vermutet schwer, dass die ganze Aktion »im Rahmen einer vertraulichen Familienzusammenkunft zwischen den Thönys, den Gulbranssons und den Troosts ausgeheckt worden war«. Heine reagiert verlegen und teilt Schoenberner mit, dass eine Sitzung ohne ihn, den Leiter, stattfinden solle. Er versteckt sich, versucht, die Arbeit für den *Simplicissimus* vom Zimmer des Redaktionsassistenten Ernst Kreuder aus fortzusetzen. Noch immer vertraut er darauf, dass der *Simplicissimus* ja nicht »eigentlicher Mitspieler im politischen Kräftespiel« war, nicht »das Instrument irgendeiner bestimmten Partei- oder Interessengruppe, sondern lediglich Zuschauer, Außenseiter, satirischer Beobachter – und somit kein wirklich ernstzunehmender Gegner«. Es ist aus heutiger Sicht schon mehr als erstaunlich, wie selbst so scharfsichtige Zeitgenossen wie ein Leiter des *Simplicissimus* die höchst bedrohliche Situation nicht wirklich ernst zu nehmen scheinen. Ja, er hält sich sogar etwas darauf zugute, dass er keine persönlichen Feinde unter den Nazis hat.

Immerhin bleibt er tatsächlich, wenn auch versteckt, zunächst unbehelligt. Dann wird die Ausreise unausweichlich. Der Einzige, von dem er sich verabschieden will, ist »der alte Heine«, und das in dem Atelier, das dieser seit vierzig Jahren für seine Stadtaufenthalte benutzt. Nur sein Namensschild hatte er entfernt, das war alles. »Aber er konnte sich nicht entschließen, die wirkliche Gefahr seiner Lage zu erkennen«, staunt ausgerechnet Schoenberner, der sie auch verdrängte. Heine »hatte eine solche Verachtung für die Dummheit dieser ganzen Nazigeschichte, daß er es ablehnte, mehr darin zu sehen als einen schlechten Scherz, eine dumme Farce«. Mit lächelnder Ruhe beruhigt er Schoenberner, »daß die ganze Sache nicht so ernst sei. In ein paar Tagen würde der ganze Spuk vorüber sein«.

Zwei Monate später erreicht Schoenberner in Südfrankreich ein Brief von Heine aus Prag. In ihm schildert er seine letzten Tage in München. Nach Dießen konnte er nicht mehr, weil die Nazis mehrfach nachts versucht hatten, ihn zu holen. Dennoch nimmt er an der Generalversammlung der Teilhaber des *Simplicissimus* teil – der Mann hat wirklich Nerven. Allerdings erwarten ihn dort zwei Abgesandte des inzwischen nationalsozialistischen Innenministeriums, die ihn vor die Alternative stellen, entweder verhaftet und ins KZ Dachau verbracht zu werden oder zu unterschreiben, dass er aus der Redaktion des *Simplicissimus* ausscheide und auf seine Anteile verzichte. Heine unterschreibt. In dem unerschütterlichen Glauben, dass eine Unterschrift, die unter Erpressung geleistet wird, nicht rechtsgültig ist, nimmt Heine weiter an der Redigierung des Blattes teil, damit »nicht gar zu große Dummheiten gemacht wurden«. Sogar zur nächsten Redaktionssitzung erscheint er; er registriert, dass Thöny telefoniert. Und dass bald darauf erneut eine Abordnung vom Innenministerium auftaucht, diesmal eskortiert von zwei SA-Leuten. Sie wollen Heine verhaften und ins Konzentrationslager bringen, doch argumentiert Heine, dass es sich gar nicht um eine Redaktionssitzung handle. Die Anwesenden bestätigen das schriftlich, selbst Thöny, der sich jedoch zunächst allerdings wehrt. Fortan wird Heine von seinen Kollegen aus der Redaktion ausgeschlossen und seiner Anteile beraubt. Thöny hat ihn wohl noch zusätzlich denunziert, Heines größter Schmerz aber betrifft einen anderen: »Es tut einem die Wahl weh, welcher dieser Kollegen sich am ekelhaftesten benommen hat. Für mein Gefühl Gulbransson, weil er immer so überströmende Freundschaft geheuchelt hat.«

Otto Julius Bierbaum: es hat ihn

Das Schöne hatte Otto Julius Bierbaum im Auge – deshalb gründete er mit dem ähnlich gesinnten Kollegen Julius Meyer-Graefe die Zeitschrift *Pan*, das war 1894. Von dem Malerfürsten Franz von Stuck stammt das erste Titelblatt, natürlich ein Pan. Zu den Autoren, die für den *Pan* schrieben, gehörten zum Beispiel Arno Holz, Richard Dehmel, Arnold Zweig oder Max Dauthendey. Dauthendey schrieb Gedichte wie diese:

> »Sanft legte dich die Liebe auf mein Bett
> In deinem schönsten Kleid aus Scham und Blöße,
> Und draußen kam die Nacht auf atemlosen Schnee,
> Und auch Gottvater kam in atemloser Größe.
> Mit vollem Auge hat der Gott geweint, gelacht.
> Du hast dein Herz und deinen Leib
> Zur Krone dieser Nacht gemacht.«

Ist ein See an sich schon guter Grund genug, sich zu verlieben, nämlich in den See selbst, so kann eine Sommerfrische noch das Ihre dazutun, dass es einen erwischt. Dem Schriftsteller Otto Julius Bierbaum ist es so ergangen. Natürlich passt, wer über solch wundersamen Namen verfügt, auch famos hierher, in die unmittelbare Nähe eines Ortes mit dem nicht minder schönen Namen Bierdorf. Es ist vom Dießener Kerschlhaus aus in der Buzallee mit der heutigen Nummer 32, wo Bierbaum logierte, nicht weit, hinüberzuspazieren. Es steht noch heute, mit einem kleinen Glockenturm aus Holz auf dem Dach und einem rundum laufenden Balkon im ersten Stock mit hübsch verziertem Geländer. Die jetzige Bewohnerin ist sich allerdings nicht ganz sicher, ob sich Bierbaum wirklich in diesem Haus aufgehalten hat. Aber das ist eigentlich nicht so wichtig. Auch Bierbaum gehört zu den zahlreichen Mitarbeitern des dem Ammersee so nahen *Simplicissimus*. Und er begründete selbst bedeutende Zeitschriften, neben dem *Pan* fünf Jahre später auch die *Insel*, Urzelle des Insel Verlages. Nach eigener Aussage betätigte er sich »mit besonderer Vorliebe ornamental«. Das bezieht sich auf die Ausstattung von Büchern und Zeitschriften im Sinne des Jugendstils, man kann es auch auf seinen Schreibstil und seine Art des Erzählens beziehen; schon der Titel manch seiner Bücher verrät dies, wie etwa der Roman *Prinz Kuckuck – Leben, Taten, Meinungen und Höllenfahrt eines Wollüstlings* aus dem Jahr 1907 oder *Die Freiersfahrten des weiberfeindlichen Herrn Pankratius Graunzer* in Form eines Briefromans aus dem Jahr 1896. Der zweiundzwanzigste Brief trägt die Überschrift *Ein Brief des Herrn Pankratius Graunzer an seinen Freund Peter Kahle. Handelt von idyllischen Plänen*, und ist datiert: »Dießen am Ammersee, im Rosenmond«.

Gedanklich nimmt der Brief seinen Ausgang von München, »eine herrliche Stadt«, aber dem guten Pankratius wird »zu viel Kunstsimpelei dort getrieben«. Ein besonders widerwärtiges Exemplar dieser Spezies des »Kennerkunstrichtergeschwätzes« vergällt ihm gar den weiteren Aufenthalt in der Hauptstadt. Sonst hätte er den Kerl an den Schultern packen müssen und ihn schütteln und ihm ins Gesicht schreien: »Mensch, warum handeln Sie nicht lieber mit Perleberger Glanzwichse, wenn Ihnen die Sache doch so schnuppe ist?« Die ganze Kunst, murrt Pankratius, ist solchen Typen »bloß eine Gelegenheit, um prätentiöse Fadheiten zu sagen. Nur kein Enthusiasmus! Nur keine Hingabe! Nur nicht das Land der Schönheit mit der Seele suchen!« Genau das aber wurlt und brodelt voller Vitalität in unserem Pankratius: Enthusiasmus, Hingabe, Schönheit der Seele. Er packt seinen Rucksack und »schiebt ab«: »Nach dem Ammersee«. Seinem lieben Peter schreibt er beglückt, wie schön der sei: »Schöner als der Starnberger fand ich. Der ist schon ein bißchen Bassin geworden, ›umkränzt von Villen‹. Ich danke für diesen Kranz. Der Ammersee dagegen hat noch viel Natur. Item: es gefällt mir hier.«

Ohne dass die beiden etwas zu tun haben müssen, gibt es Geistesverwandtes zwischen dem Schriftsteller Bierbaum und dem Maler Leo Putz, jeder auf seiner Weise Liebhaber des Ammersees: Beide möchten nicht unbedingt Kunstgeschichte brauchen, um zu wissen, was Sache ist, sie möchten noch ihren eigenen Augen trauen.

Vorerst nistet er sich im Kloster oben ein, das jetzt ein Gasthaus ist, doch sucht er nach einem Bauernhaus, in dem er wohnen könnte. Nach »ein bißchen Unkultur« steht ihm der Sinn, »ohne Wollen, ohne Ziel«. Noch einmal überkommt ihn der Groll auf die Kultur: »Die besteht aus lauter Verhältnissen und läßt keinen sich selber haben. Da wird man nur gehabt. Es ist eine ewige seelische Prostitution, und das Beste, was die Kultur hervorbringt, die Kunst, ist aller Prostitutionen tragischste. Gottlob, daß ich kein Künstler bin. Es muß etwas Gräßliches sein, sich von aller Welt befingern und kennerhaft abtasten lassen zu müssen.« Wer solches schreibt, ist selbst Künstler, wahrhaft, und was für einer! Und wie genau schaut er sich die Verhältnisse an, welche die Kunst zur Prostitution machen!

Pankratius jedoch scheint gerettet – nächst der Prostitution Kunst auch vor den Fängen der Göttin Venus. Er will zwar kein regelrechter Weiberfeind sein, aber: »Man muß nur das Weib nicht mehr wollen. Das ist das Kunststück.« Mit anderen Worten: Er will seine Ruhe. Solches schreibt er am 25. Juni, aber so etwas schreibt man nicht ungestraft. Bereits der Eintrag für den nächsten Tag setzt so ein: »Wundervoll: ich bin jetzt so frei vom Weibe, daß ich sogar eine Freude an ihm haben kann.« Er kann das Haus der Hübschen von der Altane seiner neuen Wohnstatt aus sehen, denn er hat tatsächlich das Bauernhaus seiner Träume gefunden. Er sagt ihr sogar Grüß Gott und merkt, wie sie rot wird. Schon ist er versucht, die Schönheit ihrer Augen zu beschreiben, das gelingt noch nicht vollkommen, aber Bewegungen hat sie »wie eine Eidechse«. Natürlich beeilt er sich, unverzüglich nachzuschieben, dass rein »onkelhaftes Interesse« ihn diese Beobachtungen machen lassen. Auch der nächste Tag, der 27. Juni, beginnt sofort mit: »Die Kleine ist wirklich allerliebst. Ich habe sie durch Zufall wiedergesehen. Im Kloster oben.« Schon schwant ihm Fürchterliches: »Wenn ich jetzt nicht so gewiß wüßte, daß ich frei bin, würd ich denken, ich wäre verliebt.«

Gott sei Dank regnet es am nächsten Tag, Bierbaum empfindet es als Wohltat: »Wundervoll, dieses nasse Gespinst vom Himmel zur Erde. Man fühlt sich so sicher hinter dieser grauen Gardine.« Er bittet seinen Herrgott, den »Meister vom Schnürboden«, den Vorhang unten zu lassen: »Ich will ihn nicht, den Krawall der Helden und das Liebesgegacker der Heroinen.« Natürlich stürzt sich unser Onkel mit Volldampf in diesen Krawall, und das auch noch in den Schützenball im Kloster. Der findet in dem Raum statt, in dem die Väter Benediktiner einst ihr »Coenaculum« hatten, was außer ihm selbst offenbar niemandem auffällt. Auch nicht, dass Jesus auf einem Wandgemälde so »pompös angezogen« dargestellt ist, »daß man meinen möchte, sein irdischer Vater sei nicht Zimmermann gewesen zu Galiläa, sondern ein Zollpächter in Jerusalem«. Er kann sich aber nicht lange damit aufhalten, denn er hat natürlich nur Augen für »die kleine Braune«. Gefahr droht: »In des Mädels Nähe machte sich ein Jüngling mit verliebten Gebärden und bachstelzenschwippigen Bewegungen bemerkbar, der als Hauptzierde einen überaus wohlgerundeten Popo in knapp anliegender Umhosung förmlich kokett zur Schau trug. Der Herr Apothekerlehrling, wenn ich bitten darf!« Doch was geschieht? »Ich habe sogar getanzt. Was? Jawohl: mit Brigitten! Aber richtiger wäre, zu sagen, sie hat mit mir getanzt. Ich wurde gewissermaßen getanzt.« Kurz erinnert er sich, wie er im Tanzkurs »den Walzer verpolkate«, aber nicht mit Brigitte. »Ihre achtzehn Jahre schwangen meine vierzig in dem alten Coenaculo herum, daß es eine Lust war, und mein verehrter Leichnam fragte meine Seele: Werden wir schon vom Teufel geholt? O du törichter Leichnam, wann wirst du Himmel und Hölle unterscheiden lernen?« Er rätselt, wie sie Spaß daran finden könne, »sich mit einem angegriselten Doktor der Philosophie abzugeben, wie ich bin«. Sein Schluss: »Es muß das Onkelhafte sein, das mir so gut steht.«

Wir lassen ihn eine Weile allein, auch mit seinen Versuchen, sich die Kleine selbst zu vertreiben, zum Beispiel durch unsäglich schlechte Verse: »Wem sinnst du nach?! / Einer kleinen dummen Gans sinnst du nach!« Die Versuche sind natürlich vergeblich. Zunehmend wird ihm klar, dass er sich zum Narren macht: »Links ein rotes Hosenbein und rechts ein gelbes.« Und eine »Gogelhaube« obendrein. »O! O! O! O, ich armes Kasperl, ich vierzigjähriges. Ich halt ja deinen Blick nicht aus, Madel, deinen jungen, klaren Blick, ich alter bunter Esel, ich Narr, ich – Graunzer.« Es ist nichts zu machen, Tag für Tag steigert sich das uralte ewige Hin und Her: »Kein Zweifel: der neunzehnjährige reizende Balg mit den hurtigen Augen liebt mich, mich, den vierzigjährigen Haufen Sauerampfer.« Sie kann eigentlich nur eins: »unendlich lieb und unendlich natürlich sein. Damit bringt sie alle Kunststücke fertig.« Genau das ist es. Genau das ist es ja, was ihn aus München vertrieben hat: Unnatürlichkeit und Unfähigkeit, das Schöne zu erkennen. Sie aber kommt »mit dem Gefühl der Wahrheit« nahe – und damit viel näher als all die viel Gescheiteren.

An dieser Stelle hält der Ich-Erzähler in seiner Verliebtheit ein wenig inne und strengt halbwegs ethnologische Überlegungen an, natürlich ausschließlich auf Brigitte bezogen. Zum Beispiel bildet er sich ein, dass romanisches Blut in ihr sein müsse: »Diese Gegend hat jahrhundertelang römische Okkupation gehabt. Der Ort selbst wird auf die Römer zurückgeführt.« Schnell verscheucht Pankratius solche historischen Exkurse und kommt zum Näherliegenden: »Im Grunde ist sie aber doch ein Schwabenmädl.« Doch, die Sprache lohnt auch noch eine Reflexion, denn natürlich gefällt auch diese ihm ausnehmend gut, »dieses mit Schwäbischem durchsetzte Altbayrisch«. Obgleich: »Schwaben und Oberbayern stoßen hier hart aneinander, und es ist, obwohl sie eigentlich ineinandergeflossen sind, immer noch mancher Rest von früherer Gegnerschaft vorhanden, jetzt nur in Redensarten und leichten Spöttereien.« Fast könnte er versucht sein, weitere Studien zu betreiben, aber »da sei Gott vor!«. Pankratius dichtet lieber selbst oder befragt seinen Brieffreund Peter, was er von diesem »schwäbischen Schnapphahnlied« hält: »I bin die und die, / Und du bisch mei und mei, / I geh ins Schdädtla nei / Und du in Tenna, / I schtiehl an Schtrimpfla mehr / Und du a Henna.« Über allem stehen und bleiben natürlich Brigittes sprachliche Qualitäten: »Sie spricht und schreibt ungrammatisch und unorthographisch, aber in allem, was sie spricht und schreibt, ist eine innere Geradheit und Tiefe, die mich beglückt.«

Wie die Geschichte weitergeht, sei dem Leser zu eigener Lektüre empfohlen. So viel sei verraten: Nach einem Gruß am Ende eines Briefes folgt noch eine »Anmerkung des Adressaten: Es hat ihn«. Das wundert uns jetzt natürlich überhaupt nicht. Wir freuen uns mit Onkel Pankratius und seinem Brigitte-Schatz und freuen uns auch, dass sich der Schriftsteller Bierbaum nicht ganz vergessen hat und von seinem Balkon zwischen den Weinranken hoch über Dießen noch seine Blicke in diese Landschaft gleiten lässt, in der sich Kultur, Geschichte und Natur so innig vereinigen, wie es in diesem Brief geschrieben steht, obgleich er so überschrieben ist: »Herr Pankratius Graunzer / versucht, hinter sich selber herzu- / gehen und die Aehren zu / lesen, die aus dem Brevarion / Brigittae fallen, gibt es aber / als unfruchtbar auf und er- / mannt sich statt dessen zu / einem wichtigen Entschlusse.« Er glaubt, sich jetzt gegen Ende des Juli zu befinden, nicht mal dessen ist er sich noch sicher, aber, wie gesagt, ein Blick in die Runde: »Ganz ferne, irgendwo, donnert's, als wäre es des Kuhmuhs Echo; drüber auf Andechs blitzt ein Fenster in der Sonne. Sitzt wohl ein kluger, alter Benediktiner dahinter und sinniert behaglich in die Landschaft hinab und denkt sich: Schabt mir die Glatze!« Na ja, das ist schon noch so ein wenig, wie sich der kleine Maxe ein Dasein als Benediktiner vorstellt, aber immerhin ist es liebevoll. Und Andechs schön: »Gestern war ich drüben. Was das schön war! Erstens, weil's überhaupt schön ist, und zweitens, weil ich mein Brevier mithatte. Ich lese sonst nicht gerne draußen. Nur den Vogelweiden-Walter und das Brevier – die beiden können die Konkurrenz der Natur aushalten. Denn sie selbst sind Natur. Das Brevier noch mehr als der Walther.« Nun war aber verdächtig lange schon nicht mehr von Brigitten die Rede, schon da: »Denn das Brevier ist Brigitte […].«

Tatsächlich möchten die beiden heiraten. Die Mutter ist nicht begeistert, nicht weil sie um ihre Tochter bangt bei dem Altersunterschied, im Gegenteil: »Was wollen S' denn mit dera? Die is ja viel z'schlecht für so an noblichten preißischen Doktor!« Außerdem weiß die Mutter, was es mit dem Verheiratetsein auf sich hat, und warnt grundsätzlich: »Nix als Sorg'n und Wehtum.«

Es wird aber alles gut. Seinem »teuren Peter mit der Runzelstirn«, der, ohne dass es der Leser direkt erfährt, offenbar gar nicht einverstanden ist mit seinem liebestollen Freund, schreibt er aus »Augsburg, in den drei Mohren am 30. August«, wo sich die beiden für einen Nachmittag hingeflüchtet hatten, allerdings von der Mutter entdeckt, worauf sie ihre Tochter zur Tür hinausgewiesen: »Und da hatt' ich sie nun, meine liebe kleine Frau.« Da ist er selbst erstaunt, wie zwei so verschiedene Menschen wie sie beide zusammenkommen, jeder seiner Umgebung fremd: »Unter jenen, obwohl sie ihr verwandt waren, war sie die Fremde gewesen, wenn auch ihr frischer Lebenshumor es verhinderte, daß Melancholie ihr Wesen übersumpfte – mir war sie herzensverwandt, obwohl ich aus einem ihr fernen Lande, aus einer ihr fremden Stadt kam und viel älter als sie war.«

Nichts kann die beiden mehr halten. »Vor der großen Eiche vor meinem Fenster krallten ein paar Krähen ab und krächzten in die tintige Luft. ›Absit omen‹ beschwor ich feierlich und fuhr in die Hosen.« Die beiden nehmen eine Postkutsche, in der dem Otto Julius Bierbaum noch einmal der frühe Dadaist durchgeht: »Die deutsche Sprache hat nicht Naturlaute genug, um onomatopoetisch das Gerassel, Gerumpel, Geratter, Geknatter, Geächze, Gekrächze, Gequietsche, Geratsche, Geklitte, Geknurre, Gepumpre und Gedonnere dieses Königlich bayerischen Postfuhrwerkes anschaulich zu schildern. Wenn der Teufel seiner Großmutter zu ihrem Namenstag ein recht höllisches Ständchen bringen will, so läßt er sicherlich vor den Fenstern ihrer guten Stube einen Höllenkorso mit bayerischen Postomnibussen fahren. Aber den rechten Genuß hätte Madame doch erst, wenn sie drin säße.«

Aber die beiden haben allen Genuss der Welt: »gleich einer großen, langen Raupe kroch ein heller Nebelkegel über den See. Und dann der sieghafte Aufstieg der Sonne. Vor sich her warf sie eine Handvoll flüssigen Goldes über das Kloster Andechs und den heiligen Berg, dann kam sie in wundersamer Majestät empor [...].«

Sechs Kinder sind den beiden beschert, allesamt Mädchen.

1865 ist Bierbaum in Grünberg in Schlesien geboren. Alt ist er nicht geworden, gerade mal fünfundvierzig Jahre. Vielleicht hat diese Geschichte in Dießen letztendlich sogar damit zu tun, denn sie hat tatsächlich einen realen Hintergrund. 1891 verliebte sich Otto Julius Bierbaum leibhaftig in eine wesentlich jüngere Frau, nämlich die Lehrerstocher Gusti Rathgeber.

Nachdem die wirkliche Gusti ihren Mann nach fünf Jahren wieder verlassen hat, stürzte sich der Mann mit dem Namen Bierbaum in den Alkohol, was seinen Depressionen auch keine Abhilfe schuf, im Gegenteil. Auch eine weitere Ehe mit einer Neunzehnjährigen, der hinreißenden Gemma Prunetti-Lotti aus Fiesole, mit der er seine legendären Automobilfahrten bestritt, konnte diesen frühen Tod nicht aufhalten.

Obwohl man denken möchte, dass einer, der schon 1902 mit einem einzylindrigen Adler Phaeton und seinen acht Pferdestärken über die Alpen kommt, eventuell einen längeren Weg vor sich haben könnte. Ziemlich wild entschlossen sieht er aus auf diesen allerdings wahnsinnig schlechten Fotos, er und seine junge Gemma, beide mit martialischen Schirmmützen regelrecht bewaffnet, in dem offenen Verdeck des Adler. Über den Brenner, an Bozen und Eppan vorbei, und von da nach Venedig hinüber, und weiter nach Siena und Perugia im Zickzack, schließlich bis Neapel und Sorrent. Franz von Stuck hat sie gezeichnet, Pastell auf Karton, eine schöne Frau, sehr südlich, nur der Mund, genauer gesagt: die ganze Kinnpartie hat etwas Hartes an sich. Aber vielleicht hat das gut zu dem weichen dicken Bierbaum gepasst, der seinerseits eine Monografie über Stuck geschrieben hat; so geht es sich wieder aus.

Als Dschemma, die Fee des Kasperls Zäpfel Kern, taucht diese zweite Frau Gemma in dem 1905 geschriebenen Kinderbuch *Zäpfel Kerns Abenteuer* auf, mit dem er sich an Carlo Collodis *Pinocchio* anlehnte – *Eine deutsche Kasperlegeschichte*, wie der Untertitel lautet. Es geht vor allem ums Geld und wie man aus Geld noch mehr Geld machen kann, indem man zum Beispiel einen Geldbaum pflanzt. Wie das geht? Ganz einfach: Man steckt fünf Zwanzigmarkstücke in den Boden, die sich dann tausendfach vermehrt in den Nüssen des Baumes wiederfinden. Allerdings fühlt sich Zäpfel dann arg enttäuscht, als er zuletzt nichts als einen Zettel im Boden findet, mit der Aufforderung, vierzig Mark »Dummheitssteuer« zu zahlen.

Sein Leben war voll, aber kurz. Sozusagen ein Bierbaum. Man sollte einen solchen in den Garten des »Sportlerstüberls« in Dießen pflanzen.

Im Sportlerstüberl wächst jeder Mensch über sich hinaus

Es kann nicht jeder Mensch Sport treiben, das ist unmöglich. Aber in ein Sportlerstüberl kann schon jeder gehen, also jeder, der das möchte. Es soll ja Menschen geben, die da eher eine gewisse Abstandsscheu in sich verspüren, allein schon vom Begriff her. »Sportler« … »Sportler« – da schwingt so etwas mit, was mit Sport weniger zu tun hat, vielleicht gar einen bezeichnet, der den Sport gar nicht so ernst nimmt, sondern sich lieber anderen Tätigkeiten hingibt. Und »Stüberl«, diese Verkleinerungsform hat etwas Verniedlichendes, das die Angelegenheit verdächtig macht. Und dann ist natürlich ein Sportlerstüberl als Stilfigur von der klassischen Rhetorik aus besehen eine eindeutige contradictio in adiecto, also neudeutsch: »Geht ja gar nicht!«

Aus einem Sportlerstüberl können schon beachtliche Räusche herausgetragen werden – ein Zustand, der in unseren veränderten Zeiten ganz und gar nicht mehr als Sport verstanden werden will. Auch treibt, wer im Sportlerstüberl sitzt, selber gemeinhin weniger Sport, allenfalls schaut er zu, in das angrenzende Gelände hinüber, aber auch das eher beiläufig. Unschlagbar ist natürlich fast stets das Design eines Sportlerstüberls. Eine eigene Sportlerstüberl-Ästhetik, die manchem nicht so recht einleuchten will, wahren Kennern aber die Augäpfel vor Bewunderung rollen lässt.

Im Schatten des Bierbaums im Garten des »Sportlerstüberls« kann man dann aus seinem Roman *Stilpe* vorlesen, etwa diese Stelle als Motto: »Es gibt kein Getränk mehr, das mich umbringen könnte«, sagt Stilpe in dem Roman *Stilpe*, und weil es kein Getränk mehr gibt, das ihn umbringen könnte, Bierbaums Stilpe, sagt er: »drum muß ick mir selber umbringen.«

Andere Gäste des »Sportlerstüberls« kommen ebenfalls aus Dießen herüber, Heinrich Hauser zum Beispiel: noch so ein furchtloser Flieger in der Gegend, nicht so bekannt wie Charles Lindbergh. Phasenweise liegt er auch auf dem Friedhof, weil er 1955 gestorben ist. Er wurde ebenfalls nicht sehr alt, dreiundfünfzig Jahre. Eine Studentin, die eine Dissertation über ihn verfasste, pflegte sein Grab. Wohl dem, der eine Doktorandin hat! Als Flieger ist er nie abgestürzt, als Hauser schon; Punktlandung im »Sportlerstüberl«. Der Mann war ziemlich viel auf einmal: Schriftsteller, Bauer, Fotograf, er fuhr zur See, bummelte durch die Welt und liebte Männer und Frauen gleichzeitig. Und er trinkt, und zwar gewaltig. Kein Wunder, dass er mit dem Schriftsteller Liam O'Flaherty befreundet war, einem Iren, und ihn übersetzt hat. Hauser schloss sich der Revolution 1918 an und ihren Feinden, dem Freikorps, auch. Er war mehrfach verheiratet, unter anderem mit jüdischen Frauen, denen er zur Flucht aus Deutschland verhalf. Er sympathisierte mit den Nationalsozialisten, war Fan von Autobahn, vom Fliegen und von der Technik überhaupt – und wanderte 1939 nach Amerika aus. Nach dem Krieg wurde er Chefredakteur des *Stern*, erinnerte sich in *Farm am Mississippi* an sein Exil und zog nach Dießen. Mit seinem Roman *Donner überm See*, erschienen 1929, begründete er einen etwas kurzzeitigen Ruhm in der Weimarer Republik. *Donner überm See* ist eine Liebesgeschichte zwischen Fonck, einem jungen Flieger, und einer ebenso jungen Frau namens Lala. Allerdings kann sich diese Liebesgeschichte nicht entfalten, weil Stonck erst auf dem Weg zu einer Abtreibung Lala kennenlernt. Lala stirbt an den Folgen dieser Abtreibung, Fonck setzt sich ins Flugzeug und fliegt übers Meer. »Der

Umgang mit Maschinen ist gut, er macht bescheiden und treibt an«, so steht es in dem Roman *Donner überm See* zu lesen.

Ein anderer gern gesehener Besucher des »Sportlerstüberls« ist Géza von Cziffra, ein Jahr vor Hauser geboren, im Jahre 1900 im ungarischen König-reich, aber wesentlich älter geworden als Hauser, nämlich achtundachtzig Jahre. Auch er hatte sich mit den Nazis arrangiert, drehte im besetzten Prag und wurde zuletzt doch dort eingesperrt, wäre beinahe im KZ Theresien-stadt gelandet. Nach dem Krieg gehörte er zu denen, die den Kitsch der deutsch-österreichischen Unterhaltungsfilme prägten. Seine Schauspieler waren unter anderem Peter Alexander, Rudolf Platte, Senta Berger; als Mu-siker waren Bill Ramsey oder Bully Buhlan mit von der Partie. Der Mann war auch viel: Filmregisseur, Drehbuchschreiber, Autor, unter anderem eines Buchs mit dem Titel *Die Legende des heiligen Trinkers*, ein Buch über seinen Freund und großen Kollegen Joseph Roth, einem heiligen Trinker vor dem Herrn, dem es aufgesetzt war, dass der Herr ihn auch relativ früh zu sich genommen hat, weil er zu viel getrunken hat – viel zu viel.

Möglicherweise hatte sich Roth auch in einer Art von Sportlerstüberl auf-gehalten, ehe er die von ihm so über alles hochgeschätzte und hochverehrte Majestät, den Thronfolger von Österreich-Ungarn, Otto von Habsburg, an-blaffte: ob nun Majestät oder er, der Schriftsteller Joseph Roth, »Legitimist« sei, also Legitimist der untergegangenen Donau-Monarchie. So geschehen, als Joseph Roth den legitimen Thronfolger Österreichs, Otto von Habsburg, dem die Rückkehr in seine Heimat von der republikanischen Regierung ver-boten war, in einem Sarg nach Wien schmuggeln wollte, um dann mithilfe österreichischer Patrioten und Truppen das Kaiserreich wieder auszurufen – als Widerstand gegen Hitlers sogenannten Anschluss Österreichs an das Deutsche Reich. Roth plante bis ins Detail: »Wir brauchen natürlich eine Leiche. Einen Österreicher, der in Frankfurt lebt und nach seinem Tod auf Wunsch seiner Familie offiziell nach Österreich überführt werden kann.« Auf diese Weise sollte auch Otto nach Österreich geschmuggelt werden, weil er, seine Majestät, aus dem Sarg ersteht und nicht der unbekannte Ös-terreicher. Aus dem Sarg heraus die Restitution der Monarchie verkünden: Da braucht man wirklich viel »Sportlerstüberl«. In dem Buch *Die Legende des heiligen Trinkers* von Géza von Cziffra ist diese Idee von Joseph Roth festgehalten. Eine Geschichte, über die Otto von Habsburg nur herzlich la-chen kann; er weiß nichts davon. »No ja, bsoffn wird er halt gwesen sein, der Roth«, sagt er, lässt aber sonst nichts auf ihn kommen: »Der Treuesten einer!«

Nicht jeder Mensch kann ein großer Sportler sein, aber im »Sportlerstüberl« wächst jeder Mensch über sich hinaus, jeder Mensch, da kommt ein Sportler gar nicht mit, nicht einmal ein Leistungssportler, schon rein menschlich nicht.

Von Carl Orff erzählen Musiker, dass er abends mit seinem Hund wegging und morgens mit einem Kater wiederkam.

Exkursionen vom »Sportlerstüberl« aus können jederzeit nach Bierdorf unternommen werden. Bierdorf liegt auf dem Weg von Dießen nach Utting. Zwischen Dießen und Bierdorf liegt »Lachen«.

Die Säulen des Carl Orff

Die Säulen des Carl Orff – es sind keine Säulen des Herkules, wie sie in Gibraltar genannt werden, keine Heldentaten im kämpferischen Sinne, und doch haben sie etwas davon auf künstlerischer Ebene: ein gewaltiges Werk in Bild, Ton und Sprache, untrennbar und auf ewig mit der Landschaft um den Ammersee verbunden.

Die Säulen in der Pergola des Anwesens von Carl Orff in Ziegelstadel bei Dießen: In ihnen schwingt seine Sprache mit, die voller Musik ist – »mousikae« nannten das die Griechen in der Antike und meinten damit nicht nur die Musik, sondern auch die Sprache und den Tanz und andere szenische Ausdrucksformen, vor allem den Rhythmus also. Für Orff ist »mousikae« geradezu identisch mit Sprache, und Sprache wiederum ist für ihn ein Spiel, ein Spiel mit dem Klang der Laute. Eine solche Sprache kennt keine Grenzen, und so fließen bei Orff das Bayerische, das Altgriechische, das Lateinische und das Mittelhochdeutsche ineinander: »kyrie-eleison-da-Herr-derbarm-di-unser« – ein Wort, ein Klang, ein Rhythmus.

Die Reduktion der Musik als Stufen und Säulen eines griechischen Tempels in der Pergola, welche die beiden Häuser verbindet. Orff erlebt die Natur mystisch, damit begegnet er auch mystischen Themen. Schlicht, aber natürlich sehr großzügig: nicht ein Haus, sondern zwei, mit Platz für Spalierobst, verbunden durch die oft geschilderte Pergola, die mit den Häusern einen runden Teich umarmt, in dem Seerosenblätter das Runde noch einmal fokussieren. Zöller beschreibt das Haus so: »gestaltet von seinem Schwager – einem der wirklichen Väter der ökologischen Bewegung in Europa, Professor Alwin Seifert – ein Tusculum, ein Ensemble architektonisch-natürlichen Zusammenspiels, wie es wenig in Europa geben dürfte; eine Raffinesse des Schlichten, dem Carl Orff auf den Leib gebaut.«

Ein von Fotografen seinerzeit gern aufgesuchtes Motiv: Orff hinter einer Säule, um die er sich halb schmiegt und schlängelt, hervorlugend, oft mit einer kleinen Pfeife im Mund, wie man sie aus den Illustrationen von *Die Abenteuer* des *Tom Sawyer* kennt. Zugleich eröffnet die Pergola den meditativen Gang wie im Kreuzgang eines Klosters.

Wie einer aus der aristotelischen Schule der Peripathetiker, so ging Orff Tag für Tag an diesem Platz auf und ab, die Komposition des Tages im Gehen schon erarbeitend. Unverändert erschienen zu Lebzeiten seiner letzten Frau Liselotte bis ins Jahr 2012 hinein die Holzstapel, der zutrauliche Kater, die bäuerlichen Tische und Bänke. »Was mir diese meine enge und weitere Heimat gegeben hat, ist eingegangen in meine Werke und ist mit diesen über die Welt gegangen, um dort nicht zuletzt von meiner Heimat Zeugnis abzulegen.«

Die Blickachse vom Heiligen Berg zum Ziegelstadel, Ansitz des Komponisten und Schriftstellers Carl Orff, drüben, überm See: Zeitlebens hat er von seinem Wohnsitz herübergeschaut, nun hat sich nur die Blickrichtung umgekehrt, und er kann von der Wallfahrtskirche aus, in dem ihm – dem Vielfach-Verheirateten und Kirchenkritiker – ein weiser Abt die Grabstätte eingeräumt hat, hinüberschau'n, zum Ziegelstadel, wo seine Frau Liselotte vor dem kleinen runden Teich sitzt, beschattet von einer Pergola, die mit ihren Säulen sowohl im alten Athen als auch im alten Rom stehen könnte. Nur die braunen Kühe und Pferde, die Apfelbäume, die grünen Wiesen zeigen, dass wir hier in Bayern sind, an einem seiner schönsten Punkte. Auf dem Briefpapier der Liselotte Orff bläst in ähnlicher Pergola ein einsamer Fagottist sein Instrument, und die Kühe drängen sich an das Mäuerchen, um zuzuhören.

Und weshalb klingt Orff so, wie Orff nun mal klingt? Egbert Tholl hat in *Unser Bayern* diese biografische Hypothese riskiert, die schon den dreijährigen

Carl von dem dringenden Wunsch beseelt sieht, bei der Musik mitzumischen, die er tagtäglich aus dem Probelokal der Regimentskapelle in der Maillinger Straße zu München herausschollern hörte: »Man rückte sein hohes Kinderstühlchen ans Klavier, worauf er das Spiel der geduldigen Mutter mit beiden Fäusten begleitete. Als er die Tasten eines Tages mit dem Fleischklopfer traktierte, um einen noch wuchtigeren Effekt zu erzielen, wurde er von seinem heißgeliebten Instrument entfernt. Im Grunde behielt er diese Technik, zart verfeinert, Zeit seines Lebens bei, nur die Klangapparate wurden dabei immer größer.« Aus diesen Überlegungen heraus entwickelt Egbert Tholl eine wahre Orff-Apotheose seines Gesamtkunstwerks für einen gedachten Aufführungsort: »In dessen Zentrum befände sich der Kirchturm selbst […]. Zum Dröhnen der Glocken müsste man das Geschrei aus dem Biergarten hinauf kanalisieren, gleichzeitig müssten den Turm zwei Riesenhände packen, hochheben und wieder und wieder auf den Boden des Heiligen Berges hämmern, während aufgrund der Erschütterungen in die umliegenden Wälder in sich zusammenfallen und sofort zu Xylophonen werden, auf denen eine bairisch mit griechischem Akzent vor sich hinbrüllende Schar aus den umliegenden Dörfern bis zur Besinnungslosigkeit eindrischt.« Wohlgemerkt schreibt dies aus dem höchsten Respekt gegenüber Orffs Werk und schließt so: »In diesem Rausch, aber erst dann, wird ein jeder verstehen, warum Carl Orff der bayerischste Komponist von allen ist.«

Luise Rinser: wandelmutig – nicht wankelmütig

1952 läuft Luise Rinser dem Komponisten Carl Orff über den Weg, worauf ihrer Aussage nach sieben schwierige Jahre folgen, wie immer bei ihr das Private öffentlich ausgebreitet in Saturn auf der Sonne. 1955 kommt sie mit Orff an den Ammersee. Sie hatte schon Söhne aus verschiedenen Beziehungen: Klaus Christoph Schnell, der im Krieg fiel, einen Stephan aus einer außerehelichen Beziehung, keinen aus einer Ehe mit dem homosexuellen kommunistischen Schriftsteller Klaus Herrmann, den sie solchermaßen vor dem KZ zu retten versuchte, was auch gelang, aber die Ehe wurde 1952 geschieden.

»Letzte Märztage für mich. Vor zwei Jahren C[arl]. O[rff]., voriges Jahr Rahner, dies Jahr nun Ingeborg, Michael Endes Frau, meine Freundin seit fast vierzig Jahren […]«, so beschreibt Luise Rinser im März 1984 ihre Gefühlslage in ihrem Tagebuch *Im Dunkeln singen*. Doch braucht sie keine einzige Zeile, um vom Gedenken an die toten Männer und die Frau, die ihr so viel bedeutet haben, unmittelbar gleich wieder bei sich selbst zu sein, bei ihrem Schreiben, denn: »eine Freundschaft, die damit begann, dass ich zufällig in München im Radio eine Stimme hörte, die sehr besonders war, tief und rauh und warm, und was las sie? Meine Geschichte *Die rote Katze*, damals eben entstanden, noch ungedruckt […].« Ausgerechnet dieser Text, mit dem sie so fulminant bei der Lesung in der Gruppe 47 in Utting durchgefallen war.

Ihr Buch *Die gläsernen Ringe* verdankt seinen Titel den gläsernen Ringen, die als Wellen sich von dem Stein ausbreiten, den sie in den Spiegel des Wasserbeckens vor dem Kloster Wessobrunn wirft, dem Ort ihrer Kindheit. Der Vorgang hat erleuchtungsartigen Charakter: »Da erkannte ich zum ersten Male, dass nicht das wirre dunkle Leiden der Kreatur, sondern das scharfe klare Gesetz des Geistes mein Leben leiten würde.« Schön, wer das von sich sagen und diese Wort in Gottes Ohr legen kann. Das war 1941. Hermann Hesse war begeistert. Ihm schrieb sie auch Briefe, in denen sie sich kritisch gegenüber dem Nationalsozialismus äußerte. 1944 wurde sie sogar einmal verhaftet.

Luise Rinser hat über dreißig Romane, Biografien, Essays und anderes veröffentlicht. Sie hat für nichts weniger als für das Amt des Bundespräsidenten kandidiert, nominiert von den Grünen gegen Richard von Weizsäcker. Sie wurde als Sympathisantin der Roten Armee Fraktion verdächtigt und bekam das Bundesverdienstkreuz. Zum Verkanntsein hatte sie wie zum Begeistertsein ein gewissermaßen reiches Talent.

Es ist schön, wenn man begeistert sein kann oder gar entzündet von etwas, sogar sehr schön, ein ganz anderes Leben ist das dann, intensiver, fröhlicher, weltzugewandter, offener – aber man sollte aufpassen, wenn das über einen privaten Bereich hinausgeht, ins Politische gar.

Frieden und Gerechtigkeit hat Luise Rinser mit der Erfindung einer Frauengestalt begründet, die das Ideal der sich befreienden Frau wirksamer geprägt hat als Simone de Beauvoirs Konstruktion des anderen Geschlechts. In Nina Buschmann aus dem Roman »Mitte des Lebens« (1950), millionenfach aufgelegt und in mehr als zwanzig Sprachen übersetzt, konnte sich auch Luise Rinser selbst wiedererkennen: »die Haltung natürlich, der Widerstand gegen das Dritte Reich. Es gibt Leute, die mich Nina nennen; diese Unbedingtheit zu denken, zu leben, das bin vermutlich ich selber.« In einem Punkt aber nimmt die Autorin Abstand von ihrer Figur: »Leben ohne Lüge ist vielleicht ein bisschen zu großartig.«

Tatsächlich hat Luise Rinser im »Gespräch von Mensch zu Mensch« jedwede Moral gepredigt, das achte Gebot aber galt ihr nicht kategorisch. »Jeder Mensch hat ein Recht auf Selbsterhaltung, also auf Tarnung, Notwehr, Wahrung seines Geheimnisses.« Deshalb dürfe man »andere nicht allzu direkt befragen«. Jenes Recht hat sie in Bezug auf ihr Verhältnis zum Hitler-Regime zuweilen grammatisch eigenartig verzinkt wahrgenommen: »Ich war ja schon 1932 gegen den Nationalsozialismus, und das sage ich heute nicht etwa, weil ich gerne möchte, dass es so gewesen sei.«

Im Gegensatz zu den Angaben in ihrer Autobiografie *Den Wolf umarmen*

(1981) ist es aber so gewesen, dass sie der NS-Frauenschaft und dem NS-Lehrerbund beitrat und Führerin im Bund Deutscher Mädel war. Auch hat sie, wie sie bei der Reichsschrifttumskammer auch angab, 1935 in der Zeitschrift *Herdfeuer* das Gedicht *Junge Generation* veröffentlicht, das die *Nationalzeitung* 1968 als *Hymne an Adolf Hitler* abdruckte. Ihr Umgang damit ist schwer begreiflich. Zunächst bestritt sie die Urheberschaft, dann erklärte sie es zu einem im BDM-Lager entstandenen Gemeinschaftswerk, schließlich sollte es Satire gewesen sein, sie habe damit »Nazis veräppeln« wollen. 1981 musste sie ihren gerichtlichen Widerstand gegen die Bezeichnung »Nazi-Poetin« aufgeben, was ihr von rechten Blättern immer wieder hämisch vorgehalten wurde. Vermutlich deshalb kehrte sie zum Leugnen zurück. Als die amerikanische Germanistin Diana Orendi Hinze sie 1987 auf die Nazi-Zeit ansprach, wurde sie wütend. Dem Schriftsteller Michael Kleeberg schrieb sie 1996, »wer ihr zutraue, so etwas jemals geschrieben zu haben, mit dem wolle sie nichts zu tun haben«.

Eine »Jugendtorheit«, wie Kleeberg vorschlagen wollte, war das Gedicht nicht. Die intelligente Junglehrerin war dreiundzwanzig, als sie es schrieb. Es reproduziert ein damals verbreitetes antiindividualistisches Denkmuster. Emotional intensiv bringt es die antibürgerliche Erwartungsstimmung der Jugendbewegung zum Ausdruck. Während die satten Bürger in den Niederungen »schnarchend vom ewigen Frieden« träumen, wacht die »von ewig eisernem Wort« angerufene, einem charismatischen Führer verpflichtete Ju-

gend auf hoher Warte und in nach Hölderlins vaterländischem Gesang model-
lierten, rauschhaften Lebensgefühl, bereit zu Dienst und Opfer. »Kühl, hart
und wissend ist dies wache Geschlecht, / Nüchtern und heiliger Trunkenheit
voll, / Tod oder Leben, ein Rausch, gilt uns gleich –/ Wir sind Deutschlands
brennendes Blut.«

Sie schrieb also Verse von den jungen Deutschen, die »wachen, siegen oder
sterben, denn wir sind treu!«. In den Reihen »todtreu verschworener Wächter
heiliger Erde« sah sie sich in bester Nazi-Manier, stilisierte sich aber gleich
nach dem Krieg zu einer deutschen Jeanne d'Arc, was man ihr glaubte, worüber sie es wiederum selbst glaubte. Sie war links, und sie war katholisch, und
immer war sie begeistert, vor allem auch von sich selbst. Sogar für den nordkoreanischen Diktator Kim Il Sung konnte sie sich begeistern, wozu schon eine
rekordverdächtige Begeisterungsfähigkeit gehört. 1981 veröffentlichte sie ihr
Nordkoreanisches Reisetagebuch.

Immerhin war es ihr ein paar Jahre zuvor gelungen, auf einer Reise durch
Südkorea 1975, dem Einfluss des CIA zu entgehen und sich solchermaßen ein
eigenes Bild von der Situation im Lande machen zu können. Und wer dem
CIA auskommt, dem kann natürlich die Hirnwäsche im Norden des Landes
erst recht nichts anhaben, möchte man meinen. Also blieb Kim Il Sung heiter
freundlich, ganz in sich ruhend, ohne Falschheit, ohne jedes Imponiergehabe,
witzig und humorvoll, lächelnd, religionstolerant. Da ist sie wieder, die Nazi-
Autorin, da wird sie wieder wach in ihr: »In den Fabriken schlagen die Häm-
mer, schmieden / Eisen hart und kalt zu nackter Todeswaffe.«

Eine russische Arbeiterin aber, die sich barbusig am Strand eines nordkoreanischen Sees sonnt, erscheint als Repräsentation westlicher Verkommenheit.
Ihre nordkoreanischen Begleiter sind von dem Anblick zutiefst verstört. Um
Gottes willen! Hoffentlich ist ihr nicht bei ihrer Rückkehr an irgendeinem
bayerischen Seeufer Ähnliches widerfahren, am Ammersee etwa. Wie könnte
da, beim Anblick eines unbedeckten Busens, Kim Il Sung noch heiter und
freundlich bleiben, ganz in sich ruhend, ohne Falschheit, ohne jedes Imponiergehabe, witzig und humorvoll, lächelnd, religionstolerant? Drei Jahre später
konnte sie sich auch dafür begeistern, für das Amt des Bundespräsidenten
zu kandidieren. Die Grünen kamen auf diese sensationelle Idee. Sie erhielt
achtundsechzig Stimmen.

Wer wirft Steine? Wer sitzt im Glashaus?

Ursula Homann gibt ihr widersprüchliches Bild in der Öffentlichkeit in der
Spannweite zwischen »Grande Dame der bundesdeutschen Nachkriegsliteratur« und »Plaudertasche« und »feministischer Krawallschachtel« an, »halb
Nonne, halb Barrikadenweib«. Carl Amery wirft ihr »Wichtigtuerei und Exhibitionismus« vor, Albert von Schirnding sieht in ihr eine »Jahrhundert-Auto-
rin«. Für Eckhard Henscheid, wie der am Ammersee heimische Hans Traxler

einer der Mitarbeiter der »Neuen Frankfurter Schule«, denen unter anderem die Satirezeitschriften *Pardon* und *Titanic* zu verdanken sind, war Luise Rinser immer »Ruine Linser«, was ihn seinerseits nicht abhielt, Beiträge für die rechtsnationale *Junge Freiheit* zu schreiben. Ihr Freund und Biograf Sánchez de Murillo sieht sie so: »Beim Schreiben wurde sie für mich zu einer wichtigen Gestalt der deutschen Geschichte, zu einer der vielen zerrissenen Gestalten, welche die Nazi-Katastrophe hinterlassen hat.« Sie selbst hatte sich ihrem Vater gegenüber so verteidigt: »Ich bin wandelmutig – nicht wankelmütig.«

Sie ist auch begeistert von Mirjam, ihr Identifikationsreichtum ist in der Tat enorm. In dem Buch *Mirjam* ist sie in Ich-Form die Maria Magdalena der Heiligen Schrift, die keinem Geringeren als Joshua, also dem Jesus von Nazareth, folgt. Natürlich setzt sie sich sofort mit der Rolle der »Sünderin« auseinander, die man ihr zugewiesen hatte: »So meint ihr eine Ehebrecherin oder eine Hure. Ich war nicht das eine, nicht das andre.« Zwei Quellen gibt sie in dieser Selbstbefragung für dieses Bild an: »Die eine war ich selbst, denn ich war eine Einzelgängerin, nicht einzuordnen ins Bild von der jüdischen Frau.« Eigensinnig beharrt sie darauf, unverheiratet zu bleiben und kinderlos, ein Makel für eine »Jisraelitin«. Und: Sie will selbst Thora-Studien treiben – ein Privileg der Männer im Judentum. Eine »Dämonin« nennt sie ein Mann, dem es nicht gelungen war, sie in einer Sackgasse zu überwältigen, und dieses Schimpfwort bleibt ihr. Es kommt noch heftiger. Mit Joshua treibt sie sich gern in Tavernen herum, »in denen Zöllner, Fuhrleute und auch billige Mädchen verkehrten«. Joshua will wissen, was in den Menschen umgeht, ihre Klagen, ihre Flüche, ihre Schreie nach dem Retter, dem Messias. Ein Wandertrieb überfällt sie, vollkommen unwiderstehlich. Sofort ist ihr klar, was Joshua für sie ist: »der Mir-Bestimmte« – wahrhaft ein großes Wort.

Religion ist für sie, was ihr der Dalai Lama in einer Fernsehsendung gesagt hatte: »Religiös darf sich nur nennen, wer mitarbeitet an der Bewahrung an der Schöpfung.« Ihr ist dabei klar, dass jeder Mensch mit seinen kleinsten Regungen und Gedanken in das Weltgeschehen eingreift.

Zeitmaschine Dießen: die Schriftstellerin Barbara König

Beim Gang durch Dießen kommt man sich immer wieder vor, als hätte einen eine Zeitmaschine in Situationen und Orte versetzt, die es nicht mehr gibt – vielleicht noch gar nie gegeben hat. Hoch oben über dem Markt liegt das Marienmünster wie ein Schiff vor Anker, das kein Wasser braucht, keinen See, aber durchaus nicht auf dem Trockenen liegt – ein Kirchenschiff mit klarem Kurs, und zwar nach oben, ins Lichte, direkt in den Himmel, den es schon in sich selbst trägt, den berühmten »Dießener Himmel«, das Deckenfresko der Kirche.

Ein Antiquariat mit einem Ofen drin, gewaltig genug, seinerseits einen Dampfer zu betreiben, praktisch ein Talgkocher aus der Zeit der Walfänger. Stoßartig, nur mit längeren Sequenzen im Rhythmus als der Schaufelraddampfer verrichtet er fauchend seine Arbeit. Er frisst jedes Holz, das ihm sein Besitzer gibt. Sein Besitzer gehört der ehrenwerten Zunft der Antiquare an, ein Mensch der Bücher, wie er im Buche steht.

In Richtung See, in einer hufeisenartig gebogenen kleinen Straße, ist an einem Holzschuppen immer noch »Kohlenhandlung« zu lesen, deren Inschrift gerade noch auf den schwarzen Holzbrettern hinter dem wilden Wein zu entziffern ist, wenn man weiß, wo man hinschauen soll, in der Brunnenstraße. Große Feste wurden hier gefeiert, große Feste der Literatur. Hier fand sich ein, wer den Ton angab in der damals jungen avantgardistischen Literatur nach dem Krieg, einen Ton, der nicht einverstanden war mit dem Kalten Krieg, vor allem nicht einverstanden mit der vollständigen Verdrängung von Angriffskrieg und Ermordung von sechs Millionen Juden, und auch nicht einverstanden mit ausschließlicher Ausrichtung der neuen Bundesrepublik auf Konsum und Fresswelle. Was nicht heißt, dass man nicht zu leben wusste. Es war eindeutig ein Vorzug, wenn eine Schriftstellerin einen Mann hatte, dessen Geschäft auch in schwierigen Zeiten etwas abwarf. »Ein Ehemann mit einer Kohlenhandlung, da hat man's immer warm«, gab Barbara König gelegentlich von sich, mit ihrer rauen Stimme, und lachte. Liebevoll nannte man ihn den »Kohlen-Hansi«. Legendär war das Spanferkel, das dort im Hof gegrillt wurde. Es scheint, als lebte niemand mehr in dem Haus. Es werden auch solche Häuser nicht mehr gebaut, mit einem hölzernen Balkon, der im ersten Stock umläuft, mit einem kleinen vor dem Dachzimmer darüber, das mit seiner Schräge im Inneren seinen Bewohnern das Gefühl schenkt, sie lebten in einem Zelt, doch ist dieses Zelt sehr stabil. Die Fenster haben Flügel. Das Haus hat ein Gesicht, ein sehr ebenmäßiges Gesicht. Es lebt von seiner Materie, und die Materie hat Geist aus Holz, aus Stein, aus Ziegeln, von den Bäumen und Sträuchern außenherum, die mit ihm eine Einheit eingehen. Die Materie lebt. Die Vorhänge hinter den Fenstern hängen schwer und müde wie die Augenlider eines Menschen herunter, der mit dem Schlaf kämpft. Offenbar lange schon. Das Eingangstor steht offen, noch immer lädt der Hof seine Gäste ein, aber die Gäste gibt es nicht mehr.

Das Haus, der Hof und der Schuppen erheben keinen anderen Anspruch mehr, als wollten sie nur noch träumen – bis sie abgerissen werden. Träumen von einer Zeit, in der es tatsächlich noch Menschen gab, Schriftsteller, die etwas wie den Geist einer Republik verkörperten, nicht nur literarisch, auch politisch, auch ethisch, aber eben nicht rückwärtsschauend, sondern nach vorne. Phasenweise war die Gruppe, in der sie sich jährlich versammelten, die Gruppe 47 etwas wie das Gewissen einer Nation, die nach dem Absturz in die Barbarei durch den Nationalsozialismus schon wieder nichts anderes im

Sinne hatte, als es sich gemütlich zu machen in Adenauers Restauration und Wirtschaftswunder. Diese Gruppe war nicht gemütlich, sie wollte es auch nicht sein. Selbst die Mitglieder untereinander machten es sich gegenseitig nicht gemütlich.

Die erste Begegnung zwischen Hans Werner Richter – dem Leiter der Gruppe, die keine Gruppe war und von daher auch keinen Leiter hatte, doch ging ohne ihn gar nichts – und Barbara König war in beider Erinnerung alles andere als erquicklich. Du lieber Gott, dachte sich Richter, als er die junge Frau mit der dunklen Brille erblickte, eine Mischung zwischen einer Schlange und einer Katze. Er fragt sich, was die hier will, im Mai 1950 in Itzighofen, beim Treffen der Gruppe. »Niemand könnte jemand ohne meine Erlaubnis mitbringen«, teilt er ihr frostig mit, doch beharrt sie darauf, eingeladen zu sein. Was Richter in seinem ersten Eindruck befürchtet hatte, übertrifft noch seine Ahnung: »Ein paar meiner Freunde liefen mit zerkratzten Gesichtern herum. Sie sahen wie Verletzte aus, die sich einer Frau allzu leichtsinnig genähert hatten, einer wollte sich sogar das Leben nehmen, sich vielleicht in die nahe Donau stürzen, aus Verzweiflung, aus Kummer, ihn, einen nicht mehr ganz jungen Mann, hatte die Liebe so heftig gepackt, daß er nicht mehr ein noch aus wußte. Andere waren zurückhaltender, aber ein paar Schmisse hatten auch sie im Gesicht.«

So beginnt die Geschichte der Barbara König in der Gruppe 47. Sie heiratet einen reichen Mann, lebt in beachtlichem Luxus, doch wirft sie acht Jahre später alles hin – und zieht in ein Gartenhäuschen in Dießen ein. Richter besucht sie dort und lernt dabei ihren neuen Mann kennen, den Kohlen- und Heizölhändler von Dießen, »der Hansl hieß und an dem sie vieles bewunderte, unter anderem die Fähigkeit, nach einem Blick auf den Himmel die genaue Uhrzeit anzugeben«.

Es beginnt die Zeit ununterbrochener Feste. In seinen Porträts aus der Gruppe 47 mit dem Titel *Im Etablissement der Schmetterlinge* beschreibt Richter diese Festivitäten mit größter Freude und gleichsam, wie die Freundschaft zwischen ihnen immer stärker wurde. Richter konnte sich, wie er schreibt »eine Böhmin schlecht vorstellen«, aber die 1925 in Reichenberg geborene Barbara König wird für ihn zur Böhmin schlechthin.

Clerc Fremin: die Schrift und das Wesen

Zu den Plätzen in Dießen, die es auf dieser Welt eigentlich nicht mehr gibt, weil es sie nicht mehr geben kann, gehört auch die ehemalige »Graphische Kunst- und Verlagsanstalt Jos. C. Huber«, die es allerdings über hundert Jahre lang schon gegeben hat. Aber zu Beginn des dritten Jahrhunderts war damit eine lange Tradition zu Ende. Das Haus an der vielbefahrenen Hauptstraße bröselt seither so vor sich hin. Um das Schaufenster voller Bücher beginnt die Fassade sich von ihrem Dasein als Fassade zu verabschieden. Es schaut so aus, dass man eigentlich nicht denkt, man wäre in einem Land wie Deutschland, weil man in so einem reichen Land seine schönen Häuser nicht so verkommen lässt. Sondern rote Sportwagen von Mercedes oder Triumph in Schaufenster steril renovierter Bauten stellt wie gegenüber, die allerdings auch von gestern sind.

Aber vielleicht kommt es darauf auch gar nicht so an. Vielmehr kommt es darauf an, wer sich darin aufhält, darin wohnt, darin arbeitet, welcher Geist in seinem Inneren herrscht. Man sieht es diesem Haus in der Prinz-Ludwig-Straße 5 von außen wirklich nicht an, dass in seinem Inneren der Geist von Büchern herrscht, in einer Weise, die es auch kaum noch gibt, eher einer vergangenen Epoche anzugehören scheint, als Bücher noch ein höchst wertvolles Gut waren, auch alte Bücher, vor allem alte Bücher. Und die konnte man in Geschäften finden, die man einmal ganz archaisch Antiquariate nannte. Freilich tat man besser daran, Bücher zu finden als Bücher zu suchen, denn Bücher zu suchen in einem Antiquariat, das keine Systematik hat, ist ziemlich sinnlos. Oder schon eine Systematik hat, aber in deren Besitz ist ein einziger Mensch auf dieser Welt, eben der Antiquar selbst. Gut, den kann man fragen, den muss man fragen, und bald ist man in ein Gespräch vertieft, das nicht mehr von dieser Welt ist, sondern in einem Paralleluniversum stattfindet.

Das Netz, das weltweite, auch »Internet« genannt, hat dieses Paralleluniversum besetzt, weitgehend, indem man gezielt sucht und meint, immer auch etwas zu finden; freilich gibt es auch hier die irrsten Abwege mit den sonderbarsten Entdeckungen, nur eben anders, virtuell, und nicht mehr zusammen mit anderen Menschen. Und selbst Menschen, die Menschen finden wollen über das Netz zum Flirten, finden zwar welche, mehr als genug, doch die Magie der augenblicklichen Fügung, die schon immer den Reiz eines Flirts ausgemacht hat, geht damit verloren. Und wenn der Erfolg in Form eines »Warenkorbs« sozusagen programmiert ist, ist auch noch der Reiz des Risikos verschwunden, der jeden Flirt begleitet hat, des Risikos, dass man voll danebenliegt. Der gleiche Vorgang hat stets den Gang in ein Antiquariat bestimmt: Man fühlt die Magie des Augenblicks, in dem einem das richtige Buch zufällt – ebenso wie das fade Gefühl, das einen beschleichen kann, wenn man so vollkommen umsonst unendlich viele Blickkontakte mit Buchrücken gesucht hat.

Das Antiquariat, das jetzt in diesem Haus seinen Platz gefunden hat, trägt den eigentümlichen Namen »Clerc Fremin«. Ob der Name etwas mit dem fiktiven Schreiber in François Villons *Großem Testament* zu tun haben könnte? »Ja«, antwortet der Antiquar und erzählt die Geschichte von der Namensfindung. »Villon beschimpft seinen Schreiber und diktiert ihm, dabei gab es ihn gar nicht. Den Namen für das Antiquariat hat er erhalten, da ich gerade vor der Eröffnung einen Mords-Eindruck von Villon hatte, gerade aus der Verwunderung, dass ein Mensch im Zorn schreiben kann. Fiktiv ist er, so wie die Motivation des Bücherschreibens an sich. Motivation deshalb, denn manche Bücher stehen für nichts und manche sind hervorragend platziert. Also der zeitliche Zusammenhang: Zorn und Grund des Schreibens, mein Name«, meint der Antiquar, hätte nicht dafür herhalten können, weder für das eine noch das andere, zu vermessen wäre dies bei all den »Schätzen«, die in den Regalen auf ihre Entdecker warten. Er heißt Thaler, was freilich kein schlechter Name ist für einen, der Schätze sammelt.

In demselben Augenblick, in dem man die Schatztruhe des »Clerc Fremin« betritt, weiß man, dass man einen solchen Raum noch nie betreten hat in seinem Leben. Man kann ihn mit keinem anderen vergleichen, den man je gesehen hat. Bücher, natürlich, türmen sich. Teils auf Tischen, teils auch auf Sesseln, die nicht mehr ganz das Zeitalter Villons erlebt haben dürften, also das fünfzehnte Jahrhundert, aber vielleicht näher an diesem von ihrem Alter her stehen als an unserem. Zwei dieser Polstersessel sind frei, also von Büchern frei. Jeder dieser Sessel hat jeweils eine Lehne, ebenfalls aus Polster. Sie sind so durchgesessen, als hätten Generationen von Lesern ihr Leserleben darauf verlebt. Die Farbe der Polstersessel hat so eine ähnliche Farbe wie viele der Bücherrücken. Den stärksten Eindruck, von den Büchern abgesehen, erweckt ein riesiger Kessel. Er könnte von seinen Dimensionen her locker ein Schiff betreiben, ein großes Schiff, ein Dampfschiff auf dem Ammersee. Er frisst alles, was ihm der Antiquar in den Rachen wirft, Bücher natürlich nicht. In regelmäßigen Abständen faucht er, doch bleibt das Schiff auf der Stelle, vielleicht ist der Kessel ein Drache, der in stets wiederkehrenden Wellen Hitze in den Raum ausstößt, Maschinenraum auch dahin gehend, als er von länglichen Röhren etwas kalt erleuchtet wird; auch Rohre und Röhren unbekannter Bedeutung überqueren die Bücherberge. Neben Sicherungskästen von einer Bauart, wie sie bereits im Deutschen Museum in München gezeigt werden, beginnt eine Reihe mit dem Titel *Deutsche Geschichte*. Auch andere Apparaturen grüßen auf ihre Weise antiquarisch aus fernen Zeiten, ein Defensor mit der Aufschrift HONEY-WELL zum Beispiel. Möglicherweise handelt es sich um einen Luftbefeuchter oder es handelte sich um einen solchen – Vergangenheit. Den Schalter mit der Aufschrift STELLEN verbinden Spinnenstränge mit dem Schalter NETZ. Ein schwarzes Kastl absolut undeutbarer Bedeutung mit einem weißen Drehschalter und zwei roten Kontrolllampen ist mit einem großen roten Aufkleber mit der Aufschrift ICH BIN SO FREI versehen, offenbar eine ehemalige Reklame von NESCAFÉ.

Zu Villon passt der Aufkleber natürlich auch. Villon kennt Kerker von innen, im Sommer 1461 schmachtet er in dem des Bischofs von Orléans. Nach seiner Freilassung schreibt er an seinem Hauptwerk, dem *Testament*

(*Das große Testament*). Ein neues Leben kann er damit nicht beginnen, er setzt das alte fort, ein kriminelles, und schreibt Balladen, die unter Gaunern spielen. Er ist selbst einer. Er treibt es so weit, bis er zum Tod verurteilt wird. Er schreibt von sich selbst, dass er François ist, was ihm aber Kummer bereitet. Sein Hals wird vom Strick, an dem er hängen wird, erfahren, was sein Hintern wiegt. Auch eine *Ballade des pendus* schreibt er, die *Ballade der Gehenkten*. Brecht hat einige davon genommen und in veränderter Form in die *Dreigroschenoper* eingefügt. Der Perspektivenwechsel, den ein Galgen mit sich bringt, weist hinüber auf die andere Seite des Sees, nach Breitbrunn, zu dem Haus von Christian Morgenstern mit seinen *Galgenliedern*: »Man sieht vom Galgen aus die Welt anders und man sieht andere Dinge als andere.« Villon wird begnadigt, doch erfährt man nichts mehr weiter aus seinem Leben. Seine Bücher gibt es noch, sie bleiben bestehen.

Sie überhaupt erst einmal wieder aufzufinden, ist Bestandteil des Auftrages, den sich ein Antiquar selbst erteilt. Ein Nachlass, der wird ja nicht so einfach nachgelassen und findet dann von selbst seinen Weg ins Antiquariat, weil keiner der Erben etwas mit dem Nachlass zu tun haben möchte. Es ist gut, nicht zu vergessen, wo eventuell einer wartet: Irgendwann, irgendwo stellt sich das Glück ein.

Der Antiquar kauft nur in Ausnahmefällen Einzelstücke, ihm ist ein ganzer Nachlass lieber, dann bleibt der Geist des Hauses zusammen. Einzelne Stücke herauszureißen, produziert Lücken, nicht nur im Regal, auch im Kopf. Das Geld, das man für das Buch in die Hand nimmt, steht nicht für das Buch, für seine Wertigkeit in dem Zusammenhang, den es einmal in der Bibliothek hatte, in der er es stand. Er möchte gerne seinerzeit einem Käufer erzählen können, woher ein Buch kommt: »Ich erkenne den Menschen darin«, sagt er, auf die Reihen des ersten Regals neben seinem Schreibtisch deutend. Er lässt den ganzen Nachlass beisammen, die Bücher so nebeneinander stehen, wie sie es in der Bibliothek gewohnt waren, aus der sie stammen: »Die Besitzerin kommt aus Böhmen, das kann man an den Büchern erkennen.« Sogar dass es sich um eine Besitzerin handelt und nicht um einen männlichen Sammler, meint Herr Thaler alias Clerc Fremin auf einen Blick zu merken. »Die Menschen sind vergessen, verstorben. Der Spiegel ihres Lebens sind die Bücher.«

Und in den Büchern stehen nicht nur die unglaublichsten Geschichten, die Geschichte eines jeden Buches ist unglaublich, zum Beispiel, wenn es aus Adis Abeba stammt, wo es Norbert Thaler erstanden hat, seinen Weg also nach Dießen findet, und ein Herr im Biergarten entdeckt, der es erworben hat, dass der Verfasser – kann es wirklich sein, dass es sein Onkel war? Das Vertrauen, das man in Bücher hat, soll sich auch in dem Verhältnis spiegeln, das zwischen Antiquar und Käufer entsteht. Ein verliebter Mann, der ein Buch für seine Freundin sucht, beschreibt in knappen Umrissen seine Freundin, dann weiß der Mann der Bücher, welches das richtige ist: »Das ist es!«, so empfiehlt er es. »Und so war es auch«, erzählt er. Der Mann kam zurück, strahlend: »Hast du es ausgesucht?«, hat ihn seine Freundin gefragt. »Ja«, hat der Mann geantwortet.

Für alles sorgt Norbert Thaler, sogar für seine Abwesenheit. Auf der Innenseite der Tür zu seinem Geschäft klebt ein Arsenal von Zetteln, die bei Bedarf auf die Außenseite wandern können, zum Beispiel:

»Das Geschäft öffnet heute erst um 15.30 Uhr. Ein Lkw-voll neuer spannender Bücher ist zu holen.«

Drüber auf dem Kopf stehend, ein Zettel mit der Mitteilung: »Heute öffnet das Antiquariat um 14 Uhr«, ohne Begründung, so halt.

Der nächste Zettel schiebt die Öffnungszeit noch weiter in den Tag hinaus, diesmal mit Begründung: »Wegen einer weiteren entfernt liegenden Buchlieferung bin ich heute erst ab 18 Uhr wieder da.«

Dies sind die Zettel auf der linken Seite. Auf der rechten Seite sind folgende Informationen abrufbar: »Bin gerade auf Buchlieferung unterwegs. Bitte nehmen Sie einen Kaffee bei Vogel schräg vis-à-vis, derweil bin ich zurück.«

Büchermenschen sind Menschen, die Zeit haben. Die Zeit haben, unter anderem auch deshalb, weil sie fast immer ein Buch dabei haben, in dem sie lesen können, wenn sie irgendwo auf irgendetwas warten, etwa, dass ein Antiquar zurück ist und seinen Laden wieder öffnet. Dann ist es ein besonderer Glücksfall, wenn sich vis-à-vis ein Kaffeehaus befindet, in dem man in der Zwischenzeit, die keine Zwischenzeit ist, sondern eine Hauptzeit, einen Kaffee trinkt und ein Buch liest, vielleicht sogar ein Buch, das man noch gar nicht hat und von dem man noch gar nicht weiß, was es für ein Buch werden wird, weil man es erst finden wird in dem Antiquariat, wenn der Antiquar zurück ist.

Leser sind Menschen, die Selbstgespräche führen, mit sich, mit einem Buch. An der Seite eines Regals in seinem Laden hat Thaler ein überlebensgroßes Porträt von H. G. Wells, Verfasser des ersten Science-Fiction-Romans *Die Zeitmschine*, angebracht, in dessen Backe mitten im Gesicht ein Drehkreuz sitzt, mit dem man die tonnenschweren Regale so bewegen kann, dass ein Zwischenraum entsteht, aus dem man heraus die Bücher überhaupt erst in Augenschein nehmen kann. Unter dem Porträt steht in großen Lettern ein Zitat von Wells geschrieben: »Interessante Selbstgespräche setzen einen klugen Partner voraus.«

Ein weiterer Zettel auf der Innenseite der Tür des Antiquariats enthält die lapidare Mitteilung: »Heute öffnet das Antiquariat um 14 Uhr«, nein, den hatten wir ja schon. Vielmehr folgt ein geradezu apokrypher: »Bin gerade zur …« – leider nicht lesbar, da verdeckt, »gegangen und …«, erneute Fehlstelle, aber tröstliche Fortsetzung des Textes in wundersam liebenswürdig altmodischem Deutsch: »spornstreichs zurück«.

Spornstreichs finden sich weitere Besucher ein. Einer erkennt in dem gewaltigen Ofen des Antiquariats einen »Trankocher auf einem Walfänger bei Spitzbergen«. Dazu passt Friedrich Torberg, der jüdische Schriftsteller aus Österreich, der auf seine jüdische Herkunft großen Wert gelegt hat, die er solchermaßen belegt: »Der Vorfahr, von dem ich meine Existenz herleite, war Schiffsrabbiner bei den Wikingern!«

Ein Antiquariat ist eine Zeitmaschine. Es bringt Zeiten, die längst vergangen sind, ins Jetzt und im Gegenzug den Besucher und Leser in Zeiten, die eben doch nicht vergangen sind, weil Bücher sie aufbewahren. Und sei es ein Schulbuch, mit dem gequält worden ist, ein Sprachbuch mit dem furchterregenden Titel *Deutsche Spracherziehung* aus dem Jahre 1952 von Fritz Rahn, leider nicht von Helmut Rahn, der 1954 in der 84. Minute das Siegtor zum 3:2 gegen Ungarn geschossen hat, als wir zum ersten Mal Weltmeister geworden sind, vielleicht die wichtigste Weltmeisterschaft, weil sich die deutsche Befindlichkeit, die ziemlich auf dem Hund war, ein wenig zu erholen hoffte. Von daher auch das berühmteste Tor der deutschen Fußballgeschichte: »Rahn schießt! – Toooooor! Tooooor! Tooooor! Tooooor!« So hallt es für alle Ewigkeit in deutschen Ohren. Das kann Fritz Rahn nicht von sich behaupten, höchstens in negativem Umkehrschluss, verursacht durch Lehrer, die eher Steißtrommler waren als Pädagogen und tatsächlich ihren Schülern solche Themen für Aufsätze aufzubrummen pflegten: »Wie ich einmal für eine Dummheit büßen mußte«, »Wie sich einer einmal beim Spielen die Hosen zerrissen hat«, »Wie einmal zwei Pferde einander bissen«, im Rahmen der »1. Übungsreihe, Aufsatzlehre, Die Erzählung«. Gefolgt von so unglaublich spannenden Sachberichten von der Sorte »Wie man einen Wecker aufzieht«. Zur Klarheit des Ausdrucks wird empfohlen, dass man daran denken sollte, wenn man schreibt, dass man für andere schreibt! Zum Beispiel wird der Beginn folgender Erzählung als unklar verworfen: »Wir sahen einen Birnbaum und beschlossen, uns ein paar unreife Birnen zu holen. Viele Birnen flogen auf das Nachbargrundstück.« Gelegenheiten zur Verbesserung bietet das Buch viele an, weniger was den Inhalt betrifft, denn dass man in Italien beraubt wird, entspricht gängigem deutschen Vorurteil, doch gilt diese Formulierung als korrekturbedürftig, was den Ausdruck betrifft: »Und dann wurde uns auch noch das Zelt brutal ausgestohlen.« Für dieses Buch darf man nichts zahlen im Antiquariat »Clerc Fremin«. Doch wird es auf das Sorgfältigste in schönes Packpapier eingewickelt, jedes einzeln, wie früher: »Da bin ich sehr aufdringlich!«, sagt Norbert Thaler. Die Liebe zu Büchern und Menschen teilt sich bis in die Verpackung mit.

Am Ausgang liegt ein Buch des Physikers und Philosophen Carl Friedrich von Weizsäcker, *Die Geschichte der Natur*, das ebenfalls noch erworben werden möchte. Oft kam er, der als Naturwissenschaftler sich mit einem Appell an die Christenheit wandte, Gerechtigkeit, Frieden und Schöpfung zu bewahren, herüber aus Söcking am Starnberger See, wo er über dreißig Jahre lang lebte, zum Hartschimmelhof gelaufen, hoch über dem Ammersee. Er war ein großer Wanderer. Beim Gehen entwickelte er viele seiner Theoreme und wusste genau, an welcher Stelle er welches Theorem aufgestellt hatte. In Kerschlach, dem ehemaligen Kloster, gibt ihm die Kirche St. Ulrich eine Erleuchtung nach der anderen ein. Auf dem Hartschimmelhof angekommen, pflegte er seine Siesta auf einem Sofa einzulegen. Zeigte man ihm eine Schlüsselblume, wie schön die doch sei, war er freilich weniger angetan, so erzählt es Renate von Haushofer. Die Wirklichkeit macht für ihn doch nicht so viel her wie die Theorie. In ihr geht es um nichts weniger als um »die räumliche Struktur des Kosmos« mit schlappen drei Milliarden Lichtjahren als hypothetischen Radius, um die zeitliche mit fünfhundert Millionen Jahren, schließlich um die Unendlichkeit, die Sternsysteme, das Leben und die Seele. Er sucht nach einer Synthese, nach dem großen Überblick, um der Gefahr der Spezialisierung der Wissenschaften zu entgehen. Vom Menschen geht er aus, denn »erst wenn wir die Naturgeschichte bis zum Menschen fortführen, zeigt sich, daß wir nach uns selbst fragen, wenn wir nach der Natur fragen. Es zeigt sich aber auch, daß es sinnvoll ist, den Umweg über die Natur zu gehen, wenn die Fragen nach uns selbst uns bedrängen.« Vom Menschen weiß er, dass sein Wesen von dem Zug bestimmt ist, »der die Möglichkeit zu seiner größten Tugend und zugleich die Versuchung zu seinem größten Fehler enthält«. Wie kann man das in Einklang bringen? Leib und Seele hält Weizsäcker nicht für zwei Substanzen, sondern für eine: »Sie sind der Mensch, der sich selbst in verschiedener Weise kennenlernt.« Und dafür gibt es nicht einen, sondern mehrere Wege des Zugangs. Weizsäcker zieht zur Erläuterung den Vergleich mit Landkarten heran: »Im Mittelalter wußte man, daß man auf dem Karawanenweg über Persien ein Land namens Indien erreichen kann. Vasco da Gama fuhr ums Kap der Guten Hoffnung und kam in ein Land, das er Indien nannte. Er identifizierte es mit dem schon auf anderem Wege bekannten Lande, und mit Recht.« Dabei war »die Identifizierung [...] nicht selbstverständlich, sondern eine Erkenntnis. Kolumbus fuhr über den Atlantischen Ozean und fand ein Land, das er auch mit Indien identifizierte – mit Unrecht, denn er hatte Amerika entdeckt«. Man muss eben lernen, schlussfolgert von Weizsäcker, »den Karawanenweg nach Indien und den um Afrika herum in einer gemeinsamen Landkarte einzuzeichnen.« Gewiss ist es eine gute Methode, im Herumstreifen durch eine Landschaft eine gemeinsame Landkarte für Leib und Seele zu entwerfen.

Die *Geschichte der Natur* endet mit einem Zitat aus dem *Cherubinischen Wandersmann* des Angelus Silesius: »Freund, es ist auch genug. Im Fall du mehr willst lesen, / So geh und werde selbst die Schrift und selbst das Wesen.«

Die Außerirdischen in Raisting

Fotografen, die nach Raisting kommen, können sich gar nicht sattfotografieren an dem Motiv »Zwischen Barock und Hightech«: die riesigen weißen runden Antennenspiegel mitten in grünen Wiesen und das vergleichsweise winzige Kircherl daneben, dahinter, davor, je nach Kameraposition. Alle Sinne sind nach oben gerichtet, himmelwärts.

Dem Raistinger ist etwas Außerirdisches nichts Fremdes. Raisting war mit seinen riesigen Antennen, denen das, was wir Weltall nennen, in Rufweite nah ist, live mit dabei bei der ersten Mondlandung am 21. Juli 1969 um 02:56:20 UTC. Damit ist die Coordinated Universal Time gemeint, die koordinierte Weltzeit. Ein Raistinger liest, wenn er auf die Uhr schaut, praktisch im Normalfall diese koordinierte, mit anderen Worten überall gültige Weltzeit ab. Zählt ein Normalsterblicher im Sommer zwei Stunden dazu, dann hat er unsere altbekannte MEZ zur Hand, im Sommer die Mitteleuropäische Sommerzeit MESZ. Es war also fast fünf Uhr Morgens, als Neil Armstrong als erster Mensch den Mond im südwestlichen Teil des Meers der Ruhe betrat, unweit des Moltke-Kraters, und so gut wie gleichzeitig in Raisting unweit des Hohenpeißenbergs südlich vom Ammersee in einem Wiesenmeer der Ruhe. Und sagt: »That's one small step for man, one giant leap for mankind!«

Dem Raistinger ist jeder Schritt ein großer für die Menschheit, das kommt eben von den vielen Kontakten, die man außerhalb des Erdkreises pflegt. Deshalb wundert sich der Raistinger auch überhaupt nicht über Schlagzeilen wie diese: »Außerirdische am Ammersee gelandet?«, titelt die unabhängige überparteiliche Zeitung, die von uns fordert, dass wir uns eine Meinung bilden sollen, ungewohnt zweifelnd immerhin mit Fragezeichen versehen. Und auch die *Abendzeitung* kann sich der Sensation nicht verschließen: »Ein Kornkreis in Sichtweise des Radóms lässt Ufologen und Schaulustige an den Ammersee pilgern.«

Kontakt mit Welten außerhalb der Erde ist man in Raisting wie gesagt gewohnt. Ein Kornkreis bringt ihn noch lange nicht aus der Ruhe, das heißt, der Kornkreis nicht, aber die Massen von Menschen, für die ein Kornkreis genau die Offenbarung verheißt, die ihnen sonst fehlt, die schon. Die sind zwar auch ständig auf der Suche nach Ruhe, sind aber so voll innerer Unruhe, dass sie flugs jeden Ort, an dem sie sich Kraftquellen der Ruhe und Energie herbeiprophezeien, in gewaltige Unruhe versetzen. So auch Raisting. Erstes Anzeichen sind Lawinen von Autos, die alles und jeden zuparken und verstellen, der sonst viel Platz hat, in seinen kleinen Straßen, am Feldrain, auf Feldwegen.

Kaum von einem Ballonfahrer aus der Luft entdeckt, ein scheinbar oder auch tatsächlich asiatisch aussehendes Mandala in einem Kornkreis, und der Besitzer des Feldes mit dem Winterweizen, der Bauer Huttner, kann es sich auch nicht so recht erklären, dass innerhalb von den drei Stunden, in denen das gewesen sein muss, denn er war gerade noch auf dem Feld gewesen, und da war nichts, ehe auf einmal so ein Muster in seinem Feld entstanden ist. Außerirdische hält er für einen Quatsch, aber eine gewisse Bewunderung muss er neidlos schon hegen, wie schnell es da förmlich hineingezaubert worden ist, von Menschenhand, woran er keinen Zweifel hegt.

Aber er kann sie auch nicht aufhalten, die da alle jetzt angewalzt kommen, die Wünschelrutengänger und die Freunde der Außerirdischen, die genau gehört haben, dass sie zu uns sagen: »Wir sind da, wir lieben euch«, und was man sonst noch gern hätte, wenn einen halt sonst schon gar keiner liebt, was an sich ja auch wieder nicht so verwunderlich ist, wenn man gar so verstiegen spinnt.

Und die, die an so einem Ort tanzen müssen, kommen. Und die, die sich hinlegen müssen, auf den Boden, um so die Energie aufzusaugen, die eine Walze hineingewalzt hat. Und die, die zum Meditieren kommen müssen. Und die, die nur flüsternd zu fragen wagen: »Glaubst du, dass das von Menschen gemacht sein kann? In so kurzer Zeit?« Und bitter enttäuscht sind, wenn ihr Gegenüber platterweise sagt: »Ja!« Wer Energie sucht, der findet Energie, und wenn es im plattgewalzten Getreidefeld sein muss. Und da lässt man sich durch nichts und wieder nichts rausbringen. Auch wenn andere mit Trommeln anrücken. Trommeln: stört gar nicht. Und wieder andere, die ihre Kamera mithilfe einer Drohne über dem Geschehen kreisen lassen, die Drohne, die lautstark flattert über den Meditierenden, Kontemplierenden: stört gar nicht. Und die drei Witzbolde, die sich aus Silberpapier Helme mit Antennen gebastelt haben, um Kontakt mit den Außerirdischen aufzunehmen: stören ebenfalls nicht. Nicht einmal stören lassen sie sich von dem Kornkreisforscher Andreas Müller, der wissenschaftlich jedem Kornkreis auf den Leib rückt mit der Detailbetrachtung des Feldes, der Analyse der Pflanzen und der Bodenproben im Labor und zu dem Schluss kommt: keine Außerirdischen in dem Fall. Obgleich er wirklich offen bleibt für das »echte Phänomen«: »Wir Forscher können ein echtes Phänomen interdisziplinär nachweisen – wissen aber zugegeben noch nicht, was dieses Phänomen ist und woher es kommt, was es soll. Einige vermuten dahinter Außerirdische. Ich selbst habe in 22 Jahren Feldforschung noch keine Beweise dafür gefunden. Bis auf Weiteres bleibe ich also offen. Auch diese Ungewissheit macht einen Teil der Faszination Kornkreise aus.«

Punktgenau, aber so was von akkurat pünktlich zum Sommerloch zeitlich platziert, als wüssten auch Außerirdische genau Bescheid über das jahres- und urlaubszeitlich bedingte Sommerloch für Nachrichten und ihre Schlagzeilen, kommen die Außerirdischen nach Raisting und hinterlassen Zeichen in der Landschaft. Raisting war kaum zu verfehlen, musste die gewaltige Antennenanlage, die Raisting mit dem Äther verbindet, doch vermutlich den Außerirdischen eine Art Leitstrahl vorgeben, dem sie nur zu folgen brauchen. Pünktlich also ins Sommerloch der nachrichtenarmen Zeit steuern sie das wohlbekannte Raisting an und sorgen für Gurkennachschub in der Saure-Gurken-Zeit. Andere saure Gurken sind an einem vierten September »die häufigsten Sex-Ausreden«, die stets rasant wiederkehrende Frage, ob der jeweils neue Trainer des TSV 1860 München gleich schon wieder vor dem Aus steht, und dass die Tierschützer ebenfalls schon wieder Grund zur Trauer haben, weil nicht ein Hund einen Mann gebissen, sondern ein Mann einem Hund einen Tritt verpasst hat.

Die Gurke spielt in der Gegend ohnehin eine nicht ganz unwesentliche Rolle, seit man zum Beispiel auf dem Gut Rösslberg parapsychologische Experimente zur Dematerialisierung von Gurken durchführte. Auch ist in der Bevölkerung seit jeher eine gewisse Bereitschaft vorhanden, Vorgängen, die man für nicht erklärbar hält, Glauben zu schenken: als unerklärliche Phänomene, über die man nur per Geheimwissen verfügen kann. Und natürlich verfügt man.

Für die größte Gurke ist in diesen Zeiten, möglicherweise sogar aller Zeiten, immer ein ehemaliger Stadtrat gut, der ehemalige Münchner Stadtrat Bernhard Fricke, der auch schon mal mit seiner Ziege im Baum übernachtet, oder vielleicht hat er auch ohne Ziege in dem Baum übernachtet, welcher zugunsten der geplanten Schrannenhalle am Münchner Viktualienmarkt aus dem Weg geräumt werden sollte. Nein, es handelt sich nicht um eine Ziege, sein Schaf ist es, das überall mit von der Partie ist, »Seraphina« mit Namen, also praktisch »Engel«, weiblicher Engel. Seraphina lebte zunächst mit Windeln ausgestattet in einer Wohnung in der Münchner Lindwurmstraße und sorgte bei den Kontrolleuren des Verkehrsverbundes für Verwirrung: »Ist Ihr Schaf ein Hund oder eine Katze?« Eine andere Logik hat ein Kontrolleur nicht, es ist die Logik von Computern, die auch nur die Wahl haben zwischen eins und null, also im Prinzip, im Grundprinzip. Solchen Prinzipien verweigert sich Stadtrat Fricke aus Prinzip, Seraphina auch. Im Zweifelsfall geht sie als Katze durch, denn eine Katze zahlt nichts im Münchner Verkehrsverbund, ein Hund schon. Im Zweifelsfall frisst sie dem Reporter das Mikrofon weg und schifft dem Oberbürgermeister in sein Büro im Rathaus. Also der ehemalige Stadtrat Bernhard Fricke steht sofort und sogleich und unverzüglich in Raisting, nein, nicht auf der Matte, aber im Kornfeld schon. »Frei von Vorurteilen« will er sich »ein eigenes Bild von diesem besonderen Phänomen machen«. Er meditiert, ohne Schuhe, wie nur wiederum die *Münchner Abendzeitung* weiß, welche die Meditation des ehemaligen Stadtrats Fricke als »tiefe Meditation« ausweist, und kommt frei von Vorurteilen zu folgendem erschütternden Ergebnis: »Nach jedem menschlichen Ermessen ist es auszuschließen, dass dieser Kornkreis in der zur Verfügung stehenden Zeit und mit den bekannten landwirtschaftlichen Gerätschaften von menschlicher Hand geschaffen worden ist.« Und nachdem »jedes menschliche Ermessen« aus Sicht des ehemaligen Stadtrats Fricke mit seinem eigenen menschlichen Ermessen, also dem menschlichen Ermessen des ehemaligen Stadtrats Fricke, vollkommen identisch ist, im Verhältnis von eins zu eins, ist es nun einmal so, woraus denk- oder auch frickenotwendig folgt, dass es sich um Aliens handelt, die in Raisting gelandet sind, und zwar vor allem deshalb, weil sie Ministerpräsident Seehofer sprechen wollen.

Gegenwart und Wirklichkeit können da nur störend wirken, etwa eine Dorfbewohnerin, die schlicht und einfach sagt: »Ich habe die Walze gesehen!« So einfach ist das. Sie hat auch ein sehr einfaches Verhältnis zum Tod, um das all diese Esoteriker so verzweifelt ringen, was merkwürdig ist, wo sie doch so ein entspanntes Verhältnis zu der anderen Welt pflegen. Die Dorfbewohnerin, welche die Walze gesehen hat, stellt sich den Tod wie einen Liebhaber vor, der sie empfängt und in die Arme nimmt.

In Raisting gibt es auch ein Gewerbegebiet. Im Gewerbegebiet Raisting liegt Ibiza. »Ibiza« ist in dem Fall, was man ein Lokal nennt. Vielleicht erinnert es jemand, der noch nie in Ibiza war, an Ibiza. Die Außerirdischen haben

Raisting natürlich schon längst wieder verlassen, auch der Kornkreis ist nicht mehr zu sehen. Aber wer schon lange keine Störche mehr gesehen hat, für den ist allein das schon ein Grund, Raisting zu besuchen; manchmal ist auch der seltene Schwarzstorch dabei, ciconia nigra; man braucht ihn aber nicht gleich der Ornithologischen Gesellschaft als Fund zu melden: Manfred Siering, der Vorsitzende, kennt ihn persönlich.

AMMERMOOS

Der Biber: ein Vegetarier in Holzfällerkreisen

Vom Süden her tritt die Ammer in das Gebiet des Sees ein. Den Eintritt von Menschen wehrt der Naturschutz mit einem strikten Betretungsverbot von März bis Ende August ab. Es ist wegen der Vögel vor allem, aber es wachsen auch wilde Orchideen da, und die leuchtend blaue Sibirische Schwertlilie.

Und da ist auf einmal der … ja, was ist denn das? Das ist doch ein, der Dings, ja, das gibt's ja gar nicht, aber das ist doch ein Biber? Ja, was ist jetzt das? Der ist doch ausgestorben, ausgerottet, längst, im neunzehnten Jahrhundert schon, 1867 der letzte seiner Art in Bayern, genau. Ausgerottet wie Wolf, Luchs, Fischotter, Wildkatze und Bär auch. Fast genau hundert Jahre später wurden erste Biber wieder in die Freiheit entlassen. Und jetzt ist er wieder da. Geschätzt gibt es vierzehntausend Exemplare in Bayern.

Und fett ist der! Das reine Wirtschaftswunder! Ein Ende der Fresswelle nicht in Sicht! Bäume nagt der an wie der Weltmeister! Einfach so, denkt man, wo weit und breit kein Damm zu sehen ist, und auch das nächste Gewässer ist ein Stück weit entfernt. Aber so »einfach so« ist das gar nicht, das ist seine Nahrung, also die Rinde, der Rest interessiert ihn nicht, der Rest ist halt der Baum, kann man nichts machen, aus Bibersicht. Den Baum kann man vergessen und der Baum sich selbst auch.

Natürlich baut er auch Dämme. Selbst einem Naturschützer ist es schon passiert, dass er einbricht in so eine unterirdische Höhle, die auch der Biber baut. Eine besonders kuriose Situation dann, wenn der Naturschützer gerade beim Kartieren ist, zum Beispiel wie viele Biber auf einem Planquadrat vorzufinden sind. Und worin der Kartierer mit einem Mal zum Stehen gekommen ist, das ist ja eigentlich seine Wohnung, des Bibers Wohnung. Den Damm baut er unter anderem deshalb, damit der Eingang zu seiner Behausung für alles, was nicht schwimmen kann, unzugänglich ist, sozusagen nichts als ein erweiterter Eingangsbereich, so ein aufgestauter kleiner See vor der Eingangspforte; das soll mal ein Architekt hinkriegen. Achtzig Zentimeter Wassertiefe sind das Mindeste. Und natürlich baut er auch Dämme, weil er wahnsinnig gern schwimmt.

»Er ist an und für sich gehfaul«, sagt die Biberbeauftragte vom Landratsamt, »er schwimmt einfach lieber, drum staut er.« Manche Erklärungen sind sehr einfach. Es gibt tatsächlich Behörden, die Auskünfte erteilen, die der Bürger verstehen kann, also verbal verstehen und sogar auch innerlich.

»Der Biber ist ein Wildtier«, konstatiert die Behörde, und damit stellt eine deutsche Behörde in aller Schlicht- und Ergriffenheit fest, dass ein Biber etwas bemerkenswert Undeutsches an sich hat. »Es gibt solche, und es gibt solche«, unterteilt die Behörde und meint damit sowohl Biber wie auch Menschen, die sich über den Biber nicht freuen. Der bescheidene Biber nimmt sich vielleicht bloß einen Weiher, ein anderer aber nimmt sich die Freiheit von zwei oder drei Kilometern. Und der fragt nicht, wem der Baum gehört, er fragt nach der Rinde, wo er die haben kann, das heißt, nicht einmal danach fragt er. Und wenn das die Rinde von Bäumen aus dem alten Obstgarten einer mindestens ebenso älteren Dame ist, dann gehört diese sonst vielleicht recht friedfertige ältere Dame zu jenen Anrufern im Landratsamt, welche die Mitarbeiterin als »hoch aufgebracht« bezeichnet. Sie hat aber vollstes Verständnis für solche Anrufer. »Der Biber richtet Schaden an oder Nutzen, je nachdem, welchen Lebensraum er nutzt«, sagt sie, und es ist für sie vollkommen verständlich, wenn jemand in seinem Besitzstand geschmälert ist, dass er sich beschwert. Der Biber nimmt ja keine Beschwerden entgegen, er lässt sich ohnehin kaum blicken. Bloß seine Spuren, die er hinterlässt, die sind unübersehbar. Die Bäume, die er für seinen Dammbau fällt, sehen aus, wie Comiczeichner Baumstämme zeichnen, die vom Biber benagt sind: wie im Bleistiftspitzer zugespitzt. Man muss direkt lachen, wenn man das sieht, weil einem dann vielleicht der entsprechende Comic dazu einfällt, also wenn er einem dazu einfällt. Manche können, wie gesagt, nicht lachen. »Sie wissen nicht, wie man mit dem Tier umgeht«, sagt die Biberschadensbeauftragte.

Land- und Forstwirte können auf Schadenersatz klagen beim Staat; irgendwer muss ja schuld sein an dem Biber, wenn es schon der Biber nicht selbst ist, der schuld sein will. Traktoren brechen leider allerdings tatsächlich ein, wenn sie schwer geworden sind oder eben so schwer sind, wie sie sind, in so unterirdische Biberwohnanlagen. Sieht man ja von oben nicht, also wenn man nicht die nähere Umgebung im Auge hat. Dann kommt ein Sachverständiger zu dem Biberschaden und schätzt den Schaden. Dann kann der Geschädigte einen Antrag stellen zum Ausgleich dieses Schadens. Dann zahlt am Jahresende das Umweltministerium eine bestimmte Erstattungssumme aus.

Was anderes ist es natürlich, wenn der Biber ein Triebwerk verstopft oder ein Abwasserrohr, weil der Biber verstopft alles, was man verstopfen kann als Biber. Wie gesagt, er macht das, weil er wahnsinnig gern schwimmt, da ist er »völlig leidenschaftslos«, sagt die Biberbeauftragte; Hauptsache, er kann etwas so verstopfen, dass sich das Wasser staut. Er ist so dermaßen gehfaul, dass er nicht zu faul ist, doch beträchtliche Anstrengungen zu unternehmen, um einen Damm zu errichten oder Wasser sonst wie zu stauen, dass er sich an die Arbeit macht, ehe er überlegt, ob er die Strecke zu Fuß vielleicht auch gehen könnte. So ist er nun mal, der Biber. Amphibien, Libellen und Fische freuen sich mit ihm, weil mit den Dämmen und dem angestauten Wasser eine ganz andere Landschaft entsteht, regelrechte Auenlandschaften mit Tümpeln und mit Teichen und Wiesen, die unter Wasser stehen, und das Wasser fließt langsamer im Bach und im Fluss, und das Wasser wird sauberer, weil die Dämme Schwebstoffe zurückhalten, also so was von nützlich ist so ein Biber! Manchmal ist auch der Mensch nicht nur Unmensch und baut den Fischen eine Fischaufstiegshilfe, wenn ein E-Werk den Fischen den Weiterzug wehrt, aber der Biber macht das mit links und so nebenbei – auch ohne die Fischaufstiegshilfe mit einer Hinweistafel zu versehen, auf der steht: »Fischaufstiegshilfe«.

Die Dämme sind absolut genial angelegt, in der Mitte der Dammkrone mit kleinem Durchlass, gerade so viel Durchlass, dass so viel Wasser durchgelassen wird, dass der Damm dadurch stabiler wird, weil der Druck auf den Damm niedriger ist. Darauf musst du erst einmal kommen. Der schmale Durchlass ist also nicht dafür da, dass der Biber da Forellen bequem abfischen kann, wie mancher Schlaumeier meint, er frisst keine Fische, er ist kein Bär, der Bär kommt auch noch irgendwann, irgendwann kommt auch der Bär wieder zurück zu uns, einer war schon da, ein Problembär natürlich, prompt, unter den Bibern gibt es allerdings auch Problembiber, aber prinzipiell ist der Biber ein Vegetarier, was eher selten ist in Holzfällerkreisen.

So sehr die Menschen in diesem Gebiet ausgeschlossen sind für längere Zeiten im Jahr, so sehr werken die Tiere hier – wie es scheint, ganz besonders diejenigen Tiersorten, die für den Menschen so besonders auffällig ihrer Tätigkeit nachgehen wie zum Beispiel die Ameisen mit ihren Pyramiden, die sie errichten, oder die Maulwürfe mit ganzen Pagodenserien ihrer Hügel und der Specht, der lautstark hämmert, sozusagen die Arbeiterklasse unter den Tieren.

Eine solche auffällige Häufung lockt natürlich diejenigen Forscher unter den Menschen an, die besonders am Verhalten von Tieren interessiert sind. Schier grenzenlos ist ihr Einfallsreichtum, um den Tieren dabei auf irgendwelche Schlichen zu kommen: etwa neben einem Biberdamm einen Kassettenrekorder aufzustellen, der nichts als das Geräusch eines rauschenden Wassers von sich gibt. Da dauert es nicht lange, bis der Biber zur Stelle ist, etwas ungehalten, wie es scheint. Ganz offensichtlich plagt ihn der Gedanke, dass sein Damm an irgendeiner Stelle undicht sein könnte, weshalb das Wasser so laut rauscht. Selbst der Biber erliegt der digitalen Welt.

Da will schon ein besonders schwerer Ast angeschleppt und auf die lecke Stelle geworfen werden: in dem Fall auf den Kassettenrekorder mit der Wasserrauschen-Kassette. »Wer ma glei ham«, hat der Biber sich gedacht und klopft sich in die Schwimmhäute seiner Pfötchen. Verhaltensforscher sind immer begeistert, wenn am Schluss etwas kaputtgegangen ist, das ist dann »verhaltensrelevant«, und sie klopfen sich vor Vergnügen in die Innenseite ihrer Handflächen.

Gern erzählt man sich in solchen Kreisen solche Geschichten, von denen man nicht immer weiß, ob es Legenden sind oder ob sie wirklich wahre Begebenheiten wiedergeben. Eine dieser Geschichten bezieht sich auf einen Weiher, den Naturschützer gekauft haben, um ihn zu schützen, aber sie hätten die Fläche zum Schutz der Natur gerne noch erweitert, hatten aber nicht so viel Geld, um sie den Bauern abzukaufen, welche die Fläche als Felder landwirtschaftlich nutzen wollen. Sie hatten eine unglaublich gute Idee: Biber könnten den Zufluss zu dem kleinen See mit ein paar Stämmen sauber stauen. Das würde die Felder unter Wasser setzen, was sie für die Landwirtschaft nutzlos macht.

Aber woher einen Biber nehmen und nicht stehlen? Stehlen geht sowieso nicht, also einen Biber stehlen. Aber man kennt vielleicht einen Biberbeauftragten, dem in seiner Region vielleicht eine gewisse Überpopulation an Bibern zum Problem wird. Oder der gar Problembiber in seinem Revier hat. Es ist nicht einfach, aber man kann es, also Biber fangen. Und dann von dieser Gegend in eine andere transferieren, in einer Nacht- und Nebelaktion; darf man natürlich nicht, deshalb in einer Nacht- und Nebelaktion. Und dann den Biber wieder freilassen, in der Nähe des Weihers, wo man ihn braucht – natürlich nicht einen Biber, sondern ein Pärchen, sonst wird das nichts. Und was man sich wünscht, erfüllt einem die Natur, manchmal, in dem Fall die beiden Biber. Ziemlich unverzüglich machen sie sich an den Bau eines Damms: fehlt ja weit und breit hier! Und das angestaute Wasser setzt die umliegenden Felder unter Wasser. Und dann hat man den Bauern den landwirtschaftlich nutzlos gewordenen Grund abgekauft, »ziemlich günstig natürlich«.

Natürlich spielt so eine Geschichte nicht in Bayern, kann sie gar nicht, unmöglich, nicht einmal in Deutschland. Wir leben ja nicht in einer Bananenrepublik. Vielleicht eher in Österreich. Ja, in Österreich vielleicht. Aber das ist mehr so eine Art von Monarchie. Da ist der Biber König. Sagt man, erzählt man sich so. Eine Art von Jägerlatein vermutlich. Sagenhafte Geschichten! Zum Beispiel so eine andere, dass der Naturschutzbeauftragte grinsend erzählt, wie ein Biber schmeckt. Den er mit dem Biberbeauftragten auf den Grill legt. »Fett« ist er halt, »so ein Biber«, erzählt er, und der Schalk blitzt ihm aus allen Winkeln seiner Augäpfel. Wer glaubt denn so was? Dass sich der Naturschutzbeauftragte mit dem Biberbeauftragten einen Biber auf den Grill legt?

Exot Trauerschwan

Wenn man sich nicht nur auf das eigene Auge plus Fernglas und Bestimmungsbuch verlassen möchte, sondern Genaueres über die Vogelwelt am Ammersee wissen will, sollte man sich natürlich schon am besten an die Ornithologische Gesellschaft wenden. Ihr Datenumfang allein für das Jahr 2013 beträgt 11 793 im Computer gespeicherte Einzeldaten gemeldet von 156 Beobachtern. Beide Zahlen seien, so vermeldet es die abkürzungsmäßig OG genannte Ornithologische Gesellschaft erfreut, so hoch wie noch nie.

Freilich sind für dieses Jahr auch das Wetter und seine fatalen Auswirkungen auf die Vogelwelt zu vermelden: »Von Dezember bis März wurde seit 1951 noch nie so wenig Sonnenschein registriert. Fast im gesamten Januar und Februar lag eine geschlossene Schneedecke. Es folgte der kälteste März seit 25 Jahren mit einem Wintereinbruch von Ende März / Anfang April, der einen riesigen

Zugstau bei den ziehenden Singvögeln und auch Verluste verursachte. Auf den Wiesen sammelten sich große Scharen von Drosseln (Sing-, Mistel-, Wacholderdrosseln), Wiesenpiepern und anderen, auf kurzen Uferabschnitten an den schneefreien Spülsäumen, z. B. in Aidenried, versuchten Zilpzalpe, Bachstelzen, Hausrotschwänze, Rotkehlchen und weitere Arten Nahrung zu finden. Zilpzalpe und Hausrotschwänze pickten im Schwirrflug Insekten von der Wasseroberfläche (z. B. der Ammer) auf. Aber es kam noch ein weiteres Unheil: Ende Mai begann ein Dauerregen (vom 26.05. bis 03.06.), der am 02.06 die Ammer von normal 40 cm auf 385 cm ansteigen ließ und am 04.06. den Seepegel um 123 cm auf 274 cm. Unser Brutfloß im BS wurde durch den Auftrieb beim Anstieg des Wasserspiegels und durch die einströmende Ammer aus der Verankerung gerissen und etwa 100 m abgetrieben. Ammerwiesen zwischen Alter Ammer und Neuer Ammer und Raistinger Wiesen standen unter Wasser.«

Immer gibt es Trauriges zu berichten: »Der Regen war mit einer Kältewelle verbunden. Außer einem Jungen waren bei uns ab 02.06. alle Jungstörche tot, und es gab keinen Bruterfolg bei Kiebitz und Brachvogel. Einige Arten versuchten, nach Rückgang des Wassers Nachbruten zu machen.«

Und Erfreuliches, dazu gehören vor allem die »Erstnachweise: Drei Arten wurden erstmals für unser Gebiet nachgewiesen, alle bei Zugplanbeobachtungen. Zeitlich zuerst zog am 6.09. ein Zwergadler der dunklen Morphe über die Südostmoränen. 2 wbf. Bindenkreuzschnäbel zogen am 02.10. über den Höhenberg und gleich danach sogar 3 Ind. (1 rot, 2 grün) am 10.10. über die Südostmoränen. Am 18.10. zog und rastete, ebenfalls an den Südostmoränen, 1 Kiefernkreuzschnabel. Im Ammersee-Gebiet sind damit jetzt 328 Arten nachgewiesen + 28 ›Exoten‹, wie z. B. Trauerschwan.«

Auch einige sehr seltene Arten werden vermeldet, »und zwar Schelladler, Falkenraubmöwe, Spatelraubmöwe, Lachseeschwalbe, Ziegenmelker, Ohrenlerche, Felsenschwalbe, Gelbbrauenlaubsänger, Mariskenrohrsänger, Spornpieper, Spornammer und Schneeammer«. Dabei geht es der Ornithologischen Gesellschaft nicht nur um die seltenen Vogelarten, auch der Buchfink wird nicht vernachlässigt, und das bei einem ›Massenzug‹, der in der Summe 89.306 Individuen ergab, mit dem besten Zugtag am 10.10. mit 65.440 Individuen, was ein neues Gebietsmaximum darstellt.«

Hans Traxler, legendärer Zeichner und Texter aus den Satiremagazinen *Pardon* und *Titanic* und Mitbegründer der Künstlergruppe »Neue Frankfurter Schule«, verbringt in einem vierhundert Jahre alten Bauernhaus am Ammersee gern seine Sommer, er schwimmt und zeichnet, zum Beispiel I*ch, Gott* *und die Welt, neue Bildergedichte.* Es geht darin um Katzen und Päpste, Banker und Bauchtänzerinnen, Künstler und Bischöfe und eben um Gott und die Welt. Für Heribert Prantl von der *Süddeutschen Zeitung* ist Traxler »der malerischste und feinsinnigste deutsche Satiriker«.

Skizzen vom Ammersee hängen am Eingang vom Orff-Museum in Dießen, ein Poster, das kleine Zeichnungen von Hans Traxler zeigt, wie hingetuscht so fein, nur eben sanft aquarelliert, lauter winzige Ausschnitte vom Ammersee und dem Leben um ihn herum, so überstark idyllisiert, dass man es nur mit dem Gewürz der Satire überhaupt erträgt. Ganz harmlos beginnt die Sentenz mit »Dörfer wie in alten Zeiten« und »Pilger, die durch Wiesen schreiten«. Dießen in der ersten Zeichnung, das erscheint noch ganz dörflich in seiner Idylle, durch nichts und niemand zu stören. Eine Rauchsäule steigt auf von einem einzelnen Kamin, verbindet Dorf, See und die Berge im Hintergrund. In dem Pilgerzug, den es bei scharfer Brise zum Heiligen Berg zieht, erkennt, wer je einst die Satirezeitschrift *Pardon* gelesen hat, den Traxler wieder, der mit seinen komisch grotesken Figuren immer auch uns selbst mit sich trug, in unserem Komisch-Sein. In diesem Bogen pendelt das so hin und her, zwischen eben der Idylle des Eingangsbildes, die aber nie behaglich wird, weil man einfach nicht das Gefühl losbekommt, dass da etwas nicht stimmt, und dieser altbekannten Komik, die sich auf dem See fortsetzt: »Dampfer, die an Stegen landen« natürlich »An den Masten Lichtgirlanden«, aber dann wird es schon etwas schiefgründiger: »Alpenblicke, schönheitstrunken« werden kombiniert mit »Kröten, die im Schilfgras unken«. Es folgen »Satte Schweine, volle Scheunen« auf die sich Frauen reimen, »die auf Stegen träumen« – nein, »bräunen«. Zecken, die so groß sind, dass sie den halben Rücken eines Badenden bedecken und infolgedessen »in Leiber beißen«, sowie »Mücken, die um Paare kreisen«, machen den Anrainern das Leben schwer, doch sie alle sagen nur »dies«: »Mensch, du bist im Paradies!«

So bedichtet ein Dichtermaler, welcher jener Neuen Frankfurter Schule angehört, die jahrzehntelang in unserer Republik die Deutschen permanent zum Lachen brachte, deren Humor auf der Erkenntnis beruht, dass es doch sehr zweifelhaft bleibt, ob der Sinn wirklich nicht selbst ziemlich sinnlos ist, weshalb einem nicht viel anderes übrig bleibt – als der Humor.

Ein geniales Denkmal hat Traxler für seine Heimatstadt Frankfurt am Main geschaffen, das »ICH-Denkmal«. Ein veritables Denkmal, von gepflasterten Pfaden umrundet, nicht pompös, aber wuchtig, aus Stein geschaffen, mit drei goldenen Buchstaben beschriftet: ICH. Drei Treppenstufen führen auf den Sockel, der Sockel ist leer – das Ich ein Nichts? Oder zu füllen, individuell von jedem, der sich draufstellt. Traxler gibt auf einer Tafel Anregungen für mögliche Posituren, jeder Mensch wird sich selbst zum Denkmal.

Auf der Schautafel steht:

»Jeder Mensch ist einzigartig.
Das gilt natürlich auch für alle Tiere.
Halten Sie es fest für immer. Hier.«

Die Mitte des Sees

Die kleine Welt am Ammersee

Dann schaufelt sich wieder die »Diessen« vorüber, als könnte eben auch der Ammersee tatsächlich ein Mississippi sein. Nur dass es hinten am Heck weiß-blau herausfahndelt. Und auch der Schornstein ist weiß-blau. Und wenn man das Motorengeräusch nicht mehr hört, zieht der ehrwürdige Dampfer ruhig über den See, wie an einer Schnur gezogen, Kurs auf Marienmünster am Mississippi am anderen Ufer. Mark Twain hat den Mississippi in den Fluss der Weltliteratur eingefügt, ein Mann, dessen Pseudonym wörtlich übersetzt »zwei Faden tief« bedeutet; kaum lässt sich ein genialeres Pseudonym für den Verfasser von *The Adventures of Tom Sawyer* und *The Adventures of Huckleberry Finn* vorstellen. Bei ihm bekommt der Fluss die Weite des Ozeans, und in der Weite des Ozeans ist alles mit eingeschlossen, was den Menschen hineingeschossen ist, an Tiefen, Untiefen und Abgründen, und was sonst alles zur Gefährdung beitragen kann, zur allgemeinen wie zur persönlichen.

Die kleine Welt am Ammersee ist nichts weniger als die große Welt im Ganzen.

Vom Bau der Sätze und der Stege

Der Freistaat Bayern besitzt eine der schönsten Verfassungen der Welt, vielleicht ist die bayerische Verfassung die schönste der Welt überhaupt; im Übrigen auch als poetischer Text, was man weiß Gott nicht von vielen Verfassungen dieser Welt behaupten kann, weil Juristen nur in den seltensten Fällen eine Neigung zur Poesie in sich verspüren, in den allerseltensten. Einer der allerschönsten Artikel dieser schönen Verfassung ist jener mit der Nummer 141, vor allem in seinem dritten Absatz: »Der Genuß der Naturschönheiten und die Erholung in der freien Natur, insbesondere das Betreten von Wald und Bergweide, das Befahren der Gewässer und die Aneignung wildwachsender Waldfrüchte in ortsüblichem Umfang ist jedermann gestattet.« Sollten diesen urwüchsigen Freiheitsrechten gegenüber private Einwendungen geltend gemacht werden, ist die Exekutive gefordert: »Staat und Gemeinden sind berechtigt und verpflichtet, der Allgemeinheit die Zugänge zu Bergen, Seen und Flüssen und sonstigen landschaftlichen Schönheiten freizuhalten und allenfalls durch Einschränkungen des Eigentumsrechtes freizumachen sowie Wanderwege und Erholungsparks anzulegen.«

Das bedeutet nichts anderes, als dass jedem bayerischen Staatsbürger, dem es in den weiten Gefilden des Kulturstaats Bayern zu eng werden sollte, die Natur in aller Offenheit vor den Füßen zu liegen hat: jedem Bayerischen, ja sogar jedem Nichtbayerischen der freie Zugang zu praktisch allem also das muss man sich mal vorstellen! Zumindest laut Verfassung. Wenn die Seeufer in Privatbesitz sind, kann man natürlich nicht an den See, das ist ja klar. Wer es trotzdem versucht, muss Kommunist sein – oder wenn es kaum noch Kommunisten gibt, Schlimmeres.

Anders als am Starnberger See, dessen Ufer fast durchweg bebaut und in privater Hand ist, kann es am Ammersee passieren, dass man einem Pfad am Ufer folgt, sehr unversehens dann aber doch eine kleine Tischgemeinschaft aufstöbert, die da Brotzeit macht und Bier trinkt – allem Anschein nach nicht zu einem mehr oder weniger improvisierten Picknick; man sitzt auf Bänken, deren Pfosten in den Boden gerammt sind, ebenso wie der Tisch, auf dem sehr irden Teller und Krüge stehen. »Entschuldigung«, erkundigt man sich höflichkeitshalber, »ist das hier privat?« »Ja«, bekommt man zur Antwort, die weder erschrocken noch abwehrend klingt, im Gegenteil: »Wollen'S auch a Bier?« Das ist nie falsch, jedoch gewiss eher selten, dass man als Einbrecher auch noch ein Bier hingestellt bekommt. Und etwas über die Lebensgewohnheiten der Menschen erfährt, die hier leben. Und wie sie denken. Und wie sie sprechen. Dass sie dies gemeinhin langsamer tun, als dies bei Festlandbewohnern der Fall ist, meint man von Anrainern der großen Weltmeere zu kennen, aber dass dies auch hier schon so ist, überrascht ein wenig. Es sind weniger die großen Wogen, die ans Ufer schlagen, als vielmehr das Grundwasser, das stetig Einlass begehrt bei den Menschen, und diese Nähe des Wassers ist es, die ihr Denken prägt, überraschend bis in die grammatische Struktur ihrer Sätze hinein, die sie nach und nach konstruieren, als wäre jeder Satz eine Weltpremiere: »Durch das, dass wir hier auch einen Hang haben, und wenn dann das Wasser, sagen wir mal, von oben kommt, weil wir haben ja auch das Grundwasser, dann steigt das, wie soll ich sagen? Also, das Wasser steigt auch im Keller, nicht wahr, bei uns drunt!« Bei manchen Sätzen hat man das Gefühl, so, genau so würden die Menschen seit Jahrtausenden Pfahlbauten errichten. Erst wollen die Pfosten in den Seeboden gerammt sein, auf eine Weise, dass weitere Baulichkeit ihren Halt findet, sozusagen die grammatikalische Grundstruktur eines Satzes oder Steges, in den dann die Satzteile und Planken eingefügt werden, damit es einen Sinn ergibt – so wie das Stelzenhaus, das am Ufer steht, damit man, weil »wir sehen ja den See überhaupt nicht, wegen dem ganzen Schilf« –, und die Pfosten mit Querbalken verbunden werden, auf die wiederum die Bretter verlegt werden können, bis schließlich zum Dach hinauf das Holz reicht. Manchmal geht es auch aus, das Holz. So entsteht langsam die Geschichte des Hochwassers auf diesem Anwesen am See, »denn der, also wenn der ein Hochwasser kriegt, dann geht das ganz schnell, weil dann druckt des Wasser, des wo von oben kommt, also von unten in dem Keller, zamtrifft wie mit dem vom See: mei, wie des dann rauscht! Da rauscht die Ammer und rauscht, denn der See, der wo eigentlich von Haus aus ein Fluss ist, wird dann wieder endgültig zum Fluss.«

Es ist viel Vergangenes in so einem See, fest verborgen in seinem Inneren, das Leben, das vergangen ist und das neu geboren wird, in jedem Moment. Im Übrigen reicht die Geschichte bayerischer Verfassung und demokratischer Organisation noch viel weiter zurück, bis zur Sendlinger Bauernschlacht an Weihnachten 1705, die nicht nur als »Zusammenbruch des bayerischen Volksaufstands« in die Geschichte des Landes eingeht, sondern auch als Geburtsstunde eines frühen Parlamentarismus, unter anderem in Burghausen, und ausgerechnet auch in Braunau, Adolf Hitlers Geburtsort. Die Geburtsstunde demokratischer Verfassungsgeschichte kann insofern getrost von Paris nach Oberbayern verlegt werden, die Namen Robespierre, Marat und Danton können durch die Namen Plinganser, Aberle und Meindl ersetzt werden – oder sagen wir, zumindest ergänzt. Noch immer gilt in diesem Land: »G'wunna hat z'letzt nur unseroans« – fragt sich halt nur, wie.

Hüter der Boote

Am Ufer ruhen auch die Boote, die Boote mit Segeln, die Boote mit Rudern, sie liegen da in all ihren Individualitäten, mit Namen versehen, meist kieloben und meist auch betreut von einem Menschen, dem man die Boote anvertraut, dem Sepp zum Beispiel. Hüter der Boote, als wären die Boote Schafe, und ihre Herde bedürfe eines Hüters. Der Sepp war früher Kirchenmaler. Dann hätte ihn beinahe der Krebs aufgefressen von den Farben, beinahe. Der Professor, der ihn behandelt hat, erzählt der Sepp, hat drei Nächte lang, damit er es übersteht, gebetet, für ihn, den Sepp, weil allein mit der Medizin, mit der Medizin allein war nichts mehr zu machen. Und ihm, dem Sepp, ist das Wasser nur so aus dem Körper gequollen, erzählt der Sepp. Das ist, wie wenn bei uns am Ufer das Grundwasser steigt und der See zugleich, aber irgendwann war das Gift auch ausgeschieden. Das Gift gegen den Krebs, den er von dem Gift aus den Farben hat. »Ja, Sepp, so ist das«, hat der Professor gesagt, »jetzt kannst du hundert Jahre alt werden!« Aber das reicht dem Sepp nicht: »Hundert? Was ist schon hundert?« Das ist er ja bald! Er will hundertzwanzig werden und viele junge Frauen haben. »Das wird sich vielleicht nicht mehr ganz machen lassen«, antwortet der Professor, aber der Sepp glaubt das schon.

Der Sepp malt jetzt keine Kirchen mehr aus, er gibt jetzt auf die Boote Obacht, die am Ufer liegen. Und weil er sich diese Aufgabe nun einmal gestellt hat, schaut er vorbei, wenn man sich am Ufer hinsetzt und auf den See schaut. Aber der Sepp ist überhaupt so ein Typ, der sich zu einem setzt, wenn man wo sitzt. Oder wenn er wo sitzt, kommt einer vorbei.

»Suchst du was Bestimmtes?«, fragt der Sepp einen Müßiggänger, der gleich-

wohl damit beschäftigt scheint, seinem Gang einen bestimmten Sinn oder Zweck zu unterlegen.

»Ja«, antwortet der Gefragte. Nicht alle Uferbewohner sind die Gesprächigsten, das wäre ein Pauschalurteil, das nicht immer zutreffend erscheint.

»Was denn?«, will der Sepp wissen.

»A Feder!«, antwortet der Suchende.

»A Feder?!«, will der Sepp wissen.

»Ja. A Federl für mein Huat!«

»Dann schieß dir halt eine!«, rät ihm der Sepp.

Langsam kommt der Dialog doch noch in Fluss, wenn auch bald an sein Ende; dem Suchenden fehlt die vom Sepp angeratene Möglichkeit, zu einer Feder zu kommen:

»I hab koa Gwahr, muasst ma scho deins geben!«

»Mir ham's meins aa gnumma!«

»Ja, Sepp, so is des!«

Jetzt will aber der Federsucher doch seinerseits wissen, womit dass der, der wo neben dem Sepp sitzt, des verdient, dass er hier sitzen kann. Die Antwort, dass man Schriftsteller sei, Gschwerl halt, lässt er so nicht gelten. »Kulturell höchste Wertschätzung«, hätten die Völker früher dafür gehabt; die Römer zählt er auf, und sogar auch die Phönizier, ein Seefahrervolk so wie sie, die vom Ammersee. »Wos moanst«, sagt er, »was du in zwoatausend Jahr für a Bedeutung kriagst?!« Skepsis lässt er nicht gelten, »außer wenn dir a Cyberwurm in zwoatausend Jahr deine ganzen Dateien aufgfressn hat?! Also«, verabschiedet er sich, »lass da was eifoin!«

Also setzt der Sepp seine Erzählung fort. Zum Beispiel, dass Quark sehr gut geeignet sei, um in der Kirche Malereien auf einer Fassade aufzubringen. Beim »Betten Rid« hätten sie das auch so gemacht, in München, in der Kaufinger Straße. Ob man den »Betten Rid« kenne? Da sei in der Früh der Milchlaster in die Fußgängerzone hineingefahren und die Leute hätten recht geschaut, weil sie noch nie einen Milchlaster in der Fußgängerzone gesehen haben, und dann sei der Quark aufgetragen worden, Schicht für Schicht. Man kommt nur noch schwer am »Betten Rid« vorbei, ohne einen Blick auf die Fassade zu werfen, ob der Quark noch hält – oder vielleicht doch schon langsam ins Rutschen kommt. »Der hält ewig«, lacht der Sepp – so wie er selbst.

Hammondorgel

Betriebsausflüge sollen nach allgemeiner Auffassung die Atmosphäre innerhalb eines Betriebs verbessern. Der Betriebsrat sorgt für die Wahl des Ortes sowie für Organisation und Durchführung der Fahrt. Einen kleinen Dampfer auf dem Ammersee zu buchen, ist eine vortreffliche Idee – einen Mann dazu, der eine Hammondorgel auf das Schiff schleppt, eine niederträchtige. Der stämmige Mann stemmt sich in ein knallrotes Hawaiihemd – und seine Verstärker und mannshohen Lautsprecher auf die Planken. Kaum hat das Schiff vom Ufer abgelegt, legt er los, unvorstellbar laut, quälend laut. Man hört nicht einmal mehr die Motoren des Schiffs. Das Wasser sowieso nicht mehr, den Wind auch nicht, die Stille des Sees erst recht nicht. Eigentlich gilt die Pest in der Region schon ziemlich lange als überwunden, besonders übel wütete sie ausgerechnet in den Jahren von 1632 bis 1635, mitten im Dreißigjährigen Krieg, auch das noch! In Eching am Ammersee erinnert eine Säule an eine noch frühere Pest, in der Mitte des sechzehnten Jahrhunderts, auch die »Seuchensäule« genannt. Aber auf einmal ist sie wieder da, als Lärm, die Seuche. Laurens Hammond, der Erfinder der Hammondorgel, war selbst kein Musiker, das merkt man. Diese Pest im Hawaiihemd ist auch kein Musiker, das merkt man ebenfalls. Eigentlich hat Hammond nur einen Wechselstrommonitor erfunden.

Selbst im Schreiton kann man sich nicht unterhalten, nicht einmal mit seinem nächsten Nachbarn. In einem winzigen Augenblick der Pause stellt sich heraus, dass der Nachbar auf dem Deck bei der Polizei ist. Zur Debatte steht, wie weit die Liebe zu seiner Berufung als Freund und Helfer geht, ob eventuell sogar so weit, dass er den Musiker aus dem letzten Loch pfeifen lassen könnte. Er sagt, er könnte ihn schon erschießen, mit seiner Pistole, aus acht Metern, leicht. Er hätte sie sogar dabei, eine Walther. Wie die Hammondorgel heißt auch die Walther nach ihrem Erfinder. Könnte man das Magazin mit den Röhren einer Orgel vergleichen? Sodass sich aus Minus mal Minus ein Plus ergäbe: Blattschuss, Batsch, und gleich ist wieder eine Ruh! Aber das macht er natürlich nicht, der Herr Polizeihauptkommissar. Manchmal ist eine christliche Haltung recht hinderlich. Aber man kann bei dem Heidenkrach auch nicht mit ihm ausloten, dass christliche Seefahrt schon seit ewigen Zeiten die verschwiegene Einrichtung des Seemannsgrabes kennt – nichts zu machen.

Tage

Es gibt Tage, die verträumst du am besten. Das ist das Beste, was es gibt im Leben, Tage, die man verträumt, einfach verträumt und sonst nichts. Nichts, was man tut. Ein guter Platz für einen solchen Tag ist das Ufer eines Sees. Dir träumt, du bist eine wahnwitzig wichtige Person in diesem Land, zumindest sagt dir eine innere Stimme das. Diese innere Stimme sagt dir auch, worin diese Bedeutung liegt, sie sagt: »Du bist du.« Das ist alles. Mehr geht nicht. Genial. Darauf wärst du mal selber wieder nicht gekommen. Wer das von sich sagen kann: »Ich bin, der ich bin«, ist praktisch ein Gott, ist Gott, ist göttlich, zumindest geht es ihm göttlich. Er mag sich selbst. Und die anderen auch, deswegen, genau deswegen, eben.

Von der Sorte sitzen am Ammersee einige herum, verdächtig viele. Sie haben Termine, vermutlich, natürlich, ganz gewiss, ohne Ende, sehr wichtige Termine. Aber nicht jetzt. Und wenn: schon, aber dann trotzdem nicht jetzt. Müssen leider verschoben werden, bissl, diese wichtigen Termine. »Patsch! Patsch! Patsch!« – auf die nicht vorhandene Armbanduhr am Handgelenk gepatscht: »Termine, leider, Termine!« Jetzt, in diesem Augenblick, gibt es Wichtigeres zu tun, viel Wichtigeres. Das Ich sitzt da. Es blinzelt in die Sonne.

Ein Menschenfreund muss ein Bier gebraut haben. Freundlicherweise hat es dir jemand, den du gar nicht kennst, vor dich auf den Holztisch gestellt. Jetzt steht es vor dir. Es blinzelt in die Sonne. Es schmeckt. Es schmeckt, als hätte die Sonne Gold in dein Glas geschmolzen. Möglicherweise die Blätter der Kastanien gleich mitvergoldet, all included. Ein Land voller Vergolder.

Möglicherweise geht es schon in den Herbst hinein. Die Sonne hat den Job des Beleuchters in dem großen Barocktheater übernommen. Das Stück, das gespielt wird, heißt: »Im Süden«, Untertitel »Na fare niente«. Auf keinen Fall denkt man in diesem Stück an morgen, auf gar keinen Fall. Gestern, der Tag war ganz nah am Himmel, und gestern ist heute, und heute ist nicht morgen. Jetzt ist jetzt.

Ziehen nicht schwere, schwarze Rösser vorüber? Und ziehen schwere, schwarze Fässer hinter sich drein, auf schweren schwarzen Wagen? An deiner Wiege hat dir niemand einen Biergarten versprochen, aber heute kommst du gar nicht erst heraus. Eine junge Frau im Dirndl besteigt eine rosa-pinkfarbene Vespa und rollt von hinnen. Hinter ihr drein knattern weiß-blau die Rauten des Freistaats Bayern, ursprünglich Semmeln, ursprünglich eine anarchistische Vision in den Köpfen seiner Gründer, große Träumer und Liebhaber, bedeutende Menschen.

AIDENRIED

Ramsee: Gibt es das, dass ein Ort verschwindet?

Woran erkennt man eine Ortschaft, die es nicht mehr gibt? Blöde Frage! In einem Land wie dem unseren gibt es so was nicht, dass ein Ort verschwindet! Wenn es aber doch so etwas geben sollte, weil es so heißt, dass er verschwunden ist? An dem Wegweiser nicht, der zwar den Weg weist, den Weg zu einem Ort, den es aber nicht mehr gibt. Den Ort gab es einmal in dem Dreieck zwischen Kloster Andechs, Hartschimmelhof und Herrsching. Er heißt Ramsee. Er hieß Ramsee. Und kann man Ramsee gar nicht mehr erkennen, wenigstens als Standort? Vielleicht an Kirschbäumen, die sich ein Bauer in den Garten vor seinen Hof gesetzt hat und die da noch immer blühen? Fehlanzeige! Am Holler, den einmal eine herzliche Brüderschaft mit einem wackligen Schupfen verbunden haben mag? Fehlanzeige! Wenigstens als kleine Anhöhe? Eine kleine Anhöhe gibt es. Auch ziemliche Häufung von Leberblümchen im Frühjahr. In Mulden ehemaliger Kellergewölbe und Zisternen kann man kaum hineinfallen, weil man sie kaum findet. Einen Gedenkstein gibt es, und eine Tafel gibt es. Auf der Tafel steht, dass Ramsee erstmals im dreizehnten Jahrhundert erwähnt worden ist, in einer Zeit, in der ein gewisser Sifrious de Ramesoue Ministeriale war. Seine Blütezeit erlebt es wohl Anfang des neunzehnten Jahrhunderts, mit sage und schreibe sechs Häusern und sechzehn Seelen. 1849 brennen fünfzig Prozent der Gebäude ab, also drei. Zehn Jahre später der Abriss. Die St.-Nikolas-Kirche darf noch fünf Jahre länger stehen bleiben. Dort befindet sich jetzt der Gedenkstein. Auf einer Abbildung schaut ein kleiner Zwiebelturm aus den Wipfeln der Bäume heraus. Auf einem Foto sieht man ein paar fröhliche Männer in Tracht Bier trinken. Hier wurde gelebt, geliebt, gezeugt, gestorben, geboren, das ganze Programm halt, und alles ist wieder verschwunden; gehört auch zum ganzen Programm. Hören kann man Ramsee bis zum heutigen Tag: Gerüchteweise, welch schlimme Vorgänge passiert sind, die zum Verschwinden eines Dorfes geführt haben mögen – und die Glocken der abgerissenen St.-Nikolas-Kirche, welche in den offenen Dachreiter der Friedenskapelle auf

dem kleinen Friedhof von Erling gehängt wurden. Frater Lambert hört sie jeden Tag, die Glocken des verschwundenen Dorfes Ramsee.

Man lebt sich ein

Noch bis ins dritte Jahrtausend hat sich in letzten Winkeln das Bild eines ländlichen Bayern erhalten können und mit ihm ein Bild bäuerlicher Volkskunst in und auf alten Bauernhöfen, aber es ist in einer Weise im Schwinden begriffen, dass man kaum mitkommt mit dem Schauen auf dieses Schwinden. Ganz lapidar werden als Gründe Phänomene wie »Gewinnmaximierung« und »Gentrifizierung« genannt, mit anderen Worten: Diejenigen, die besser eingesäumt sind, verdrängen diejenigen, die es nicht so haben, und dann kommen auf dem Land auch noch die allgemeine Zersiedelung dazu, mit einer langweilig nivellierten Bauweise, und die immer weiter voranschreitende Industrialisierung der Landwirtschaft. Man nennt diesen Prozess auch »Fortschritt«, der auch noch kräftig befördert wird durch politischen Sparzwang.

Eine der sichtbaren Folgen sind verfallende alte Bauernhöfe, um die sich niemand mehr kümmern kann oder will. Schnell werden da nicht nur Stimmen laut, dass man das alte Glump halt wegreißen soll, mindestens ebenso schnell folgen diesen Stimmen die Abreißbagger, und in wenigen Tagen ist verschwunden, was zum Teil seit Jahrhunderten das Bild der Landschaft prägte: unverwechselbar und nur einer ganz bestimmten Gegend wesenseigen. Natürlich ist Abreißen billiger als Erhalten, sogar wesentlich billiger.

Seit 1973 gibt es in Bayern das Gesetz zum Schutz und zur Pflege der Denkmäler, hundertsechzigtausend Denkmäler stehen auf der Liste schützenwerter Objekte. Einer dieser Bauten liegt, wenn man ausnahmsweise einmal vielleicht nicht durch das Kiental zum Heiligen Berg nach Andechs vom Ammersee aus hinaufpilgert, sondern fast von seinem südlichen Ende her, von Aidenried aus herauf. Wer diesen Weg einschlägt, findet auch einen Wegweiser nach Andechs. Wer diesen Weg einschlägt, kommt an alten Höfen vorbei. Links steht eine Kapelle bei einem Hof – rechts der Hof mit den blauen Fenstern und dem flachen Dach sticht einem besonders ins Auge. Das viele Blau könnte auf eine Mühle vor langer Zeit zurückgehen. Schön anzuschauen, schön für den Vorüberziehenden, schön für den, dem es gehört, doch bedarf es großer Liebe, ihn zu erhalten, und es bedarf auch der Zeit und des Geldes.

Was den Denkmalschutz betrifft, gibt es solche Stimmen und solche. Solche, die sich beklagen, weil sie, wie sie sagen, es nicht mehr derzahlen können, was die für Auflagen machen; andere machen gute Erfahrungen in der Zusammenarbeit mit dem Denkmalschutz.

Auf dem Heinrichshof oder beim Heinrichsbauern in Aidenried hat man

gute. Könnte es sein, dass ihn die Menschen, die hier leben, »Hoarabaua« nennen. Könnte sein. Oder so ähnlich.

Am Anfang dieser Geschichte steht ein Stück Wald, in dem Holz geschlagen werden musste, »möglichst zur Mondphase«. Und da lagen dann die Stämme vor dem Hof, einem alten Hof. Einem sehr alten Hof, 1640 erstmals urkundlich erwähnt. Zum Bau des Cuvilliés-Theaters 1750 in München wurden über tausend Stämme gefällt. So viele waren es hier nicht. Eine dendrologische Untersuchung auf dem Heinrichshof ergab, dass der Dachstuhl aus Holz besteht, das »wintergeschlagen« ist, im Winter 1727. Also, seufzt der jetzige Besitzer, hat man das Dach erst einmal ausgeräumt. Dann das Denkmalschutzamt eingeschaltet. Das hat die Übernahme von zwei Drittel der Kosten für die ersten Voruntersuchungen zugesagt. Auch die Anfertigung einer Holzliste gehört dazu, also was ausgebessert werden muss. Und Glück und Zufall gehören dazu, damit einer kommt, der ein mobiles Sägewerk hat. Und ein anderer einen Kran. Und wieder einer, der etwas von Dachziegeln versteht und sofort sieht, dass Ludowici-Ziegel die besten Faltziegel sind, die es gibt. Und man ihm Glauben schenkt und nicht denkt: »Der spinnt! Was sollen wir die alten Dachziegel wieder hernehmen?!« Und ihm vertraut, dass sie aus besonderem Ton gebrannt und wesentlich leichter sind als alle anderen. Und die schönsten Dachreiter haben: »Die schau'n aus wie Kamelbuckel!« Und die Frau bereit ist, achttausend Ziegel mit dem Dampfstrahler zu säubern.

Und dann ist der Dachstuhl wieder oben, und die Ziegel decken das Dach ein, die von Ludowici, und dann bemerkt man, dass das Haus wandert, je nach Feuchtigkeit rauf und runter. Und man muss feststellen, dass es »aufn Dregg naufbaut is«. Und man es neu unterfangen muss, bis in zwei Meter Tiefe. Ob er das gelernt habe? Wie man das alles überstehe, diese immer neuen Hiobsbotschaften? »Man lebt sich ein.«

PÄHL

Müller ist mein Freund

Pähl ist weltberühmt, ein weltberühmter Ort von gut zweitausend Einwohnern, obgleich Pähl so viel bedeutet wie »Rindergehege«, abgeleitet aus dem lateinischen »bovis«, Rind. Aber Pähl ist berühmt durch seinen Müller, Thomas Müller. Thomas Müller versteht sich manchmal selbst nicht, also seine Spielweise, aber Thomas Müller ist Weltmeister, Fußballweltmeister. Nicht einmal sein Trainer in der Nationalmannschaft, Joachim Löw, weiß so genau, welchen Weg er jeweils gerade geht. Der Gegner weiß es natürlich erst recht nicht, das ist Müllers permanente Chance. Es gab schon einmal einen deutschen Stürmer, der auch auf so unorthodoxe Weise Tore schoss, eins nach dem anderen, manche mit dem Hintern – der hieß auch Müller. Das war »kleines dickes Müller«, also Gerd Müller, auch vom FC Bayern. Sein jugoslawischer Trainer hatte ihn so genannt. Der war selber so klein, dass er »Tschik« gerufen wurde, »Zigarettenstummel«, mit vollem Namen Zlatko Čajkovski. Er war sehr erfolgreich, gemeinsam mit kleines dickes Müller. Besser Deutsch zu lernen, hatte er nicht vor: »Bin ich nix Lehrer für Deutsch, sondern für Futball.« Thomas Müller hingegen ist »langes dünnes Müller«. Der eine Müller hat stramme Oberschenkeln und Wadeln, der andere hat Steckerlbeine. Manchmal lassen sich die Müllers auch auf den Hintern fallen und stochern den Ball trotzdem über die Linie ins Tor. »Müller spielt immer«, sagte ein früherer Trainer von ihm, Louis van Gaal. »Alles Müller«, so wirbt er selbst für ein Produkt mit dem Namen Müller, aber weil er scheinbar gerade so wenig für sich selbst wirbt, wirbt er am meisten für sich selbst. »Müller ist mein Freund«, sagt meine Schwiegermutter. Sie ist fünfundneunzig und hat ein Autogramm mit Bild von Müller. Müller fragt nach dem Achtelfinale Deutschland gegen England den Fernsehreporter: »Darf ich noch jemanden grüßen?« Dann grüßt Müller seine Oma in Pähl übers Fernsehen.

Zum Public Viewing geht sie nicht, sie schaut sich die Spiele zu Hause an und steckt, wie zum Schutz vor einem Gewitter, eine Kerze an. Ausgerechnet zum Spiel gegen England vergisst sie aber, die Kerze auch anzuzünden. Sie muss sich danach sehr wundern, dass es doch gut gegangen ist. Ihr Enkel hat zwei Tore geschossen in dem Spiel. Sie hält es für möglich, dass ihr Mann, der schon verstorben ist, aus dem Himmel mitgeholfen hat.

Für ein Denkmal in Pähl ist es noch zu früh. Auch hat eine Fußballmeisterschaft keinerlei Einfluss auf eine Gemeinderatssitzung, betont Bürgermeister Werner Grünbauer. Der Vater von Thomas Müller sitzt auch im Gemeinderat. Auf die Frage, was Pähl außer Thomas Müller noch zu bieten habe, antwortet der Bürgermeister: »Wir liegen in einer der schönsten Regionen Deutschlands. Direkt am Ammersee, inmitten des größten Vogelschutzgebietes in Europa. Das Kloster Andechs ist nicht weit, und wir haben super Wandermöglichkeiten.«

Eine kolumbianische Reporterin will nach der gewonnenen Weltmeisterschaft 2014 in Brasilien Thomas Müller ein paar Fragen stellen, auf Englisch. »You must speak Bavarian«, macht sie Mannschaftskamerad Bastian Schweinsteiger vorsorglich gleich zu Beginn des Interviews aufmerksam, aber das kann sie nicht. Also fragt sie Müller, den Schweinsteiger vor laufender Kamera instruiert, dass er »scho zuahoacha muass«, auf Englisch, ob er recht enttäuscht sei, dass er nicht den »Goldenen Schuh« gewonnen habe, die Auszeichnung für den erfolgreichsten Torschützen der Saison.

Müller hat zugehört, aber er antwortet nicht auf Englisch. Auf Bairisch platzt es aus ihm heraus: »Des interessiert mi ois ned, des interessiert mi an Scheißdreck! Weltmoasta samma, an Pot hamma! Den Scheißdreck von dem goldnen Schuah konnst da hinter die Ohren schmiern!«

Das ist Bayern: von einer Weltmeisterschaft lassen wir uns nicht drausbringen. Wir sind selber Weltmeister, aber das sind wir schon gewohnt, das ist nichts Besonderes. Natürlich ist es etwas Besonderes, und das wissen wir auch, und wir sind sehr glücklich darüber, aber wir lassen es uns nicht so anmerken. Das hat mit »dahoam is dahoam« nichts zu tun, auch wenn äußerst erfolgreiche Produktionen unter solchem Logo laufen. Wir proklamieren es nicht. Wir sind es. Wenn wir gut sind, wirklich gut, sind wir Weltmeister des Seins, des so Seins, wie es gerade ist, und so Sein bedeutet uns: Glück, Demut, dieses Glück haben zu dürfen, Anspruch darauf, es haben zu dürfen, geradezu eigensinnigen Anspruch, es uns durch nichts und niemanden wegnehmen zu lassen, durch keine Herrschaft, durch eine Herrschaft schon gar nicht, auch wenn andere glauben, wir hätten immer die gleiche Herrschaft. Und große Freude, wenn es gelingt, dieses Glück weitergeben zu können, weiterzugeben an alle, die nicht so ohne Weiteres daran teilhaben können.

Etwas ganz Normales: Warnamt X

Unweit von dem weltberühmten Pähl liegt ein Ort, von dem niemand auf der Welt etwas wissen sollte, jedenfalls fast niemand. »Die Menschen sind hier ganz normal zur Arbeit gegangen«, erzählt Hermann Kirschner, der hier aufgewachsen ist, im Gelände des Warnamts X, das ausgestattet ist wie alle anderen zehn Warnämter, welche die Bundesrepublik hätten warnen sollen, wenn eine Atombombe dahergekommen und das Land davon getroffen worden wäre – oder gleich von mehreren. In einem eingezäunten Gelände, das so abgelegen liegt (Koordinaten: 47° 55' 21'' N, 1° 13' 29'' – oh, alles klar?), dass der Feind keinen blassen Schimmer davon bekommt, weil es auch aus der Luft aussieht wie eine zivile Einrichtung mit Verwaltungsgebäude, Unterkunftsgebäude, Kommunikationsturm und eben dem Warnamtbunker, den man ohnehin nicht sieht, weil er unterirdisch liegt und oberirdisch bewachsen ist. Außerdem hätte sie der Feind, wenn er denn um ihre Lage gewusst hätte – und er hat natürlich darum gewusst –, gar nicht beschießen dürfen, weil die Anlagen des Warndienstes als Zivilschutzeinrichtungen völkerrechtlich besonders geschützt waren. So steht es bis heute an dem Drahtzaun, der das Gelände des Warnamtes weiträumig absperrt im Wald.

»Dies ist eine Dienststelle des Zivilschutzes, die unter dem besonderen Schutz des IV. Genfer Abkommens von 1949 steht« – wenn das mal nicht hilft und einen Feind abschreckt. Bei einem Volltreffer freilich, weiß Kirschner, »hebt's dich auch im Bunker naus, und dann liegst im Ammersee!« Allerdings heißt es »STOPP für Warnamtsfremde«, das gilt natürlich insbesondere für den Feind und seine Spione, die wären schon besonders fremd im Warnamt.

»1. Anmeldung über Sprechanlage.

2. Fahrzeuge außerhalb des Warnamtsgeländes abstellen. Der Warnamtsleiter.«

Wer es aber dennoch geschafft hat, mit dem Wagen auf das Gelände zu fahren, der wird darauf hingewiesen, dass im Warnamtsgelände die Straßenverkehrsordnung gilt. Das ist doch etwas außerordentlich Beruhigendes, dass auch im Warnamtsgelände die Straßenverkehrsordnung herrscht. Solange noch Ordnung herrscht in der Apokalypse, kann die Apokalypse nur halb so wild sein. Wie gesagt, eigentlich alles ganz normal. Genauso normal wie die »NATO-Pause«. Die »NATO-Pause« war in der ganzen NATO um neun Uhr. Um neun Uhr macht die NATO Pause. Das wenn der Feind gewusst hätte … aber »man ist ja ned davon ausgangen«, sagt Hermann Kirschner

Es ist ja auch wirklich an alles gedacht in dem Bunker, nicht nur an die Doppelschleuse natürlich, welche atomare Druckwellen, nuklearen Fallout und was sonst noch alles daherkommt, abhält, also neben der Druckwelle, in Fachkreisen auch »Luftstoßwelle« genannt, den Sog zum Detonationspunkt, die thermische Strahlung »in Form von Licht und Hitze«, die nukleare Strahlung, von der Anfangsstrahlung bis zum radioaktiven Niederschlag oder Fallout, und dann noch den »EMP«. EMP ist der elektromagnetische Impuls, klingt harmlos, aber auch ziemlich unangenehm. Ausgelöst wird er zum Beispiel durch Kernwaffenexplosionen. Führt zum Totalausfall der Elektronik. Aber da sind ja auch noch eigene Luft-, Wasser- und Elektrosysteme, die völlig autonom sind und denen ein Atomkrieg gar nichts ausmacht, also abgesehen von dem blöden EMP halt. Für alle Fälle gibt es dann doch auch eine Entseuchungsstation, man kann ja nie wissen – aber zur Entspannung daneben eine Bibliothek, direkt gemütlich. Also wenn nicht dieses grelle künstliche Licht wäre. Und wenn es Fenster gäbe. Und man nicht tief unter der Erde wäre. Aber wem das nichts ausmacht, der kann selbstverständlich diesen Aufenthaltsraum auch zum Kartenspielen benutzen. Ob ihm hier herunten nicht unheimlich zumute werde, wenn man einen der Erbauer fragt, der zu Besuch in seinen alten Bunker kommt: »Nein, wieso? Ich hab ihn ja gebaut!«

Es ist für alles gesorgt, es gibt Schlafräume und Krankenstationen, Duschen und Toiletten, natürlich getrennt für Männer und Frauen, und ohne Ende Räume mit technischen Geräten, deren Bestimmung ein Laie leider nicht ermessen kann – außer dass er staunen muss, dass es so etwas alles überhaupt gibt, und das in diesen gigantischen Ausmaßen. Einen Raum für Vermittlungstechnik, einen Traforaum und einen für Einspeisung, einen Generatorraum mit Dieselaggregaten. Der kleinere mit 1200 PS wird permanent vorgewärmt, damit er in 0,2 Sekunden die Betriebsfähigkeit der gesamten Anlage garantieren kann; er ist schneller als der Blitz, schneller sogar als der Atomblitz. Außerdem kann er den größeren in Gang setzen mit 4800 PS. Ein gutes Klima ist sehr wichtig in einem Bunker, in dem höchste Konzentration bei der Arbeit Voraussetzung ist, um korrekt warnen zu können. Zum Beispiel müssen die Meldungen aus der Außenwelt, also vor allem Messwerte, spiegelverkehrt auf einer Glasplatte mit eingravierter Landkarte aufgetragen werden, damit sie der Warnamtsleiter und seine Mitarbeiter im Führungsraum des Bunkers von der anderen Seite ablesen können, ohne dass sie von den Schreibern verdeckt werden. Das ist alles nicht so einfach.

Natürlich gibt es auch eine Küche, in der natürlich auch gilt, dass nicht der Geschmack das Wichtigste ist, sondern die Ernährung, die Vorratsräume und eine Kühlkammer. Auf der Tür des Einsatzraums mit der Nummer 201a muss leider ein Schild darauf hinweisen, dass »Eintritt nur für diensttuendes Personal« gestattet ist, damit da nicht einfach ein jeder daherkommt, desgleichen für die Räume 219 »Niederspannungsvertretung«, 217 »Hochspannung« und 216 »Notstromdiesel«, steigerungsfähig für den Raum 331: »Unbefugten Zutritt strengstens untersagt«, des Weiteren eine Abwassersammelanlage, Raumfilter und Lüftungsanlage, Druckerhöhungsanlage, Ventilatoren für Lüftungs-

anlage, Ansaugung aus dem Grobsandfilter, Sandvorfilter, gelegentlich wird auch gewarnt im Warnamt: »Vorsicht 2 Stufen« oder: »Notausstiegsdecke mit Seilzug unter dem Podest stehend öffnen, dann erst Podium betreten«. Auf was man alles aufpassen muss im Atomkrieg! Und eine Bedienungsanleitung nach der anderen, die schon im zivilen Leben so viel Kopfzerbrechen bereiten – in dem Fall kann man nicht einmal mehr jemanden anrufen und fragen, zum Beispiel, wie die ellenlange »Allgemeine Betriebsanweisung für luftgekühlte Druckluftanlagen« im Detail zu verstehen ist, wenn auch die vorsorglich hinzugefügten »Praktischen Betriebswinke« weitere Rätsel aufgeben. Auch die Aufforderung »ACHTUNG« am Notluftbetriebsventil könnte einen schon nervös machen, wenn man es noch gar nicht braucht: »ACHTUNG! Bei Notluftbetrieb ist vor der Einleitung zum Klimaschrank die Jalousienklappe am Luftkanal auf Notluft umzustellen.« »WICHTIG! Beim Übergang zur Hauptluftzufuhr ist darauf zu achten, daß der Schwimmer zwischen den roten Streifen steht!« Wenn da einer nicht darauf achtet, könnte es eng werden, so richtig eng. Allerdings gibt es zur Not für die Notluft auch noch eine manuelle Notluftversorgung, die durch Kurbeln die Notluft im Bunker verteilt. Ein starkes Stück ist natürlich auch der Lagerraum, in dem alles besprochen und dann als Information in die Welt hinausgegeben werden kann. Selbst an zerstreute Beamte ist gedacht. Bis zum heutigen Tag erinnert ein Aufkleber auf dem Telefon: »Handapparat auflegen, sonst Abhörgefahr«. Immer droht der Feind, doch dafür gibt es ja die Warnanlage. Vor der Tür zum Lager-

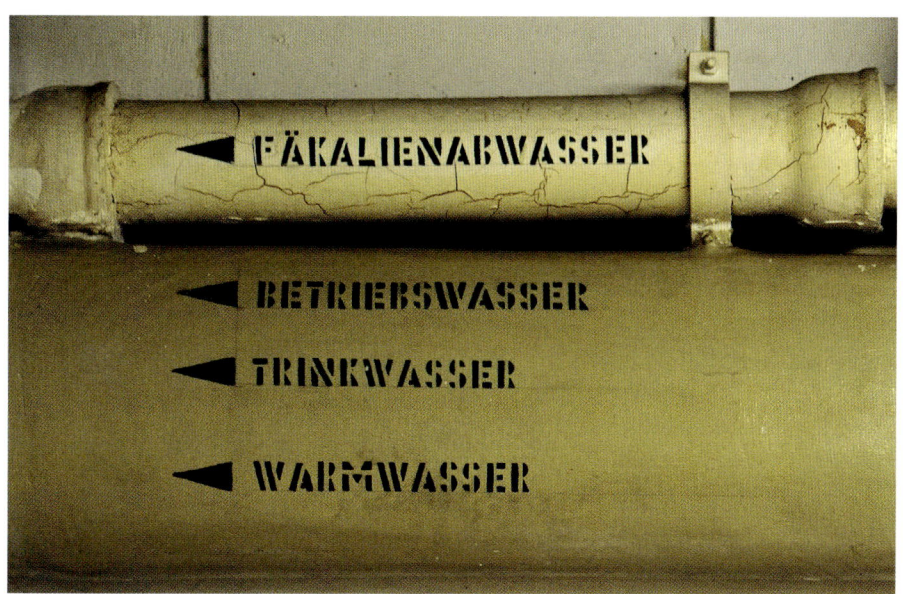

raum befindet sich der Schalter für die Not-aus-Taster-Rechenanlage, darüber handschriftlich an die Wand geschmiert: »Aus«. Und das, obgleich noch 1987 ausfallsichere Computersysteme auf speziellen Federungen, die auch bei Bombenerschütterungen einsatzbereit geblieben wären, manuelle Arbeitsverfahren übernommen hatten, zum Beispiel Empfang und Darstellung der nuklidspezifischen Messungen, Lagedarstellung und Lagebearbeitung und Lagekartengrafik, ebenso Büro- und Verwaltungsaufgaben, die bei einem Atomschlag noch eine ganz andere Dimension annehmen als sonst schon. Wichtigste Maxime für die Prozessrechner, wie man raumgroße Computer seinerzeit noch nannte, war, dass es zu keinem Zeitpunkt zu Systemstillständen kommen durfte. Das möchte wirklich niemand, der an einem Computer sitzt, schon gar nicht in einem Atombunker. Außerdem sind die Rechner frei schwingend eingebaut, sodass auch dauerhafte Erschütterungen ihnen nichts anhaben können.

»Man war einfach ganz verwachsen mit dem Ganzen«, findet Kirschner auch heute noch im Rückblick. Natürlich ist seine Kindheit anders verlaufen als die von anderen Kindern: Spielkameraden durfte er keine mitbringen, klar, aber wenn man so weit außerhalb wohnt, ist das auch nicht weiter verwunderlich; wer hätte da schon mitkommen können? Dass Eltern ihre Kinder durch die Gegend kutschieren, war damals nicht üblich. Und dass man als Kind nicht danach fragt, was da eigentlich los ist, war zur Kindheit von Kirschner auch klar, das macht man einfach nicht. Und man geht auch einfach nicht hin zu dem Bunker oder klettert auf den Berg, unter dem er verborgen liegt, und stellt dumme Fragen, das macht man auch nicht – bei allem Forschertrieb, der in einem Buben drinsteckt. Das spürt man, gerade als Kind. Als Kind des Hausmeisters, der selber nicht fragt, selber nichts sagt, seinerseits Sohn eines Mannes, der hier schon die Bauwache innehatte – man kann sich eigentlich gar nichts anderes vorstellen als ein Leben im Bereich vom Warnamt X, seit Generationen. So sieht das auch Kirschner heute noch: »Es war ja nicht direkt ein strategischer Angriffspunkt.«

Am schlimmsten war die Zeit, in der er nicht hier leben konnte, das war nach 1998, da man das ganze Warnamt aufgelöst hat und die Familie Kirschner ausziehen musste. 1999 wurde das Anwesen verkauft, an einen Waffenhändler. Der eine kauft sich ein Reihenhaus, der andere einen Bunker, so einfach ist das. Der neue Besitzer hat einen Hausmeister gebraucht, der die ganze Anlage kennt, und da gab's nur einen. »Ich bin der einzige Bunkerwart Deutschlands«, sagt Kirschner lächelnd.

So recht läuft das Geschäft mit der Vermietung indes nicht. Nur für die Umstellung von der DM auf den Euro war der Bunker ein wirklich gut geeigneter Ort zum Austausch der Währungen und auch ein Bombengeschäft, freilich für verschiedene Beteiligte. Man darf davon ausgehen, dass ein zweistelliger Millionenbetrag schlicht und einfach »verschwunden« ist. Es gab da so einen Spruch, erzählt Kirschner, der lautete so: »Alles, was du hochheben kannst, kannst du behalten!« Bloß waren das halt 750 Kilo Partien, die man nicht so einfach hochhebt. Trotzdem: Auf einmal kamen Mitarbeiter, die mit dem ganzen Umtauschvorgang befasst waren, ziemlich auffallend, ziemlich bald, mit ziemlich neuen und ziemlich großen Autos daher. Nachweisen konnte man niemandem etwas. Ein einziger Arbeiter wurde verhaftet, aber auch nur deshalb, weil sie ihn zufällig in einer Pause beim Rauchen von Hanf erwischt haben.

Hermann Kirschner ist froh, dass er jetzt wieder hier leben kann, mit seiner Familie. Im Garten fährt ein Rasenmäherroboter hin und her, hin und her, ganz von alleine, nicht einmal ferngesteuert, auch ein wenig gespenstisch, aber vergleichsweise natürlich wenig gespenstisch.

Im Bunker treffen sich als neue Mieter regelmäßig Menschen, die sich mit Farbkugeln beschießen, weshalb an den Wänden auf einmal überall farbige Flecken zu sehen sind. Wer getroffen wird, scheidet aus. Die Druckluftwaffe sieht aus wie eine Pistole, wird aber »Markierer« genannt. Die Menschen, die aufeinander schießen, bezeichnen sich als »Spieler«, und das »Spiel« heißt Paintball. Sie empfinden das Spiel als Mannschaftssport, der natürlich aus Amerika kommt, eine Gegend auf der Welt, in der gern Sinnfreies produziert wird. Es gibt dabei verschiedene Formen, eine heißt »Elimination« und wird so lange gespielt, bis sämtliche Mitglieder einer Mannschaft ausgeschieden sind. Ein anderes Spiel heißt »Civil War«, das so lange gespielt wird, wie es noch keinen richtigen Bürgerkrieg gibt. Zu ihrer Sicherheit müssen die Spieler Masken tragen, die so ähnlich aussehen wie Gasmasken.

Ein gewisses Imageproblem sehen auch Organisatoren des Paintball. So wird die Farbe Rot nicht gern gesehen, weil man dann künstliches Blut von echtem, das evtl. fließt, nicht unterscheiden kann. Und es sieht auch nicht gut aus, jedenfalls nicht nach gemeinschaftsförderndem Freizeitsport. Auch Waffen, die wie Waffen aussehen, sind offiziell nicht erwünscht, doch haben Waffen die Eigenschaft, wie Waffen auszusehen. Was dem angestrebten Image des Sports entgegenstrebt. Allerdings fallen Paintball-Markierer in Deutschland unter das Waffengesetz.

Nach dem Amoklauf von Winnenden in der Nähe von Stuttgart, bei dem ein Siebzehnjähriger 2009 fünfzehn Menschen getötet hatte, nachdem am Tag zuvor ein Amokläufer elf Menschen in Alabama, USA, ermordet hatte, erwog man in der Regierung ein Verbot von Paintball, aber man erwog wieder einmal nur. Juristen konnten einen Verstoß gegen die Menschenwürde nicht erkennen. Ein Finanzgericht kam am 5. Mai 2014 zu der Ansicht, dass Paintball »mit der Werteordnung unserer Gesellschaft nicht ansatzweise in Einklang zu bringen« sei. Der Sport sei »in gemeinnützigkeitsschädlicher Weise von dem Aspekt der simulierten Tötung oder Verletzung von Menschen überlagert«. Aber vielleicht zählt ein Finanzgericht Neustadt nicht so viel in der Rechtsprechung.

Eine Therapeutin, danach gefragt, findet das alles nicht so schlimm. Natürlich sei es infantil, aber wenn Männer wie Kinder seien, da habe sie nichts dagegen. Wenn Kinder so etwas spielen, und deren Mütter haben einen Einwand dagegen, weil all dies Morden ja auch in Wirklichkeit stattfindet, sagen sie: »Aber Mama, das ist doch etwas ganz etwas anderes.« Es sei immer noch besser, es bleibe beim Spiel, meint die Therapeutin. Sie glaube, dass seit Beginn der Menschheit die Männer so seien, das müsse an ihrem Testosteron liegen.

Hartkapelle: grausiges Geschehen und künstlerisches Gestalten

Von Pähl oder auch vom Warnamt über Kerschlach führt ein Weg in Richtung Hartschimmelhof zur nahen Hartkapelle. Es ist ein Weg, den es in der Wirklichkeit gibt, und zugleich ist er, wie so oft, ein geistiger. Auch in und an der Hartkapelle treffen grausiges Geschehen und künstlerisches Gestalten zusammen. Kaum vermutet man in diesem Stück düsteren Waldes einen Maler der Romantik, schon gar nicht einen so populären wie Moritz von Schwind, der sich nicht dem Abgründigen, gar Absturzgefährdeten widmet, wie es der romantischen Kunst als Kehrseite der großen Sehnsucht droht. Bei ihm geht es heiterer zu. Seine Wanderer verschwinden nicht im Nichts des Unendlichen, sie rasten beschaulich im Wurzelwerk mächtiger Bäume

und geben sich der reinen Anschauung hin, etwa einer lieblich sich dahin-
hügelnden Landschaft mit einer Burg auf zackiger Bergeshöh, einem Kloster
im Tal, einem zinnen- und turmbewehrten Schlösschen, zu dem die Bögen
einer Brücke hinführen, gewiss Ziel des einsamen Wanderers. Moritz von
Schwind war in seiner Zeit in Wien befreundet mit dem früh vollendeten
Lyriker Nikolaus Lenau, mit dem genialen Komponisten Schubert, mit dem
kauzigen Dramatiker Grillparzer. Und dass er an der Hartkapelle zwischen
Pähl und Andechs war, bezeugt eine Tafel unter dem Eisengitter: »HIER
FAND MORITZ VON SCHWIND SEINE WALDKAPELLE«. Damit ist
ein Bild des Malers mit dem Titel *Die Waldkapelle* gemeint, entstanden in
der Mitte des neunzehnten Jahrhunderts. Er selbst nannte solche Gemälde,
die keine direkten Auftragsarbeiten waren, »Reisebilder«, »Gelegenheits-
gedichte« oder »lyrische Arbeiten«. Solche Spielereien konnte er sich gut
leisten – wie auch eine Villa am Starnberger See, Schwind verdiente einfach
gut. Er hätte zwar eine raue Oberfläche gehabt, erzählt man sich von ihm,
aber ein weiches Poetenherz.

Auf der *Waldkapelle* sieht man eine junge Frau auf der Kniebank sitzen, in
lang fallenden Tüchern, wie sie später auch in Zeiten der Jugendbewegung und
noch einmal später in den nicht minder jugendbewegten Achtundsechzigern
getragen werden. Ein dunkles Häubchen sitzt auf ihren Locken. Wenn's ein
Vogel wär, wär's eine Mönchsgrasmücke, aber die junge Frau singt nicht, sie
zwitschert nicht, sie sagt gar nichts. Sie sitzt in sich versunken, mit dem Rü-

cken zur Kapelle. Gewiss nicht aus Protest, doch beten tut sie auch nicht. Zum Meditieren ist die Zeit zu früh, Mitte des 19. Jahrhunderts, möglicherweise macht sie einfach nur eine Pause.

Weiß sie um die Entstehungsgeschichte der Kapelle, die mit spiritueller Kraft magisch zu bannen sucht, was hier passiert ist? Konnte sie eigentlich nicht, weil sie natürlich nicht das *Weilheimer Sonntagsblatt* vom 18. Mai 1930 bereits gelesen haben konnte, fast hundert Jahre zuvor, in welchem Anna von Mengershausen rückwärtsgewandt schreibt: »Es war der 21. März des Jahres 1653 – St. Benediktstag – Langsam ritt Herr Balthasar Fischer den Weg fürbaß. [...] Herr Balthasar Fischer war Pfarrherr zu Pähl.« An dem Tag wär der hochwürdige Herr so froh wie schon lange nicht mehr gewesen, schreibt Anna von Mengershausen, nachdem »der Schwede« geraubt und gemordet hatte, und die Kaiserlichen den Rest an sich gerissen hatten, und dann noch Seuchen, und dann noch Hunger: der reine Wahnsinn! Und dazu: »Die Sitten waren verwildert, der Glauben ins Wanken geraten.« Also hält Pfarrer Fischer auf dem Heiligen Berg von Andechs einen Vortrag, in dem er sehr eindringlich vom Elend seiner Schützlinge spricht. Er weiß schon, zu wem er spricht, zu vornehmen Gästen, die auch Geld haben. Der ehrwürdige Abt der Dießener Chorherrn ist darunter, auch Herr von Perfall mit seinem Gefolge von Schloss Greifenberg. Die Rede verfehlt ihre Wirkung nicht. Als Erstes findet Abt Maurus vom Heiligen Berg einen Beutel in seinem Habit, der Vorgang findet Nachfolger. Pfarrer Fischer hat etwas in seinem Beutel, als er heimreitet, das heißt, er möchte heimreiten. Eine Vorgeschichte holt ihn heim. Ein junger Bursch namens Jörg, den er gerettet hatte, schwerverwundet in einem Streit mit Gleichaltrigen, ausgerechnet der überfällt ihn justament an der Stelle, an der jetzt die Hartkapelle steht, mit einem Kumpel, Landsknecht gleich ihm – zu spät erkennt der Jörg seinen einstigen Retter, er ist zum Mörder an seinem Retter geworden. »Ein paar Tage später«, schreibt Anna von Mengershausen, »fischte man aus dem Ammersee die Leiche eines jungen Landsknechts.«

Das ist die Geschichte, die zu der Kapelle geführt hat, aber natürlich dort nicht zu lesen ist. Dort steht geschrieben: »Gott/und seiner werthen Mutter Maria zu Lob/und Ehren/und seiner Gedächtnis des Wohl-Erwürdigen Herrn Balthasar Fischer gewesten Pfarrer zu Pähl/so von einem Mörder an dieser Stätt erschlagen worden/hat der Ehrwürdige und Geistliche Herr Michael Fischer sein Herr Bruder auch gewester Pfarrer zu Pähl diese Capellen vermeynt.«

Auf dem Bild von Moritz von Schwind erweckt die Kapelle ganz im Gegensatz zum grausigen Geschehen den Eindruck größtmöglicher Geborgenheit. Ein kleines Dach bietet Schutz, eine Kniebank Platz, sich niederzulassen. Die zwei Säulen, die das Vordach stützen, grüßen hinüber nach Ziegenstadel, zum bayrisch-griechischen Tusculum des Carl Orff. Alles ist gut, alles scheint gut.

Die kleine Stelle bröckelnden Putzes am Kapelleneck kann man als notwendigen Zierrat romantischer Ruinensehnsucht abbuchen, und den etwas batzigen Waldweg als Vorboten eines künftigen Realismus in der Malerei.

Als es noch Winter gab am Ammersee, konnte man in Schlitten hier vorüberziehen, die es in Kerschlach zu mieten gibt, sommers auch in kleinen Kutschen, die einen, wenn man möchte, sehr romantisch bis nach Italien verbringen: Ziel aller romantischen Sehnsucht, schon seit Goethe, auch wenn er den Romantikern gar nicht grün war, aber Italien schon, dem Land, »in dem die Zitronen blühen«.

Inzwischen sind die Menschen als Geocoacher unterwegs, das heißt, sie suchen Gegenstände, die andere Menschen versteckt haben. Der Gegenstand ist meistens eine Tupperbox, in der sich weitere Gegenstände befinden, unter anderem ein Logbuch. Die Koordinaten der »Caches«, die man auch »Verstecke« nennen könnte, werden ins Netz gestellt. Wer ein »Find« eines solchen Verstecks mithilfe von GPS zu verzeichnen hat, trägt sich ins Logbuch ein und vergräbt die Box wieder in dem Versteck. Man könnte zu »Find« auch »finden« sagen. Natürlich wird auch der »Find« ins Netz gestellt, damit der »Owner« die Geschichte seiner Box verfolgen kann. Dem Owner gehört die Box.

Die Geschichte des Geocoachings beginnt am 3. Mai 2000 im US-Bundesstaat Oregon. Mister Dave Ulmer versteckt in der Position 45° 17′ 28″ N, 122° 24′ 48″ W, das ist unweit von Portland, einen schwarzen Plastikeimer. In dem schwarzen Plastikeimer befinden sich CDs, eine Videokassette, Geld, ein Buch, eine Steinschleuder und eine Konservendose mit Bohnen. Anschließend setzt er die Koordinaten ins Netz.

Für die Hartkapelle findet sich im Netz der Eintrag: »Endlich ist der Schnee wieder weg gewesen und somit konnte ich mir diesen Cache vornehmen, da ich ja nun in Pähl Fuß gefasst habe liegt es nur nah, diesen Cache zu besuchen, es ist eben neue Geschichte für mich.« Hierauf diese Information:

»Danke zum 2152. Fund sagt:

ITS6 Mein Profil

Item in: nichts
Item out: nichts
Item discovered: nichts

Erläuterung

Bis bald, im Wald«

Dieser grundlegenden Information wird noch ein Zitat eines anderen Geo-coachers hinzugefügt: »Ich benutze für mein Hobby Milliarden Dollar teure, amerikanische Satellitensysteme, um im Wald versteckte Tupperdosen aufzu-spüren. Und was machst Du so?«

Ich gehe auch so durch den Wald, suche aber keine Tupperdosen.

Hartschimmelhof: Heimwehbilder

An der Straße vom Heiligen Berg von Andechs nach Fischen hinunter geht linkerhand eine schmale Straße ab, mit einem Wegweiser, auf dem steht »Hart-schimmelhof«. Bevor man den Weg zum Hartschimmelhof hinaufgeht, kommt man an einer Kapelle vorbei, die von einer Mauer eingefriedet ist – ein kleiner Friedhof mitten im Wald. Allein die Todesdaten geben Anlass, ins Grübeln zu geraten, auch wenn man mit den Namen vielleicht zunächst noch nichts verbinden kann – in schweres Grübeln.

»Albrecht Haushofer 23. April 1945«, liest man und fragt sich: so kurz vor Kriegsende? Eine Woche später, und dieser 1903 geborene Mann hätte noch eine gute Strecke Lebens vor sich gehabt. »Karl Haushofer 10. März 1946«, liest man, und »Martha Haushofer 10. März 1946«, vermutlich ein Ehepaar, vermutlich die Eltern des Albrecht Haushofer: Weshalb kommen die am glei-chen Tag ums Leben? So bald nach dem Tod ihres Sohnes? Ein Unglücksfall? Ja, ein Unglücksfall, ein schrecklicher Unglücksfall, mehrere schreckliche Unglücksfälle, die sich aneinanderreihen. Auch eine Tafel mit dem Namen »Adrienne Haushofer« ist an der kleinen Friedhofsmauer angebracht: geboren 1906 an der Rhone, verheiratet mit Heinz Haushofer, Sohn der Martha und des Karl Haushofer, Bruder des Albrecht, sich selbst ums Leben gebracht am 30. Oktober 1932 in der Depression des Kindbettfiebers. Dabei nimmt einige Generationen früher alles einen so guten Gang.

In der Stube des Hartschimmelhofs hängt ein großes Gemälde von Großva-ter Max Haushofer: *Blick von der Kampenwand*. Das Bild enthält zwei von-einander sehr verschiedene Hälften, die diagonal voneinander getrennt sind. Im Vordergrund rechts schroffe Felsen, aus denen verdorrte Baumstämme aufragen, im Hintergrund ein großer weiter Himmel, unter dem ein Stück Chiemsee zu sehen ist, beflockt von ein paar rosaroten Wölkchen im Abendrot. Gemalt hat er es auf der Grundlage einer Skizze, die in der Nähe des Gemäldes ebenfalls zu sehen ist –allerdings nicht an seinem geliebten Chiemsee, sondern in Prag. »Dann ist es also ein Heimwehbild?!«, frage ich Frau Renate Hausho-fer, die Hausherrin des Hartschimmelhofs. »Alle Bilder sind Heimwehbilder«, antwortet sie. Alle seine Bilder mit solchen Motiven sind Heimwehbilder, denn sein Glück war auch Ursache seines Heimwehs. Nachdem er einen Ruf als Professor nach Prag bekommen hatte, dem er auch gefolgt war, schwebten ihm und seiner Frau stets der Chiemsee vor Augen, die Insel, die Berge. Auf der Fraueninsel hatte Maximilian Haushofer eine Künstlerkolonie gegründet.

Man kann von ihm sagen, dass er die Insel Frauenwörth im Chiemsee für die Kunst entdeckt hat. 1828 ist er als Student mit einigen Freunden auf die Insel geraten, hat das Glück seines Lebens gefunden, die Wirtstochter Anna Dumbser vom »Lindenwirt«, der seine Tochter eigentlich nicht einem Maler anvertrauen möchte, und sie geheiratet.

Auf dem Bild *Abendsonne am Chiemsee*, das in München ausgestellt wird, ist eine junge Frau in weißer Bluse zu sehen; sie sitzt auf einer Kniebank im Schatten eines Kruzifixes, ihren Blick hält sie abgewandt in die andere Richtung, sie kniet auch nicht, sie sitzt. Sie schaut über den See – es ist der Chiemsee, von der Abendsonne beleuchtet. Sie schaut hinüber zu einer Insel, welche den Namen »Fraueninsel« trägt, wie ein Schiff scheint sie auf dem See zu schwimmen, ein Schiff aus Büschen und Bäumen. Es hat auch einen Mast, dieses Schiff, einen kurzen Mast: Es ist der Kirchturm der uralten Kirche; über tausend Jahre ist sie alt, ein Kloster gehört dazu, von dem man nur das Dach auf dem Bild sieht. Hinter der Insel, hinter dem See ragt die Kampenwand auf, in einem grauen Blau, das sich im See als Farbe widerspiegelt, und in den Wolken auch.

Das Bild stammt aus der Mitte des neunzehnten Jahrhunderts, sein Maler heißt Max Haushofer. Es ist so schön, dass man zu träumen vermeint – und es ist auch ein Traum. Max Haushofer war ein Patenkind von König Max. I. Seinem Enkel Karl Haushofer, einem bodenständigen Kosmopoliten, der zu einem der Begründer der Geopolitik in Deutschland werden soll und von sich sagen kann: »Sieh, ich umkreiste die Welt«, wird ein enges Verhältnis zu Rudolf Heß, dem »Stellvertreter des Führers« Adolf Hitler, letztlich zum Verhängnis. Träume weichen Alpträumen.

Karl Haushofer ist der Erbauer des Hartschimmelhofs. In diesem Hof treffen sich wie in einem Fokus so viele Linien, die alle auch für den Ammersee bestimmend sind, dass er viel Raum auch in diesem Buch bekommen soll. Der Hartschimmelhof ist einer der geistigen Hauptorte in dieser Gegend.

Karl Haushofer und Rudolf Heß
Es gibt ein Foto aus dem Jahre 1920, das zeigt Rudolf Heß, den Stellvertreter des »Führers«, zusammen mit Karl Haushofer. Ein Jahr zuvor hatten die beiden sich kennengelernt, Heß war Student, zeitweilig auch Assistent von Professor Karl Haushofer. »Heß«, so schildert ihn Renate Haushofer aus heutiger Sicht, »war ein Schwärmer, ein Anbeter, einer, der besessen war, sich selbst aufzugeben und jemand anderem zu verfallen: erst Karl Haushofer, dann Hitler.« Der Student und sein Professor blieben sich freundschaftlich verbunden, so sehr, dass die Familie Haushofer Rudolf Heß nach dem gescheiterten Hitler-Putsch vom 9. November 1923 auf dem Familienhof »Hartschimmel«

versteckt hielt. Auch als Heß nach dem Hitler-Putsch 1923 nach Landsberg am Lech ins Gefängnis kam, hielt der Kontakt. Haushofer besuchte Heß dort in der Haft, auch mit Hitler gab es Gespräche. Immer wieder war Rudolf Heß auch später zu Besuch auf dem Hartschimmelhof, vor und nach seiner Haft. Gar von »Seelenverwandtschaft« wird gesprochen.

Einer dieser Besuche wird in einem jener *Lebens- und Weltbücher*, die Karl Haushofer mit handgeschriebenen Texten und Aquarellen führt, so festgehalten, dass man oben auf der Seite ein sehr hübsches Aquarell des Hartschimmelhofs sieht, eingerahmt von mächtigen Bäumen, welche das Dach überragen, gefolgt von diesen Versen, wie immer kalligrafisch schön hingemalt:

»Die Lagerdecken, die ich auf den Pferden
in Ost und West vier Weltkriegsjahre trug
als Schutz im Dschungel Indiens um mich schlug
an des Japaners Bergwalds kargen Herden
gönnt dir nun Rast, der in gewalten Flügen
zum Nervendruck der Macht emporgestiegen;

und während wir im Lichtkreis unserer Almen
als Heiliger Dir ein Stück der Arbeit tun
Darfst Du darin im Eichenschatten ruh'n
indessen wir roboten, schreiben, qualmen
und den Entspannten zwischendurch betrachten
den Schlaf von einem jungen Helden achten.

und danken, daß es so gewesen sei,
wenn sie einst Parsival ins Gras gelegt
von einem Alten aus dem Gral gehegt
in spät gefundener Einsiedelei -
der in Erinnerung und in Vergessen
als Jugendwort den Lebensrest durchmessen

Rudolf Hess in der Hartschimmel-Rast 28.IX.33«

Rudolf Heß, der Stellvertreter des Führers, ein Heiliger? Der seinerseits eine besessene Verehrung gegenüber Hitler hegte? »Bühnenbildner des Massenwahns«, wie ihn der Historiker Bernd Martin einmal nannte. Als verklemmter Mann wird er geschildert, der zeitlebens nach Vorbildern gesucht hat, was nicht unbedingt falsch sein muss, aber gefährlich wird, wenn es um Verehrung und Unterwerfung geht. Wenn der eigene Vater nicht taugt für solche Projektion, dann müssen andere dafür herhalten. Karl Haushofer schien eine Zeit lang geeignetes Objekt solcher Sehnsucht für den jungen Heß gewesen zu sein, aber ausgerechnet im Wonnemonat Mai begegnete ihm eines Abends im Jahr 1920 im »Sterneckerbräu« im Münchner Tal, genauer gesagt in einer Seitengasse, ein anderer Vater, dem er sein Leben weihen wollte, unbedingt: Hitler.

Außer Josef Goebbels, der einzigen intellektuellen Figur im inneren Zirkel der Nazis, der ebenfalls eine nicht vorhandene eigene Identität in einer Gleichung von Führer und Volk hat aufgehen sehen wollen, hat niemand so wie Heß Hitler den Weg bereitet, in »kritikloser Treue« Hitler gegenüber. In der »stillschweigenden Ausführung seiner Befehle« sah er »allen Nationalsozialismus verankert«. Furchterregend blickte er drein, wenn er so etwas in jungen Jahren sagte. Schon als junger Mensch hatte sein Gesicht etwas Starres, dem er zwar offenkundig Größe verleihen wollte, doch blieb es bei einer Maske. Tief liegen die Augen in dem furchigen Schädel, zusätzlich verschattet von den mächtigen Büscheln seiner Augenbrauen.

Einhellig wird berichtet, dass seine Gefolgschaft Züge von Hörigkeit annahm. Kaum hatte Hitler im Juli 1921 innerhalb der Partei die Macht an sich gerissen, rief ihn Heß mit einigen Gesinnungsgenossen zu »unserem Führer« aus. Am 21. April 1933 wird er zu seinem Stellvertreter in der Partei, ausgestattet mit der »Vollmacht, in allen Fragen der Parteileitung in meinem Namen zu entscheiden«. Entspannt auf dem Hartschimmelhof, noch 1933?

Wie bekommt man ihn da wieder heraus, aus dieser Wiesenoase mitten im Wald hoch über dem Ammersee?

Gar nicht.

»Geister, die wandern noch heute durch das Haus. Aber am besten, man lässt sie«, sagt Frau Haushofer.

Heß flog im Mai 1941 nach England, allein, das muss man sich einmal vorstellen: Der »Stellvertreter des Führers« fliegt allein in das – nach damaliger Auffassung – Land des Feindes. Ziel: der Landsitz Dungavel des Herzogs von Hamilton, in der Nähe der schottischen Hauptstadt Glasgow, und jetzt wird es endgültig spannend: Der Herzog ist ein Bekannter der Haushofers. Also: Wer hat jetzt was gewusst, und wenn ja, wann und wie? Hitler? Die Haushofers? Heß allein? Die Antworten können unterschiedlicher nicht sein.

So viel ist klar: Der Herzog von Hamilton sollte offenkundig dem Herrn Stellvertreter einen Zugang zur englischen Regierung ermöglichen, damit Gespräche geführt werden können. Welche? Schöne Grüße vom größten Führer aller Zeiten? England zum Frieden zu bewegen, um gemeinsam gegen andere »Feinde« vorgehen zu können, vor allem gegen die Russen? Weitere geopolitische Visionen aus dem Hause Haushofer vom Hartschimmelhof?

Keine zwanzig Kilometer von Dungavel entfernt landet Heß auf einer Wiese, allerdings nicht mit dem Flugzeug, sondern mit dem Fallschirm. Der Ammersee weist – neben vielem anderen – auch eine auffällige Dichte an furchtlosen

Fliegern auf, wie zum Beispiel Charles Lindbergh, Heinrich Hauser und eben Rudolf Heß. Sein Flug wie sein Absprung sind auch für ihn eine persönliche Premiere. Es passiert ihm weiter nichts, als dass er sich den linken Fuß verstaucht – und den Rest seines Lebens in Gefängnissen verbringt.

Den englischen Ärzten, die Heß untersuchen, erzählt er, sein alter Lehrer, Professor Karl Haushofer, habe dreimal einen Traum gehabt, er werde in einem Flugzeug auf ein Ziel zusteuern, das ihm unbekannt sei. Das wird ihnen auch nicht viel gesagt haben. Heß bleibt sein Leben lang Gefangener, bis er diesem eigentümlichen Leben selbst ein Ende setzt, 1987, sich endgültig selbst zum Gespenst geworden als einziger Insasse des Kriegsverbrechergefängnisses in Berlin-Spandau. Aber endgültig zur Ruhe ist Rudolf Heß erst gekommen, als man seine Überreste 2011 aus dem Grab in Wunsiedel exhumiert, verbrannt und die Asche ins Meer gestreut hat. Damit hatte auch der Spuk neonazistischer Wallfahrer ein Ende.

Karl Haushofer und Stefan Zweig

1908 bekommt Haushofer einen Auftrag als Militärattaché in Japan. Seine Frau Martha spricht fließend japanisch und begleitet ihn, heißt es, doch ohne sie wäre diese Mission kaum vorstellbar. Nach dem Ersten Weltkrieg schimpft er auf das »fremde Judenpack«, das unter den Aufständischen das Ende des Kaiserreichs herbeigeführt hat, hat aber eine halbjüdische Ehefrau, und noch nach dem Zweiten Weltkrieg glaubt er, »New Yorker Finanzjuden« hätten die deutschen Städte bombardiert, und noch immer ist Martha seine Frau. Ähnlich wie bei Ludwig Thomas antisemitischen Tiraden im *Miesbacher Anzeiger* fragt man sich, wie das zusammengeht, wenn man eine jüdische oder halbjüdische Frau oder Lebensgefährtin hat?

Geopoetik

Und was haben Japan, Wien, Schottland, Brasilien, Berlin und so weiter mit dem Ammersee zu tun? Mit dem Hartschimmelhof?

Viel.

Der rote Faden der Geschichte wirkt aus der Welt, der großen weiten Welt, in die kleine, ganz kleine hinein – und aus der kleinen läuft er hinaus in alle nur erdenklichen Richtungen, verwickelt sich in Knäuel, in solche des Glücks, aber auch in sehr unglückliche Verstrickungen.

Diese von Karl Haushofer so traumhaft gestalteten Bilder- und Textbücher aus eigener Hand führen alle in die weite Welt hinaus, öffnen Tore, oft schon auf ihrem Titelvorsatz. Zwei Elefanten flankieren den Eingang einer orientalischen Pforte, die Tür ist geöffnet, einladend zu einer offenen Fahrt ins Blaue, denn nichts als reine blaue Farbe ist in der Türöffnung zu sehen. Ein anderes reiht mehrere Tore hintereinander. Das Erstere wird durch die roten Stämme zweier exotischer Kiefern gebildet, gefolgt von zwei japanischen Lampen, die das Ufer eines Baches säumen, der sich als Nächstes durch das Tor des Tao schlängelt, in dessen Mitte in der Ferne der Fujiyama steht. Gerne zeichnet er auch Landkarten – Landkarten, die über das rein Topografische hinausgehen, weit hinausgehen. In diesen Karten sind nicht nur Berge und Täler, Wasserläufe, Siedlungen, Straßen und Wege eingezeichnet, sondern Texte und Bilder: ein Tempel zum Beispiel, ein Mönch, der über dieser Landschaft meditiert, ein verschneiter Vulkan, so wie er in Wirklichkeit aussieht, Kraniche im Bambus am Ufer eines Sees, Aufforderungen wie diese: »Umrunde diesen See!«.

Die Ruhe des Ammersees findet sich wieder in diesen Lebens- und Weltbildern. Um sie anzulegen, braucht man Zeit, viel Zeit. So viel Zeit wie einstmals Mönche in Klöstern hatten, Abschrift für Abschrift aufs Papier zu setzen, Zeit und Geduld und auch eine gute Schrift und das Talent zu zeichnen. Ganze Bibliotheken entstanden so, rein aus Handschriften. Aber diese Bücher vom Hartschimmelhof sind eben nicht von ganzen Klostergemeinschaften erstellt, sie stammen aus einer Hand, der des Karl Haushofer, manchmal auch in Zusammenarbeit mit seinem Sohn Albrecht. Und es sind auch keine Abschriften, es sind Zeichnungen und Texte aus erster Hand, aus Haushofers Kopf. Eine eigene Welt bilden sie, ein eigenständiges Werk.

Haushofer vollzieht etwas nach, was seit Jahrhunderten Praxis in den Klöstern dieser Welt ist: Texte zu erhalten, ihre Botschaft weiterzugeben, als unverlierbar unverzichtbaren Bestandteil der Menschheit. Und das in Form einer künstlerischen Gestaltung, in der die jeweils ersten Buchstaben die ganze Seite schmücken und auch jeder andere Buchstabe wohl gesetzt ist, eine Schönheit für sich, Zeichen einer Welt, die es wert ist, bewahrt zu werden. Nur dass Haushofer nicht abschreibt, sondern seine eigenen Texte verfasst, Texte in Versform, mit eigenen Zeichnungen, die jeweils eine Einheit eingehen miteinander. Noch im Zeitalter unendlich möglicher technischer Reproduzierbarkeit entsteht so etwas wie eine neue Schedel'sche Weltchronik voller Landkarten, Zeichnungen und Text, die eine Einheit eingehen, aus dem sechzehnten Jahrhundert: eine Zeit, in der alles mit scheinbar unendlich viel Zeit gestaltet werden konnte, mit der Hand in schöne Schriftzeichen gesetzt, die innige Zwiesprache mit dem Aquarell und der Tusche der Bilder halten.

Die Welt in den Büchern des Karl Haushofer ist so offen, so freundlich, so poetisch, dass man die brutale Abgründigkeit und Hässlichkeit des Nationalsozialismus einfach nicht damit in Zusammenhang bringen kann. Auch ein ihm so nahestehender Wohlwollender wie Stefan Zweig kann das nicht nachvollziehen: »Außerdem sah ich keine direkten geistigen Bindungsmöglichkeiten zwischen einem hochkultivierten, universalisch denkenden Gelehrten und einem auf das Deutschtum in seinem engsten und brutalsten Sinne festgerannten, wüsten Agitator.«

Oder erweisen sich so manche Eintragungen bei genauerer Lektüre doch als prophetisch? Gerade im zutiefst buddhistischen Burma überkommen ihn solche Eingebungen. In einem Eintrag über die alte Königsstadt Mandalay an dem großen Fluss Irawadi steht zu lesen: »Mir ahnt, dass dem betenden Weisen die Kunde von Zeiten erklingt / wo nur mehr ob Wäldern und Mooren der Fittich des Bergwindes schwingt. / Wo Heilige nur mehr Ruinen weissleuchten auf Waldhöhn seh'n / Wer Buddha zu nahe gekommen, kann nimmer auf Erden besteh'n.« Und über Pagan, die Stadt, die nur aus Pagoden in weiter Ebene zu bestehen scheint: »So weit das Auge reichte, hob sich klar / Pagode an Pagode, Heiligen-Schrein / an Schrein. Altar und Denkmal und Altar / Wie eine ungeheure Riesen-Mahnung dessen, was da war.« Ungastlich ist das da am Strand und unmissverständlich die Anweisung: »Ist Euch das Leben lieb, und liegt Euch dran / so geht …«

Wer ist jetzt eigentlich dieser Karl Haushofer? Geboren ist er 1869, das Leben wieder genommen hat er sich 1946. Er gilt als einer der Begründer der sogenannten Geopolitik, einer Wissenschaftsrichtung, welche geografische Gegebenheiten in politischen Zusammenhängen sieht oder sehen möchte, Raum und Politik in ihrer Wechselwirkung.

Gertraud Meyer skizziert in ihrem Vortrag *Albrecht Haushofer – Der Mensch, der Dichter, der Gefangene* im März 2005 vor dem Freundeskreis Kloster Andechs e. V. Leben und Werk des Karl Haushofer so: »Als Professor für Geopolitik untersucht er die geographischen Grundlagen und Voraussetzungen für politische Gebilde, um dem Staatsmann Richtung und Möglichkeit aufzuweisen für ein Handeln nach Wissen und Gewissen. Und gerade dadurch brach eine schwere, unlösbare Tragik in das harmonische Glück seines Hauses ein. Er, der im legitimen Denken Verwurzelte, der von Gesetzen des Raumes in der Geschichte, von Handelswegen und Inselbögen, von schicksalhaften Durchfahrten schreibt und lehrt, muss erleben, dass seine Theorien von den Nazis brutal vereinfacht und missbraucht werden. Hitler, an sich wenig zugänglich für fremde Ideen, hatte einen Instinkt für alles, was seinen Zielen von Nutzen sein konnte. *Volk ohne Raum* wird das Schlagwort als Rechtfertigung von kalter Aggressionspolitik und Expansion.«

Tut er das wirklich, der Karl Haushofer, so arglos von »Handelswegen und Inselbögen« zu schreiben? 1924 gründet er die *Zeitschrift für Geopolitik*, und die wurde leider zu einem Propagandaorgan und Instrument der nationalsozialistischen Ideologie. Das muss ihrem Begründer natürlich bewusst und klar sein.

Hauke Ritz entwirft ein sehr kritisches Bild in der *Zeitschrift für deutsche und internationale Politik* im März 2013, was eine seiner Meinung nach »kaum aufgearbeiteten Verkleidung des Zeitgeistes im Gewand der Geopolitik« betrifft: »Vieles deutet deshalb darauf hin, dass das Resultat einer geopolitischen Untersuchung weit stärker von der Weltanschauung ihres Autors abhängig ist, als von der Geographie. Wer vom machtpolitischen Aufstieg des eigenen Landes träumt, wird schnell die geopolitischen Argumente parat haben, die dieses Ziel als notwendig und alternativlos erscheinen lassen. Die Geographie dient dann oft nachträglich als Versatzstück, um eine weltanschauliche Argumentation im Gewande wissenschaftlicher Objektivität zu präsentieren.«

Ein anderer Beobachter der Geopolitik, David X. Noack, relativiert allerdings in *Heartland. Blog für Globale Politische Ökonomie und Geopolitik* die Rolle Haushofers und weist darauf hin, dass von einem geopolitischen Institut in München, von dem aus die nationalsozialistische Expansion geplant worden war, nicht die Rede sein kann – und Haushofer im Übrigen nach der Flucht von Rudolf Heß 1941 bei den Nazis in Ungnade gefallen und sogar inhaftiert worden war. Seit dem Kriegsende hält Noack gleichwohl die Geopolitik mit ihrer nationalsozialistischen Vergangenheit als Wissenschaft für erledigt.

Sehr seltsam mutet es an, wenn ein jüdischer Autor wie Shlomo Sand, Professor an der Universität Tel Aviv, in seiner Kritik an der Art von Staatlichkeit, wie sie Israel zu seiner Politik macht, den Begriff »Geopolitik« und Karl Haushofer in Erinnerung bringt. Bei allen Unterschieden, die Shlomo Sand natürlich nicht außer Acht lässt, lehnt er jeden biologischen, mythologischen oder geografischen Determinismus ab, der die eine oder andere Partei sich auf ein Vaterland berufen lässt, um es anderen wegzunehmen und sich selber unter den Nagel zu reißen. So hält er den Staat Israel in seiner bestehenden Form für eine »Erfindung« (*Die Erfindung des Landes Israel*, Berlin 2012).

In Japan hält sich der Begriff »Geopolitik« gleichfalls bis zum heutigen Tag: »Chiseigaku«. 2005 wurde in diesem Land ein Zeichentrickfilm produziert, der in München des Jahres 1923 spielt, mit von der Partie: Rudolf Heß und Karl Haushofer.

Fatal wird es allemal, wenn eine Geopoesie, wie sie sich in den wunderbaren Lebens-, Welt- und Reisebüchern des Karl Haushofer abspiegelt, sich zur Geopolitik wandelt, die aus der absichtsfreien Kunstform eine machtbesessene Eroberungspolitik ableiten kann.

Albrecht Haushofer

Die Zahl »1903« hat Karl Haushofer in einem seiner Lebensbücher zwischen die Wurzeln zweier Bäume kalligrafisch gesetzt, zwischen deren Stämmen die Sonne aufgeht. Der Text, der die Geburt und den ersten Werdegang seines Sohnes Albrecht beschreibt, erscheint beinahe wissenschaftlich detailliert: »Mittwoch, 7. Januar, ¾ 12°° Abds. Geb / Georg Albrecht. 6 (hier steht ein

geheimnisvolles Zeichen, das wohl »Pfund« bedeuten soll) schw. 50 cm lang«.
Es folgt eine Aufzählung von Ärzten, Pfarrern, Paten, eine erste Reise offenbar
vom 5. Juni nach Partenkirchen bis zum »9. Nov. Rückkehr«. »28. September:
Der erst Zahn. Nov: Erstes Stehen, erste Geh- und Sprech-Versuche. Dez: Ge-
hen mit Anhalten« und so weiter. Schließlich: »Lieblings-Spielzeug: Drehbare
Rassel. Freuden: Baden und Nackt-Sein; Fahnen, bewegtes Laub; Lichter;
Tropfendes Wasser; helle Kleider; Tiere«.

Es gibt ein Foto von dem schon erwachsenen Albrecht Haushofer: ein bayrischer
Mensch, vergnügt in Lederhosen, mit gar nicht so kleinem Bauch und Schnur-
bart in einem Ruderboot im See sich treiben lassend. Seine Ruh möchte er haben,
aber die gibt es im Auge des Zyklons nur für kurze Zeit, nur für ganz kurze Zeit.

Heimatzugehörig und weltläufig wird er werden, ein Wesensmerkmal der
ganzen Familie, bairisch so gut sprechen wie englisch, und noch andere Sprachen dazu. Vater und Sohn Haushofer: Bei allem, was so zutiefst barbarisch ist
an dieser Zeit zwischen den zwei Weltkriegen, gehört es zum besonders Grausigen, dass etwas so zutiefst Irdenes, Erdverbundenes, Uralt-Heimatliches,
Konservatives im besten Sinn des Wortes dem Sinnlosesten, Vernichtendsten,
Unmenschlichsten nicht nur zum Opfer fällt, sondern, zumindest in Teilen,
auch selbst mitwirkt.

Albrecht Haushofer, Professor für Geografie wie sein Vater, war bis 1941
in der Informationsabteilung des Auswärtigen Amts in Berlin tätig gewesen,
wurde nach dem Flug von Rudolf Heß nach England entlassen, schließlich
einige Wochen inhaftiert. Seine Distanz zum Nazi-Regime wuchs und wuchs.
Er kehrte von Berlin aus an den Ammersee zurück. Er wollte nicht aus seiner
Heimat gehen. Aufgrund seiner Kontakte zum Widerstand nach dem gescheiterten Attentat vom 20. Juli 1944 auf Hitler war er auch vom Hartschimmelhof
geflohen, erst versteckt von der Oberin des damals noch bestehenden Klosters
Kerschlach in der Nähe, die dafür inhaftiert wurde, dann hielt er sich bei der
Bäuerin Anna Zahler in Mittergraseck in der Nähe von Garmisch-Partenkir-
chen verborgen. Ihr fühlt sich die Familie Haushofer zeitlebens bis zu ihrem
Tod 1964 verbunden, denn sie wurde selbst festgenommen und verbrachte
mehrere Monate im Münchner Gestapo-Gefängnis in höchster Todesgefahr.
Albrecht Haushofer wurde am 7. Dezember 1944 auf ihrem Hof verhaftet und
nach Berlin ins Gefängnis Moabit gebracht. In den wenigen Monaten bis zu
seinem Tod schrieb er die später berühmt gewordenen *Moabiter Sonette*, achtzig an der Zahl. In der Nacht vom 23. auf den 24. April sind die Befreier schon
zu hören, mit den letzten Bombenangriffen aus der Luft, mit Granatbeschuss,
in der Nacht vom 23. auf den 24. April wird Albrecht Haushofer mit mehreren
Mitgefangenen auf dem Weg vom Gefängnis zum Prinz-Albrecht-Palais auf
den Ruinen des ULAP-Geländes an der Invalidenstraße von der SS ermordet.

Sie hören die Befreier, sie hören die Schüsse, die ihrem Genick gelten, noch einen winzigen Moment, dann ist ihr Leben zu Ende. ULAP ist die Abkürzung für den ehemaligen Universum-Landes-Ausstellungs-Park, vor dem Lehrter Bahnhof. Dort wurde zum Beispiel die Deutsche Luftfahrtsammlung gezeigt, mit dem größten Verkehrsflugboot der Welt, der Dornier Do X. Es war seinerzeit das größte Verkehrsflugzeug der Welt, bei Weitem. Gebaut wurde es 1929 von den Dornier-Werken, zu sehen war die Dornier Do X 1930 auf dem Bodensee, 1932 auf dem Berliner Müggelsee, auf dem Ammersee nicht, 1936 eben auf dem ULAP-Gelände, das schon die Leichen von hundertsechsundzwanzig ermordeten Spartakisten aufgenommen hatte. Und eine Folterkammer der SA unter dem Restaurant des Ausstellungsgebäudes. Nur eine einzige, winzige Woche später wird unter anderem Martin Bormann tot auf der Eisenbahnbrücke oberhalb des ULAP-Geländes aufgefunden. Auch er wird dort vergraben. Nach dem Flug des Rudolf Heß nach England am 12. Mai 1941 hatte Martin Bormann seinen Platz übernommen, mehr noch: er wurde Trauzeuge Hitlers bei dessen Vermählung mit Eva Braun im Führerbunker am 29. April 1945, bevor sie sich umbrachten, Ecke Wilhelm / Voßstraße; heute ein Parkplatz mit einem kleinen Selbstbedienungsladen und Lokal. Luftlinie ungefähr drei Kilometer von dem Todesort Albrecht Haushofers entfernt – so weit wie vom Hartschimmelhof zum Ammersee.

Nicht einmal eine Woche, und Albrecht Haushofer hätte Hitlers Ende erlebt, überlebt. Sein ebenfalls inhaftiert gewesener Bruder Heinz findet den toten Albrecht auf dem Ruinengelände. Seine Hand hatte er vor dem Augenblick des Todes in die Brusttasche seines Mantels geschoben, in der Hand hielt er Blätter zusammen, Blätter voller Blut, Blätter mit Gedichten, die später sogenannten *Moabiter Sonette*; sie wurden von Offizieren der Armee der Vereinigten Staaten als Privatdruck in einer kleinen Druckerei in Berlin, die den Krieg überstanden hatte, noch im selben Jahr veröffentlicht. Im Oktober 1945 tauchten sie in der Zeitschrift *Der Ruf. Zeitung der deutschen Kriegsgefangenen in USA* auf, einer, wenn man so will, Vorstufe der späteren Gruppe 47.

Auf dem Vorsatz der 1946 vom Lothar Blanvalet Verlag in Berlin dann veröffentlichten Ausgabe – »von der amerikanischen Militärregierung zugelassen« – steht in großen Buchstaben: »DIE LETZTEN GEDICHTE / ALBRECHT HAUSHOFERS / DER SEIN LEBEN OPFERTE / WEIL ER EIN MENSCH WAR / UND DIE FREIHEIT ÜBER / SEIN LEBEN STELLTE – AUS DER HAND DES TOTEN / EMPFANGEN LEGEN SIE / ZEUGNIS AB FÜR DEN / GEIST DER IHN / BEWEGTE.«

Im Nachwort weist Reiner Hildebrandt, einer seiner Studenten, darauf hin, dass sein Professor Albrecht Haushofer in einer öffentlichen Rede »mitten im Siegestaumel und Triumphgeheul des Jahres 1940 wagte«, deutlich zu machen, »daß der Raum ein unbezwingbarer Gegner ist, und daß alle Großmächte in den begonnenen Kampf hineingezogen werden würden – gegen Deutschland«. Hildebrandt schildert die gleichnishafte Rede des Gelehrten, die »gerade so abgestimmt« war, »daß die, für die es bestimmt war, sich in der Gegenwart wußten und die anderen – unter denen nicht selten ein Überwachungsmann der Gestapo saß – glauben mußten, aus ›überholten‹ Zeiten vergangener Geschichte zu hören«. Mit ihm hatten die Studenten das Gefühl, »am lebendigen Webstuhl der Zeit« zu sitzen, in einem »unzertrennlichen brüderlichen Kreis«. Hildebrandt äußert die Überzeugung, dass Haushofer bereits kurz nach Kriegsbeginn »erste Fäden zu einem gewaltsamen Staatsstreich« gesponnen hat und sein ganzes Wirken darauf angelegt war, dass »das Steuer herumgerissen werden muß, noch ehe das Schiff zu weit in den Sturm hinausgefahren ist«.

Nichts scheint zusammenzugehören, und doch gehört alles zusammen.

Seine Eltern brachten sich ein Jahr später aus Verzweiflung über das Geschehene im Wald des Hartschimmelhofs um, eine Kapelle dort vereint alle Familienmitglieder wieder, unter anderem eben Karl und Martha Haushofer, als Mädchen von Franz von Lenbach gemalt, Tochter eines jüdischen Tabakfabrikanten, über die Heß lange seine schützende Hand gehalten hatte – und ihr Sohn Albrecht. Der hatte durchaus ebenfalls Karriere gemacht unter dieser schützenden Hand. Er war Mitarbeiter im Auswärtigen Amt, unter anderem bei Ernst Freiherr von Weizsäcker (Vater des Physikers Carl Friedrich von Weizsäcker und des späteren Bundespräsidenten Richard von Weizsäcker) und damit auch bei Ribbentrop. In dieser Funktion war er 1938 auch Teilnehmer der Münchner Konferenz, mit der ein Scheinfrieden herbeigeführt worden war, letztlich aber die Tschechoslowakei zerschlagen wurde. 1940 wurde er Professor für Politische Geografie und Geopolitik in Berlin. Von daher rühren unter anderem solche Zeilen in den *Moabitter Sonetten*: »Ich klage mich in meinem Herzen an:/Ich habe mein Gewissen lang betrogen,/ich hab mich selbst und andere belogen -/ich kannte früh des Jammers ganze Bahn /ich hab gewarnt - nicht hart genug und klar!/Und heute weiß ich, was ich schuldig war (...).« Dabei hat er wirklich klar gesehen, was er auf sich nimmt. 1934 schreibt er an seine Eltern: »Manchmal frage ich mich, wie lange wir die Verantwortung, die wir tragen und die allmählich anfängt, sich in historische Schuld oder zum mindesten Mitschuld zu verwandeln, noch tragen können.« Gertraud Meyer findet in ihrem Vortrag dieses Bild für seine Situation: »Er versucht ›janusköpfig‹ –das ist ein Wort des Bruders – das Unmögliche, nämlich klug und geschickt zwischen steilen Klippen hindurchzusteuern, einerseits den Widerstand zu fördern, andererseits den seiner Sache dienenden Posten nicht aufzugeben. Er glaubte, durch den engen Kontakt mit der Macht Einfluss nehmen zu können. Aber es war, als wollte er auf einem Schiff voller Piraten das Steuer in die Hand bekommen.«

In der Haft weiß er, dass er *An der Schwelle* steht:

»Was hält mich – die Schwelle steht mir offen.
Es ist uns nicht erlaubt, uns fortzustehlen,
mag uns ein Gott, mag uns ein Teufel quälen.«

Er erinnert sich an den Ort, der in Athen gezeigt wurde, an dem Sokrates auf
den Todesbecher mit Gift gewartet haben soll, »um sich dem tödlichen Gesetz
zu beugen«.

Nun reut es Haushofer, dass er dort vorüberging und nicht in die Knie gesun-
ken ist, um mitzutrinken, sieht er sich doch mit ihm in der gleichen Situation:

»Er war ein Großer, der sich unterfing,
des eignen Staates blinden Mordgewalten
als Opfertier die Treue so zu halten.«

Keinen Hass hegt er gegen seine Wächter in dieser Zeit zwischen dem 13. Dezember 1944 und dem 23. April 1945:

»Die Wächter, die man unsrer Haft gestellt,
sind brave Burschen. Bäuerliches Blut.
Herausgerissen aus der Dörfer Hut
in eine fremde, nicht verstandne Welt.«

Möglicherweise im Gegensatz zu seinem Vater, von dem er befürchten muss,
dass er »den Hauch des Bösen nicht gesehn./Den Dämon ließ er in die Welt
entwehn«, weiß Albrecht Haushofer, was aus einer fehlgeleiteten Geopolitik
werden kann. In seinem Sonett *Sylvestersegen* spricht er es aus:

»Was in Jahrhunderten gewachsen war,
vernichtet nun in Stunden jäh die Kraft
gewissenlos mißbrauchter Wissenschaft.«

Albrecht Haushofer ist sich und seiner Herkunft da treuer geblieben als sein
Vater. »Er durchwanderte«, so erinnert sich sein Student Reiner Hildebrandt,
»keine Landschaft, ohne die Melodie zu hören, die aus ihr spricht, ohne der
Seelen zu gedenken, an die sie mahnt.« Das erinnert beinahe an die Songlines
der Aborigines in Australien, wie sie Bruce Chatwin beschwört. So führt
die Geopolitik bei Albrecht Haushofer wieder zurück zur Geopoesie, zu
reiner Anschauung.

»Heut nacht war mir ein andres Bildnis nah:
So mild und still, so friedevoll und fern
wie ein Geschenk von einem andern Stern.
Der große Buddha von Kamakura.

Aus einem Hain von Kirschenblüten schaut
er auf das Fischerdorf und bleibt gelassen,
ob Kinderlachen spielt in seinen Gassen,
ob Weltenmeer darüber Stürme braut.

Er kennt kein Zürnen, kein Verzweifeltsein,
und lehrt nur eines: wie man sich versenke,
den Einzelwillen in die Allheit lenke,

die Seele lösend aus der Dinge Schein,
will Buddha sie aus allem Leiden heben –
dem Lotos fühl ich lächelnd ihn entschweben.«

Voller Zuversicht geht er aus dem Dasein: »Und Frieden läuten wird ein Glockenreigen.«

Der Hartschimmelhof heute
So wie unten der See mit all seinen Tiefen, Untiefen und Abgründen etwas zunächst Unsichtbares in sich birgt, so verhält es sich oben auf dem von der Eiszeit hinterlassenen Rücken mit dem Hartschimmelhof, der als Land gewordener Dampfer inmitten einer umwaldeten Lichtung ruht. Nichts scheint ihm, von außen gesehen, etwas anhaben zu können, und doch steckt er, mehr noch als manch anderes Haus, voller Geschichten, Geschichten und auch Geister, die da leben. »Man muss mit ihnen leben, ganz einfach«, lacht Renate Haushofer, die jetzige Besitzerin des Hartschimmelhofs, Frau oder Witwe von Martin Haushofer, der oben auf der Höhe des Moränenrückens am Rande einer Haushofer'schen Weide einen Stein hat setzen lassen: »I. M. Karl und Martha Haushofer und ihr Landschaftsschutzgebiet 1944. Martin Haushofer Hartschimmelhof 1986«. »Die waren ja die ersten Grünen, längst ehe es Grüne gab, daran wollte mein Mann erinnern«, erläutert Renate Haushofer die Bedeutung des Steins. Bei ihr kann wieder anderes Oberhand gewinnen: die Geister annehmen, die üblen wie auch die guten, ihnen Raum geben, und damit dem Licht. Auch das ist möglich, es ist notwendig, so dringend notwendig, und wenn es gelingt, so überaus beglückend.

Da ist der Mensch wie der See: Was in der Tiefe nicht immer alles zu bündeln ist, soll wenigstens im Gesamten ausgleichend gelingen, nicht als schöner

Schein, aber doch gebunden in künstlerischem Ausdruck, der über sich selbst hinausführt, in eine Vergewisserung des eigenen Lebens in der Welt, die einen umgibt.

Nicht als Opfer dieses Hauses fühlt sie sich: »Ich lebe hier, weißt du«, sagt sie – und: »Bei mir ist alles zusammengeflossen«. »Alles«: Dazu gehört, dass sie nicht nur die Geschichte der Haushofers aus dem Innersten kennt, sondern zum Beispiel auch Briefe von Christian Morgenstern entdeckt und sie ebenso gut als unveröffentlicht zu erkennen versteht, wie sie durch den Wald stapft und Bäume erkennt, die gefällt werden müssen, und in Gummistiefeln über Felder vom Ausmaß eines Gutshofs, den man in dieser Form allenfalls noch aus alten Chroniken kennt – und auch da weiß sie, was zu tun ist. Nebenbei steht ihr die größte landwirtschaftliche Bibliothek zur Verfügung, die es in privater Hand gibt. Aber die braucht sie gar nicht. Im Stall ist sie sowieso zu Hause. Mit Kennerblick sucht sie einen Stier für ihre Kuhherde, den richtigen natürlich. Von einer Bekannten weiß sie, dass sie einen hat, aber nur vier Kühe für diesen Stier; sie liebt ihn, aber sie muss ihn abgeben. »Ich brauchte den Stier«, sagt Renate Haushofer mit freundlicher und zugleich so fester Stimme, dass kein Zweifel darin bestehen kann, dass dieser Stier der ihre sein wird. Zwei Bauernburschen bringen also das mächtige und weiß Gott nicht ganz ungefährliche Tier auf den Hartschimmelhof. Die inzwischen schon ehemalige Besitzerin kommt mit ihrer Futterschüssel mit, um den Stier zu locken. Renate Haushofer führt ihn einfach zu seiner neuen Herde: »Das ist jetzt deine Herde!«, sagt sie zu ihm, und der Stier stolziert an der Futterschüssel seiner früheren Herrin vorüber. Ihr kommen die Tränen, denn sie merkt, der Stier gehört ihr schon nicht mehr. Seine neue Herrin lässt ihm keinen Nasenring einziehen, den braucht es so wenig wie die Fachbücher ihrer Bibliothek. Die alte Besitzerin übergibt der neuen mit dem Stier auch die Futterschüssel, und die beiden werden die besten Freunde. »Doch irgendwann musste ich ihn töten«, erzählt Renate Haushofer in ruhigem Ton, gleichwohl im hohen Ton archaischer Erzählungen, in denen am Ende einer Liebe der Tod steht, am Ende gar ein gewaltsamer. Und warum? »Weil er nicht mehr in den Besamungsstand kam«, sagt sie. Auch das die natürlichste Sache der Welt – das heißt, er ist schon noch reingekommen, aber er wollte sich nicht einengen lassen und hatte einfach keine Lust. Natürlich sein gutes Recht, allerdings auch das gute Recht seiner Besitzerin, ihn in den Ruhestand zu versetzen, in den ewigen, zumindest dieser irdischen Laufbahn. Einen Bolzenschuss steckt er allerdings locker weg, und noch einen. »Er hat mich einfach nur angeschaut«, erzählt Renate Haushofer von ihrem Stier, »und dann haben wir ihm den Schnitt gemacht.« So macht man das. »Ich habe das immer so gemacht«, sagt sie, »bei allen Tieren, die ich schlachten muss. Es ist nichts Besonderes, weil ich bin ja dabei.« Und das ist das Besondere: Sie ist dabei, Renate Haushofer.

»Wir alle sind Gottsuchende«, sagt Dr. Johannes Eckert, achter Abt von St. Bonifaz und dreiunddreißigster Abt in Andechs. Auch die Mönche suchen Gott, auch ihr Abt sucht Gott, er ist solidarisch mit all denen, die ihn nicht oder auch noch nicht gefunden haben. Wenn man ihm sagt, dass er es doch gut hat, weil er die »Umkehr« schon längst hinter sich hat, wie das die Benediktiner nennen, die große Umkehr im Leben zu einem Leben, das sich nicht in Äußerlichkeiten erschöpft, lacht er. »Jeden Tag muss ich die Umkehr suchen, jeden Tag von neuem, was glaubst denn du?!« Tag für Tag bereit, sich zu verändern, von Gott verändern zu lassen. So sind wir aus dieser Sichtweise alle auf einer großen Suche auf dem großen Pilgerpfad, den wir »Leben« nennen, durch diese Welt, die wir »Wirklichkeit« nennen. Gott sei Dank gibt es dann in dieser Gegend einen heiligen Berg, genannt Andechs, Kloster Andechs, mit Wallfahrtskirche und Bräustüberl auch. Ein Heiliger Berg gewährt doch, auch wenn seine Mönche ebenfalls auf der Suche sind – oder gerade deshalb – Orientierung in der Ebene, in den Mühen des Alltags.

Was aber ist das, ein »heiliger Berg«? Eigentlich ist ein jeder Berg ein heiliger Berg, weil man dem Himmel auf dem Berg näher ist. Deshalb setzen die Menschen ja auch Kreuze auf die Gipfel, zum Zeichen dafür. Oder wenn die Berge nicht so hoch sind: eine Kapelle oder ein Kloster. Man sieht es einem heiligen Berg aber auch so an, dass er ein heiliger Berg ist, schon rein landschaftlich. Er hebt sich heraus, aus dem Übrigen, Üblichen, aufgrund geologischer Gegebenheiten, die auch seine Form bestimmen, vielleicht als eine tierähnliche Ausstülpung oder einfach als Kegel, als Tafel, als Dreieck, als Pfeiler: Immer geht etwas Magisches aus von ihm, immer verweist er auf mehr als auf bloß geologische Herkunft. Er zeigt zum Himmel.

Im Vorfeld sieht man einen Heiligen Berg schon von weit her, gleich aus welcher Richtung man kommt, ob, im Fall von Andechs, von Widdersberg oder von Rothenfeld, ob man aus Machtlfing kommt, aus dem Kerschlacher Forst heraustritt, das Tal des Kienbachs oder das des Mühltalbachs heraufsteigt oder ob man von Dießen her über den Ammersee schaut – immer ist schon im ersten Anblick klar: Dieser Berg da, das ist ein heiliger!

Die »Außer-wenn«-Regel

Dem Kloster Andechs gegenüber liegt ein etwas kleinerer Hügel, von dem aus man einen der schönsten Blicke auf den Heiligen Berg werfen kann. Der Hügel beherbergt eine Kapelle, die Friedenskapelle, die 1870 errichtet worden ist. Anlass war der Krieg gegen Frankreich. Die Glocken kamen aus dem nahen Weiler Ramsee, zwischen Andechs und Wartaweil gelegen, der abgebrochen worden war – nicht im Krieg, sondern mitten im Frieden. 1859 vom bayerischen Staat abgerissen bis auf die Kirche, die dann 1864 auch noch verschwindet. Ramsee zählt zu den sogenannten Wüstungen in Bayern, einem Eldorado für Schatzsucher, selbsternannten letzten Abenteuern unserer Zeit, die mit Sonden solche Orte absuchen, ob es noch einen Schatz zu heben gibt. Fragt sich nur, ob sich mit Sonden wirklich Schätze finden lassen.

Zwischen dem Kloster Andechs und der Friedenskapelle verläuft ein Weg, der als Kreuzweg mit vierzehn Kreuzwegstationen angelegt ist. Zugleich ist dieser Weg der letzte Weg, den die Mönche aus dem Kloster hinter sich bringen – im Sarg. Der schöne altbayerische Begriff »Hoamatl« wird oft verniedlicht und nicht in seiner wahren Dimension begriffen. Eigentlich bezeichnet »Hoamatl« jenen Weg, den man von seiner letzten Wohnung aus zu seinem Grab macht – oft begangen als Lebender, zum letzten Mal im Sarg auf der letzten Reise. Diesen Weg also, wenn man den kennt, hat man ein »Hoamatl«, eine Heimat.

Auf dem Friedhof um die Friedenskapelle liegt der Frater Lambert Stangl auf dem Heiligen Berg im Kloster Andechs. Beinahe ein Vierteljahrhundert war er Frater, von 1988 bis 2012. Ein Herz, so groß und weit wie das ganze Land, so groß und weit war sein Herz. Dem Gründervater von seinem Orden, dem Heiligen Benedikt, war es ganz wichtig, dass alle Fremden, die kommen, aufgenommen werden wie Jesus. Wenn der Heilige Benedikt sich einen Bruder hätte ausdenken können, der diese Regel in ihrem Ideal erfüllt, dann wäre seine Wahl auf den Frater Lambert gefallen: Ein Gastmeister der Benediktiner sollte so sein, muss so sein wie der Frater Lambert. Er war nicht nur an sich tiefgläubig, voller Gottvertrauen, sondern gläubig vor allem auch in dem Sinn, dass der Glaube erst dann wirklich tief wird, wenn er uns zum Menschen macht, wenn wir menschlich werden: für uns selber – und für die anderen Menschen, allesamt Gast auf Erden, und wenn man viel Glück hat: Gast im Kloster, und bei noch mehr Glück: Gast im Kloster Andechs.

Alles Gäste in seinem Herzen: die Pilger, einzelne Individualisten, der Chor der Klosterkirche, die Feuerwehr und wer immer sonst darin Platz hatte, alle, alle. Und alle konnten von ihm lernen, wie schön es ist, wenn man glauben kann. Glauben kann an alle Regeln, aber auch daran, dass es nicht um den Buchstaben des Gesetzes geht, sondern dass wir unser Herz sprechen lassen. Ein gewisser Jesus von Nazareth hat das vorgelebt. Eine Regel hat etwas Gutes, eine Regel gibt etwas Festes, aber eine Regel, das sagt schon die Regel, hat auch eine Ausnahme, sonst wäre die Regel keine Regel. Bruder Lambert hatte dabei so manch eigene Auslegung, seine »Außer-wenn«-Regel. Zum Beispiel die Vorgabe des Heiligen Benedikt, ein Mönch sollte nicht über sein Habit mäkeln: »Außer es ist zu kurz oder zu lang.« Bei ihm war es zu kurz, die Ärmel der Kutte krochen stets den Arm hinauf, aufgrund einer gewissen barocken Leiblichkeit, also »außer wenn«.

Abgesehen davon, dass auf seiner Kutte, die im 45-Grad-Winkel von ihm abstand, die komplette Speiskarte der letzten Zeit abzulesen war. Was ein Novize, der nach einer Woche Abwesenheit auch genüsslich tut: »Aha, was hat's denn bei eich wieder geben? Spaghetti Carbonara! Schweinsbraten mit Knödel! Kaiserschmarrn! Kartoffel mit Spinat und Spiegelei …« Wie soll man da nicht über sein solcherart spiegelndes Habit murren?

Oder dass man nicht schlecht über seine Mitmenschen reden sollte: »Außer wenn er es nicht hört!« Und so weiter. Geradezu übermenschlich würde es ohne »Außer-wenn«-Regel, wenn man am Aschermittwoch als zusätzliches Gelübde ausgerechnet sich etwas ausgesucht hat, was gar nicht geht. Auf dem

Weg zum Stundengebet im Kreuzgang, wo man eh schon nicht reden soll, hab ich ihn gefragt, was mich wirklich nichts angeht – danach fragt man einfach nicht, aber ich hab's halt wissen wollen, was er denn ausgelobt hat, die vierzig Tage bis Ostern. »Kein Weißbier!«, sagt er resigniert, und seine Sandalen geben die Resignation als schlappendes Geräusch und Echo über den Platten des Kreuzgangs wieder. »Oh Gott«, rutscht es mir heraus, »das hältst du ja nie aus!« »Ja«, stimmt er zu, »jetzt muss ich vierzig Tag des von Erdinger saufen!« – Höchststrafe für einen Mönch vom Kloster Andechs.

Erst vor dem Hintergrund einer Regel, eines Rituals, wird die Ausnahme, die Provokation, der Reiz an der Grenzüberschreitung wieder deutlich und sichtbar. Es gibt eigentlich nichts Drögeres, keine härtere Spaßbremse im Fasching als diese Teufelshörner, die rot blinken. Aber wenn ein Mönch beim Morgengebet in der Chorkapelle am Faschingsdienstag seine Kapuze zurückschlägt, und es blinkt rot von den Teufelshörnern in das Blau des heraufdämmernden Wintermorgens hinaus, dann ist alles aus, kein Gebet will mehr gelingen, kein Gesang, kein Antiphon. Ein Lachen geht durch die Reihen, der Teufel ist im Kloster. Der Abt stellt seinerseits sein Gebet ein, mit den Worten: »Ja, wenn da Deifi selbst ins Kloster kommt, dann hat's keinen Sinn mehr.« Er löst das morgendliche Stundengebet auf, und lachend schreiten die Brüder durch den Kreuzgang ins Refektorium, in dem seinerseits der Abt statt des Glöckchens zum Zeichen, dass mit dem Essen begonnen werden kann, eine Hupe aus der Kutte zieht, so eine Hupe mit Gummibalg, die abscheulich quiekt.

Dann fügt Bruder Lambert den Regeln des Heiligen Benedikt noch eine hinzu, ausgerechnet eine über das Lachen. Die trägt er dann mit unerschütterlichem Ernst im Refektorium dem Konvent vor, weil er den Lesedienst beim Mittagessen hat: »Aus der Regel unseres Heiligen Vaters Benedikt im Kloster«, deklamiert er in jenem Ton, der jahrhundertelange Tradition verrät, ein ernster Gesang, dem Bruder Lambert durch leichte Übertreibung gelegentlich einen leisen Anflug von Parodie verleiht. Und fährt fort: »Das 74. Kapitel – ›Der Witz‹«. Das ist wirklich ein guter Witz, ist doch das Kapitel 73 bereits der Epilog, also Schluss des Regelwerks, abgesehen davon, dass der Heilige Benedikt, so wie andere Größen der Kirche, dem Lachen, gelinde gesagt, eher reserviert gegenüberstand. Der Bruder Gastmeister vom Heiligen Berg weiß es natürlich besser, er weiß nicht nur um das außergewöhnliche Phänomen der »Außerwenn«-Regel und ihrer hochgradigen Wirksamkeit, er kennt auch noch eine Regel mehr als selbst der Heilige Benedikt. »Im Kloster sollen regelmäßig Witze erzählt werden. Jedem Mönch sollte man am Tag einen Witz erlauben. Benötigt einer mehr, sollte er nach seinen Bedürfnissen mehr erzählen. Jüngeren sollte man, wegen der Gefahr des Einschleichens der Humorlosigkeit, mindestens drei Witze am Tage erlauben. Der Abt und alle Brüder sollen darüber lachen. Der Mönch soll keine schlechten Witze machen. Macht er trotzdem einen, soll ihm der Abt eine angemessene Strafe erteilen. Der Bruder muss eine Woche lang drei gute Witze am Tag machen.« Die Regel des Heiligen Benedikt aus dem Mund vom Bruder Gastmeister wird immer toller: »Sollte ein Witz nicht zum Lachen sein, sei der Witzeerzähler nicht betrübt, sondern freue sich auf einen besseren Witz. Keiner darf einen schlechten Witzeerzähler ausschließen oder schlagen, es sei denn, der Abt habe ihm die Vollmacht dazu erteilt.«

Der jetzige Abt pflegt, in jedem Gottesdienst einen Witz zu machen. Zum Beispiel den vom Bischof, der zur Visitation eines Frauenklosters schon vor dem Kloster auf eine Nonne trifft, die einen Kinderwagen schiebt. Der Bischof schaut hinein und fragt die Nonne: »Klostergeheimnis, was?« »Nein«, antwortet die Nonne, »Kardinalfehler«.

Kann man Gott einen Kardinalfehler vorwerfen? Vermutlich kaum, außer wenn er den Bruder Gastmeister vom Heiligen Berg wegholt, wo er doch so kreuznotwendig gewesen ist, noch immer ist – noch immer wäre: für das Kloster, für alle. Einmal hat er noch in der *Bernauerin* den Mönch gespielt, also im Grunde sich selbst: sagenhaft. Selig lächelt er so vor sich hin, wie vom Amixl die Red ist, von der Amsel also, wie sie gesungen hat und gepfiffen. Heimat halt, oder wie Orff sagt: »d'Heimsucht«! Und dann sagt der Mönch in der *Bernauerin* seinen Satz, den einzigen, der er in dem ganzen Stück zu sagen hat, aber es ist ein entscheidender, denn einmal, da haben in der Christnacht die Apfelbäume geblüht: »Amal, da ham in der Christnacht d'Äpflbaam blüaht!« Da ist es dann auch schon kein Wunder mehr, wenn man am anderen

Morgen beim Frühstück zwischen dem Mönch sitzt, der in der Christnacht die Apfelbäume blühen hat sehen – und der leibhaftigen Bernauerin, also der jungen Schauspielerin, die am Abend zuvor die Bernauerin gespielt hat, so gespielt, dass kaum ein Auge trocken bleibt.

Freilich hat sich Frater Lambert an seine eigene Regel nicht gehalten, an die Regel, die er nach oben schickte, nach ganz oben, zum Himmelvater nämlich, sobald ein jüngerer Mensch im Sterben gelegen ist: »Reihenfolge einhalten«, also dass der Reihe nach gestorben wird, die älteren zuerst, und die jüngeren, wenn sie selber älter geworden sind. An diese Regel hat er sich selbst nicht gehalten, auch an diese Regel nicht! Stirbt vor vielen, die ein Stück älter sind, viel zu früh, wie man so sagt. Wenn wir über den Viktualienmarkt in München spaziert sind und ich gesagt habe, dass ich mir so das Paradies vorstelle, und wenn es nicht so ist, drehe ich mich auf der Stelle um und kehre zurück auf den Viktualienmarkt, gab er mir recht, dass das Paradies mindestens so schön sein müsse wie der Viktualienmarkt: »Bloß ohne Preisschuidl!«

Ja, und da ist er jetzt – und wartet auf uns, seine Gäste.

Dummerweise hatten er und ich die Vereinbarung, dass ich mich meinerseits auf den Doppelbock freuen darf, den er mir aufs Grab schütten wird. Das läuft jetzt andersherum, in der Gegenrichtung: Jetzt gieß ich ihm seine Blumen mit Doppelbock. Dabei höre ich jenen Satz nachklingen, den er mir stets mit auf den Weg gegeben hat, wenn ich nach einem mehr oder weniger langen Klosteraufenthalt wieder in die Welt hinausgegangen bin: »Werd du so, wia i sei soidad!«

Heimatkunde einer Heilsgeschichte

So wie der Berg Zion im Gelobten Land Palästina Jahrhunderte lang ein Sehnsuchtsort geblieben ist und noch immer ist, verhält es sich mit dem Heiligen Berg der Bayern, dem Kloster Andechs, also nicht ganz, aber, sagen wir, für unsere Breiten schon. Wenn die Mönche in der Chorkapelle den Psalm 96,1 anstimmen: »Halleluja! Singet dem HERRN ein neues Lied; die Gemeinde der Heiligen soll ihn loben. Israel freue sich des, der es gemacht hat; die Kinder Zions seien fröhlich über ihren König«, dann verschmelzen beide heiligen Berge in einen, den einen großen Heiligen Berg, dem die Menschen zustreben, seit es Menschen gibt.

Erkundung und poetische Vermessung der Heimat wird so zur Heimatkunde einer Heilsgeschichte.

HERRSCHING

Die unterirdische Vermessung der Erde

Wo immer wir stehen, stehen wir auf einem Friedhof, ohne dass dieser Friedhof als solcher gekennzeichnet, also unmittelbar sichtbar wäre, mit umfriedeter Mauer, mit Kapelle und Aussegnungshalle, mit erkennbaren Gräbern und Grabsteinen: Wir stehen, wo wir stehen, aber wo wir da stehen, stehen wir auf den Knochen von Vorfahren, die wir kaum noch erahnen können – auch wenn es noch immer ihr Blut ist, das durch unsere Adern läuft.

Deep mapping ist immer auch gleichbedeutend mit Reisen in die Vergangenheit, und die führen oft unter die Erde. Der Bauunternehmer Kaindl ist geradezu spezialisiert darauf. Seine Mitarbeiter, vor allem diejenigen, die mit dem Bagger tätig werken, sind instruiert, sofort jede Arbeit einzustellen, wenn ihnen etwas komisch vorkommt, und ihn zu verständigen.

In Herrsching hinter dem heute bestehenden Friedhof, der erweitert werden sollte, war das der Fall. 1982, bei der Erweiterung des Friedhofs, stießen Mitarbeiter der beauftragten Firma Kaindl auf Tuffstein, und wer bei dieser Firma arbeitet, bekommt vom Chef einen archäologischen Sinn in die Schaufel gelegt, damit diese unverzüglich aus der Hand gegeben und dafür zum Telefon gegriffen wird. In dem Fall war man zwischen den Steinen auch noch auf Goldfäden, Goldplättchen gestoßen – ein klarer Fall für Kaindl. Der Bauunternehmer Kaindl verfügt sofort, was sonst den Horror eines jeden Bauunternehmers auslöst, der in dieser Region möglicherweise auf Überreste vergangener Kulturen stößt und hinter den Schaufeln von Baggern und Planierraupen schon die Archäologen aufziehen sieht, die natürlich unverzüglich einen Baustopp verfügen – der Bauunternehmer verfügt ihn selber. Was sich da gefügt hat in der Vergangenheit, das will er nicht antasten. Er verständigt das Landesamt für Denkmalspflege.

Und siehe da: Nach und nach tut sich ein Grab nach dem anderen auf, mit mutmaßlicherweise hochstehenden Persönlichkeiten der Bajuwaren, zum Beispiel einem ein Meter neunzig großen Krieger mit komplettem Waffenrock und einem Prunkgürtel mit vergoldeten Silberteilen, einundzwanzig prächtige Gürtelbeschläge mit den mäandrierenden Mustern der Zeit kunstvoll verziert – und die Grundrisse einer Kirche dazu, möglicherweise der ältesten bekannten Steinkirche in Bayern überhaupt, etwa um das Jahr 670 erbaut. Das lässt sich an den Resten von zwei Kalkbränden zwischen den Steinen belegen, erklärt Kaindl, dem Steine doppelt vertraut sind: in der Gegenwart zum Bauen, für die Vergangenheit, wann und wie gebaut worden ist. Der letzte Kalkbrand stammt, und das lässt sich exakt datieren, eben aus dem Jahre 670.

Eine ähnliche Anlage hat man auf der Wörthinsel im Staffelsee gefunden;

natürlich ist die in Herrsching nur der Versuch einer Rekonstruktion. Das Reeddach, von dem man nicht weiß, ob die Kirche je ein solches gehabt hat, stammt von einer Firma am Neusiedler See. Undenkbar ist es nicht, nahm doch vor Jahrhunderten der Kienbach einen anderen Lauf, von Andechs herunter in den Ammersee – eben an dieser Stelle.

Der gesundheitliche Zustand der Toten war auch schon vor dem Zeitpunkt ihres Todes bedenklich. Was man in den Gräbern in der Nähe des dänischen Odense gefunden hat, ist erst aus dem sechzehnten Jahrhundert, also vergleichsweise noch gar nicht so lange her wie die toten Agilolfinger, noch lange nicht. Doch hat man auch da zahlreiche Verletzungen vor allem am Schädel gefunden, bei fast jedem zehnten männlichen Toten, und das nur auf diejenigen bezogen, welche die Schläge zunächst überlebt hatten. Mit Sicherheit für den Rest eines nicht mehr allzu langen Lebens traumatisiert bis zu massiver körperlicher Behinderung. Es ging heftig zu in den vergangenen Zeiten, ob im Norden oder im Süden, heftiger als zumindest hier bei uns in der Gegenwart, wesentlich heftiger, gewalttätiger.

Als Visitenkarte drückt einem der Bauunternehmer einen Meterstab mit seinem Namen, der Anschrift und der Telefonnummer in die Hand: »Man hat ja immer was zum Vermessen!« Außerdem verlegt man diese Visitenkarte nicht so leicht. Der archäologische Entdecker gehört zu denen, welche die Erde unterirdisch vermessen.

Vergnügt zeigt er mit dem Meterstab auf einen mäßig erhöhten Schutthügel, mit Kräutern überwachsen. »Römische Therme«, flüstert er, um die Ausführungen seines Vorsitzenden nicht zu stören. Nun gut: »Haus mit Fußbodenheizung aus der Römerzeit, auch nicht schlecht.« Geld zum Erhalten gibt es keines. »Also hamma's wieder zugschütt, deswegen sieht man des jetzt nimmer so!« Es gibt kaum schönere Exkursionen als die, auf denen man gesagt kriegt oder selber sagt: »Hier ist des und des, aber des könnt's Ihr jetzt leider nicht sehn!« Viel besser noch als mit der Wirklichkeit lässt sich die Welt mit der Fantasie ermessen und vermessen.

Fischsemmelción

Von Herrsching heißt es, es hätte die längste Seepromenade Deutschlands. Mit der Bahn kamen die Ausflügler und Urlauber, die damals noch Sommerfrischler hießen, aber auch schon in Scharen. »Damals« heißt Ende des neunzehnten Jahrhunderts, Anfang des zwanzigsten Jahrhunderts, Zeit des Eisenbahnbooms. Sogar ein eigener »Badezug« musste zusätzlich eingerichtet werden. Und mit ihnen kamen die Hotels und die Kaffeehäuser und die Eisdielen und die Fischbuden und die Bootsverleiher, und einkaufen tut solche Kundschaft auch gern, manche für ihr Leben gern; also kamen auch die Geschäfte für Kunstgewerbe und etwas, was man einmal »Kurzwaren« nannte, also Knöpfe, Reißverschlüsse, Häkchen und so weiter, und aus diesen kurzen Waren wurden längere, Textilien mithin, schließlich Modegeschäfte, Schmuckgeschäfte und so weiter. Mit dem Geld, das die Gäste mitbrachten, konnte man eben Geld verdienen.

Das geht so bis zum heutigen Tag, natürlich. Und schillert in all den Farben, wie sie an einem belebten Ufer dieser Welt zu tun pflegen. Das heißt, einen »Gasthof zur Post« findet man nur in Ländern, in denen die Post einmal weitgehend identisch mit dem war, was man heute Infrastruktur nennt: Station zum Pferdewechsel, Herberge zum Übernachten und natürlich Wirtshaus für Speis und Trank. In dem Fall hat der »Gasthof zur Post« schon bessere Zeiten gesehen, als er einmal Adelssitz gewesen ist, derer von Hundtsberger, bis ein gewisser Jörg Hundtsberger aus dem Herrensitz Sitze im Wirtshaus gemacht hat, auf die er sich am liebsten selbst gesetzt hat, und das bekommt einem Wirt selten gut, dem Hundtsberger Jörg auch nicht, weshalb er auch zum letzten seines Geschlechts wurde.

Der benachbarte »Italiener« schmückt seine Straßenfront mit deutlich südlichem Sakralpersonal, er selbst heißt Michele. Auch die Betreiber von Kiosk, Bootsverleih oder Fischbude heißen nicht irgendwie. Sie bewegen sich in einer Szene, die sich als etwas Besonderes empfindet, also haben sie auch besondere Namen und heißen wie gesagt nicht etwa Rudi oder Willi oder Stephan, in dem Fall auch nicht Michele. Die heißen Goro oder Mato oder Mine. Aber gut, auch früher hießen Menschen in dieser Gegend nicht immer Rudi oder Willi oder Stephan, sondern Godo oder Rasso. Sie betreiben zwei regelrecht Kult gewordene Kioske am Strand. Da gibt es die wahnsinnigsten Fischsemmeln am ganzen See, gar hängen Sojasprossen aus den Semmelhälften heraus, und wenn man beim Zubeißen nicht aufpasst, hat man die Remouladensauce auf dem Hemd oder der Bluse anstatt im Mund.

Wenn sie sich gegenseitig besuchen, unterhalten sie sich in dem harten Akzent von Spaniern, die ziemlich gut Deutsch können, aber ihre Herkunft nicht verleugnen können. Das Deutsche wird dann auch eine sehr harte Sprache, so TACK TACK TACK TACK TACK; hinten dran gelegentlich ein -ción, selbstverständlich: Fischsemmelción!

Von dem schönen alten bayerischen Lebensmotto »Leben und leben lassen« lassen manche an der Seepromenade die zweite Hälfte weg und beschränken sich aufs Leben allein, also auf ihr eigenes Leben, und das eigene Leben ist ein einziges Event, und wem das zu laut ist, aber zufällig auch in Nähe der Seepromenade lebt, der hat Pech gehabt, wenn das Lebensgefühl nun mal dazu ruft, dass man sein Lebensgefühl in die Welt hinaustrommelt, auch mitten in der Nacht. Manche finden das toll, und wem das nicht als »leben lassen« erscheint, der muss halt sein Leben hier lassen, auch wenn er schon viel länger hier lebt, also er kann ja auch woanders hingehen. Aber nicht jeder Mensch kann ein Ludwig Scheuermann sein, der einfach so herum kann in der Welt, oder sich ein Schlösschen baut in die Stille.

Um das Kurparkschlösschen kommt man nicht herum, wenn man auf Herrsching zu sprechen kommt, tausendfach ist es beschrieben, deshalb hier nur kurz. Eigentlich heißt es gar nicht »Kurparkschlösschen«, sondern ist die Villa des Landschaftsmalers Ludwig Scheuermann (1859–1911), ein wahrer Kosmopolit zu diesen Zeiten: geboren in Südafrika. Er hat vor dem Ammersee schon über den Ozean geschaut vom Land am Kap der Guten Hoffnung, allerdings war er da noch ganz klein, in einer nördlichen Provinz, in Burgherdorp, einem holländischen »Bürgerdorf«. Aufgewachsen ist er in Augsburg, studiert hat er

in München und in Paris, ist um die ganze Welt gefahren, hat eine Frau aus Riga geheiratet, Désirée Stoberg, war unterwegs in Nordafrika, Skandinavien und Italien, und all diese Länder hat er in seine Villa hineinbauen lassen, in den runden Turm, in eine Laube, die in den ersten Stock gehievt wird, in eine groß-zügig angelegte Treppe im Freien, die in eine Loggia des Eingangs mündet – um maurisches Erbe zu assoziieren, bedarf es einiger Fantasie, doch sind seine Bil-der nicht unähnlich, auf denen sich arabische Händler und Tänzerinnen ebenso finden wie Impressionen vom Ammersee. 1888 schließlich ist er am Ammersee gelandet, in dieser Villa mit dem runden Turm und dem spitzigen Giebeldach, der zum balkon- und verandabestückten, fachwerkverzierten Haus auch nur passt, wenn man als Stil dazu »Historismus« angibt. In Südafrika, wo er sein Leben begonnen hat, endet es auch wieder, nach nicht allzu langer Zeit.

Muss ein geselliger Mensch gewesen sein, hat sich um Herrsching verdient gemacht. Sein Sohn verkauft die Villa samt Anwesen der Gemeinde, lässt sich selbst eine Nachbildung von Goethes Weimarer Gartenhaus an den Ammersee stellen und reiht sich in die furchtlosen Flieger des Ammersees ein als General-ingenieur der deutschen Luftwaffe, der er seit 1939 ist, und landet mit einem Doppeldecker in Herrsching, obwohl Herrsching gar keinen Flugplatz kennt.

Ludwig Scheuermann findet noch einen guten Platz, einen schönen Platz, auf der Prinzenhöhe in dem kleinen Friedhof der Kirche St. Martin, von dem aus man einen wunderbar stillen Blick auf den See hat. Die ältesten Gräber, die man gefunden hat, stammen aus der Zeit, aus der auch die Anlagen bei der rekonstruierten Steinkirche stammen – so schließt sich der Kreis.

Tempel des Kleinbürgertums

Was ist es eigentlich, das einem beim Anblick eines Nazi-Baus die Luft ab-dreht? Nur die Emotion, die in dem Wissen steckt, was da passiert ist? Oder teilt schon die Fassade selbst etwas mit? Tut sie: Macht und Monumentalität. Die viel zu breit angelegte Treppe. Die grob behauenen Quader, aus denen die Mauer gefügt ist: Roh stemmen sie sich aus der Treppenanlage. Riesige rechteckige Leerstellen, die sich hoch in die Eingangsfront hinauffressen, sinnlos hoch: Pforten, die nichts eröffnen, kein Licht, gleich fünf an der Zahl, Pforten der Düsternis. Drüber krallt sich ein hoffnungslos überdimen-sionierter Adler in den Quadern fest. Nichts hat er vom König der Lüfte, von der herrlichen Freiheit der Lüfte, dafür ist er zu groß und schwer, ein unbewegliches Monster. Das Gesicht zur Fratze gefletscht.

»Eingangsfront«: Hier trägt der Begriff zu Recht seinen Namen. Hier wird keine Einladung ausgesprochen, hier wird gleich zum Fanal geblasen: Auf in den Kampf – etwas anderes gibt es gar nicht! Ästhetik des Todes: Eine andere kennen die Nazis nicht. Tempel des Kleinbürgertums mit den Götzen Finsternis, Angst, Abwehr und als Hauptgötze die unreflektierte Angstabwehr, die in Aggression umschlägt und permanent vorhandenes Potenzial zur Gewaltbereitschaft in jedem Menschen zur Tat schreiten lässt. Das Ganze ins Technokratische perfektioniert, mit der Bürokratie als Verwaltung des Todes: Wesen einer nationalsozialistischen Buchführung, mag es Menschen betreffen, die ermordet werden sollen oder schon sind oder, wenn man Glück hat, nur mit Steuern belastet werden, das ist dem Verwaltungsbeamten gleich.

Ein aus dem Menschheitstraum wiedererwachendes Hellas im Klassizismus, an den sich die Nazis anzulehnen suchen: nichts als seine Schattenseiten aufgenommen, das Heroische ins Sinnentleerte gestimmt und gestemmt, falsche Erhabenheit.

»Mauern tragen keine Schuld«, so spricht Christoph Vitali, ehemaliger Direktor des Hauses der Kunst, eines Nazi-Baus, dass es kracht. Er muss immerhin wissen, wovon er spricht. Ihm gelang es auch, dieser Belastung standzuhalten und mit vollkommen neuem Leben zu erfüllen; er trägt seinen Nachnamen nicht umsonst.

Natürlich liegt Häme nicht fern, wenn die Kontinuität der Nutzung des Bauwerks allzu sehr auf der Hand liegt: »Ja, so ein Zufall: von der Reichssteuerschule der Nationalsozialisten zur Fachhochschule für öffentliche Verwaltung und Rechtspflege – wie's immer so trifft!!!« Tatsächlich ist die Vorgeschichte eindeutig. Schon 1928 hat ein Fritz Reinhardt, später Staatssekretär im Reichsfinanzministerium, in Herrsching eine NS-Rednerschule eingerichtet. Er galt als wirkungsvoller Redner und wurde zugleich Steuerexperte der NSDAP, in der er schnell Karriere machte. Von da war der Weg nicht so weit zur Errichtung einer Reichssteuerschule. Zur Eröffnung lud die Partei in den »Andechser Hof« am 1. August ein. Die Eröffnungsrede hielt praktischerweise Staatssekretär Reinhardt selbst.

Fritz Reinhardt steht programmatisch für das »Reinhardt-Programm«, das nach ihm benannte Arbeitsbeschaffungsprogramm. Auch diese Schule verdankt ihre Existenz dieser Strategie. Wer denkt, Steuern sind Steuern, hat noch nicht daran gedacht, dass es auch Steuergesetze gibt, die nach nationalsozialistischen Grundlagen ausgerichtet sind, insbesondere wie zum Beispiel Juden zusätzlich ausgebeutet werden können. Nach dem Krieg hat Reinhardt damit natürlich nur den Juden helfen wollen, indem er noch Schlimmeres verhütet hätte, und bekommt dafür nach kurzem Freiheitsentzug seinen Freispruch. Als sich immer stärker abzeichnet, dass der Krieg verloren geht, wird aus der Reichssteuerschule nach dem Krieg ein Lazarett für die Verletzten. Seit 1955 ist es wieder eine Verwaltungsschule.

BREITBRUNN

Christian Morgenstern: Lass die Moleküle rasen

Bei aller Liebe zum Ammersee, aber dass »ein wichtiger Schritt in der Ge-schichte des Christentums seinen Ausgangspunkt in Breitbrunn am Am-mersee« hat, wird wohl kaum schon jemand bemerkt haben. Und auch die Schöpferin dieser Idee muss einräumen, dass »fast unbemerkt« sich »hier die Vorbereitung der Gründung einer inzwischen weltweit wirkenden Erneu-erungsbewegung« vollzogen hat. Ursula Hausen, Verfasserin der Beiträge *Anfänge der »Bewegung für religiöse Erneuerung« in Breitbrunn bei Michael Bauer* sowie *Michael Bauer* in Thomas Krafts *Herrsching zur Zeit Christian Morgensterns* ist Pfarrerin der Christengemeinschaft, in der sich christliche Grundsätze und anthroposophisches Gedankengut, wie es Rudolf Steiner be-gründet hat, vereinen.

Ein »sichtbares Zeichen« für diese Geschichte sieht sie in der Christopho-rusgestalt am Haus Seestraße 24, in das Margareta Morgenstern nach dem Tod ihres Mannes einzog, zu Morgensterns Freund Michael Bauer, wobei die beiden das Bewusstsein einte, Morgenstern würde ihnen auch als Verstorbe-ner »Freund und Helfer der geistigen Welt« zur Seite stehen. Mit vereinten Kräften bringen sie *Christian Morgensterns Leben und Werk* heraus, 1933 im Piper Verlag; es ist unterschrieben mit: »Von Michael Bauer. Vollendet von Margareta Morgenstern«. Denn auch der Freund Michael Bauer litt an einer Lungenkrankheit, die ihn dieses Werk nicht fertigstellen ließ.

Ursula Hausen zufolge war für Bauer »die wesentlichste Erfahrung seines Lebens eine unmittelbare Christusbegegnung in einem Augenblick tiefster Selbsterkenntnis«. Sie beschreibt dieses Ereignis als das »Parkschlösschen-erlebnis« – die Gegend ist also, folgt man diesen Gedanken, spirituell ganz schön hoch aufgeladen. Jesus Christus in Herrsching, das haben wir so noch nicht gesehen. Den Plastik-Jesus, der beim Michele über dem Parkplatz wacht, können wir wohl nicht dafür in Beschlag nehmen. Vermutlich braucht man dazu auch die steinersche »Menschenweihehandlung«, mit welcher der Mensch sein »ihm in der Schöpfung gegebenes Ziel, Ebenbild und Gleichnis Gottes zu werden, durch die Verbindung zu Christus wiederfinden kann«. Von der Seestraße 24 in Breitbrunn am Ammersee macht man sich auf nach Dornach in der Schweiz, dem künftigen Zentralort der Anthroposophen, im September 1922. In bewegenden Bildern wird dieser Aufbruch geschildert. Ursula Hausen stützt sich dabei ihrerseits auf Erinnerungen eines Herrn Alfred Heidenreich: »Am fünften September in der Morgendämmerung brachen wir auf. Die älte-ren Herren hatten den See schon mit dem letzten Dampfer am Abend zuvor überquert. Es war nicht nur ein romantisches Verlangen, das uns veranlasste, bei Sonnenaufgang in Booten […] selbst an das andre Ufer zu rudern. Es müssen sieben oder acht Boote gewesen sein, und ich sehe noch heute den langsam über den See gleitenden Konvoi vor mir.« Der See Genezareth lässt noch einmal grüßen. Das empfanden auch die Teilnehmer an einem Treffen im »Haus Morgenstern« ganz unmittelbar so, da sie mangels anderer Unterkunftsmöglichkeiten im Dorf einen leer stehenden Stall für ihre Gespräche nutzten, Bretter über Futtertröge legten, den Raum mit Birkenzweigen schmückten und so an das im Evangelium geschilderten Geschehen anschlossen, in dem auch eine Geburt »der Menschheit das Göttliche auf neue Weise näher bringen sollte«. Die Menschen in der Seestraße empfinden sich als »Wiederkommende« im

Geiste des Johannes-Evangeliums. Der Dichter Christian Morgenstern findet seine entsprechenden spirituellen Erlebnisse auf dem Weg über die Kunst: »Die Schönheit der Kunst als Weg zur Befreiung aus den Fesseln des Irdischen war sein Ziel«, so noch einmal Frau Hausen. Morgenstern war, seit er 1909 Vorträge von Rudolf Steiner in Berlin gehört hat, sehr eng mit Steiner befreundet, auch und gerade wegen der anthroposophischen Ausrichtung. Das Weihevolle indes geht ihm, zumindest in seinen Texten, vollkommen ab.

Auch haben bei Morgenstern die *Galgenlieder* nicht diesen dramatischen Hintergrund, wie man ihn bei Villon im Antiquariat »Clerc Fremin« in Dießen kennengelernt hat. Morgenstern und seine Freunde haben zum Patron einen

Galgenberg in Werder bei Potsdam auserkoren, wo sie gern ihre Ausflüge unternahmen und sich nach diesem Namen benannten; das ist zunächst einmal alles. Seinen *Galgenliedern* hat er »zum Geleit« diesen Vierzeiler vorangestellt: »Laß die Moleküle rasen, / was sie auch zusammenknobeln! / Laß das Tüfteln, laß das Hobeln, / heilig halte die Ekstasen!« Christian Morgenstern ist vor allem bekannt durch sie, durch diese seine *Galgenlieder*, auch durch *Palmström* und *Palma Kunkel* – Gedichte, in denen er auf die wunderlichste Weise mit der Sprache spielt. Morgenstern ist Dadaist, bevor es so etwas wie Dadaismus gegeben hat, doch hätte er sich nie, wie nach ihm Karl Valentin auch nicht, als »Dadaist« bezeichnet, obwohl er unter der Überschrift »Das große Lalula« solche Zeilen montiert: »Kroklokwafzi? Sememi! / Seiokrontro – prafripol: / Bifzi, bafzi; hulalemi: / quasti basti bo ... / Lalu lalu lalu lalu la!« Die Dadaisten haben 1916 Morgenstern im »Cabaret Voltaire« als Geburtshelfer zitiert.

Bei Christian Morgenstern werden die Wörter aus ihren gewohnten Bedeutungen herausgelöst, in eine neue Sphäre gehoben, im Klang musikalisch verwandelt. Sie erscheinen als neue Wesen quasi aus dem Nichts: der Zwölf-Elf, das Mondschaf, das Vierviertelschwein, die Auftakteule und die Fiedelbogenpflanze mit Ginganz, Nasobem, Steinochs, Ochsenspatz, Mondberg-Uhu, der Heilige Pardauz und so weiter. Beim »Dichten an sich« werden bei Morgenstern die Dinge aus den Fesseln der Kausalität befreit; sie leben wie das »Ding an sich«, wie Kant, der Begründer der philosophischen Aufklärung in Deutschland, es nennt, jenseits der raumzeitlichen Trennung. Wie alle Dinge jetzt neues Leben gewinnen, so wird auch die Sprache in ein neues Licht gerückt, Nietzsche spricht von der »Umwertung aller Werte«. Was bei Nietzsche die Umwertung aller Werte ist, könnte man bei Morgenstern die Umwortung aller Worte nennen. Morgenstern denkt sehr mit Nietzsche, gerade auch wegen dessen ständiger Ambivalenz der Sichtweisen: »Wer mit Nietzsche denkt, widerspricht sich auch mit Nietzsche. Wer sich an seiner Widersprüchlichkeit stößt, hat nie mit ihm gedacht, (noch mehr: gefühlt) – ist nie mit ihm geflogen.«
     In einem der *Palmström*-Gedichte Morgensterns, in dem sein Held leider überfahren wird, mit dem Titel *Die unmögliche Tatsache*, heißt es geradezu programmatisch für seine Art zu denken: »Palmström [...] kommt zu dem Ergebnis: ›Nur ein Traum war das Erlebnis. / Weil‹, so schließt er messerscharf, ›nicht sein kann, was nicht sein darf.‹« Anders als Nietzsche ist Morgenstern freilich ein gläubiger Mensch. Bei ihm grüßt »Gott im Traume seine Göttin Welt, die sich nach Ihm, wie er nach Ihr sich sehnt«. Und die Welt antwortet auf den Ruf Gottes. Die Entwicklung der Welt ist das schöpferische Gespräch Gottes mit seiner Welt. Morgenstern langt hoch hin, und doch klingt es nicht wirklich unbescheiden, wenn man seine Gedichte kennt: »Alle die andern

beschäftigen sich mit ›Gott‹. Ich wage zu sagen: Ich – bin – das, was wir Gott nennen – selbst. Wer das versteht, aber auch nur der, weiß, was ich meine, wenn ich von ›meinem Ernste‹ spreche.«

Es ist ein spielerischer Ernst, in dem sich Morgenstern poetisch ausdrückt. Das macht ihn menschlicher, zugänglicher als die gelegentlich etwas esoterisch abgehobene Sprachebene mancher Anthroposophen. Allein die Tatsache, dass er als Lektor im Verlag des Bruno Cassirer unter anderem den Dichter Robert Walser betreute, dem vielleicht traumtänzerischsten aller Autoren über den Abgründen unserer Existenz, zeigt, wie fern er jeder fundamentalistischen Festlegung ist. »Die Wahrheit ist oft phantastischer als die Phantasie der Dichter«, schreibt Walser beispielsweise so nebenbei, oder: »Menschen, die Phantasie haben und Gebrauch davon machen, gelten leicht als Spitzbuben.« Und Morgenstern kann fröhlich hintereinander behaupten: »Nichts ändert sich«, und unmittelbar darauf: »Alles ändert sich immer.« Und vom Bruder Robert Walsers, dem seinerzeit hochbegehrten Zeichner und Bühnenbildner Karl Walser, stammt das Titelbild der Erstausgabe von den *Palmström*-Gedichten: ein tief vergrübelter und zugleich saukomischer Morgenstern.

Morgensterns Gefolgsmann in Breitbrunn, Michael Bauer, geistert auch als »Starez von Breitbrunn« durch eine Nachwelt, die ihn in der jetzigen halten möchte. Ein Starez ist keine Erfindung von Morgenstern, ein Starez ist wörtlich ein »Alter«, ein Weiser halt, der viele Stufen spiritueller Erfahrung durchlaufen hat. In Einsamkeit hat er gelebt, ein Starez, asketisch, in mystischem Einklang mit der Schöpfung, unablässig betet er, kurzum: Er führt ein Leben im Namen jenes Christus. Je nun, auf jeden Fall hat Bauer im Garten der Seestraße die seltsamsten Pflanzen aus aller Welt gehegt und gepflegt. Und nach Meran ist er gefahren, zu Morgenstern, als er starb, am 31. März 1914. In Basel hat man ihn verbrannt, Rudolf Steiner hat die Urne verwahrt.

An den »Starez von Breitbrunn«, wie sich Bauer offenbar nicht ungern nennen ließ, will oder muss erinnert sein; Morgensterns Gedichte bedürfen das nicht. Sie sind. Sie sind von selber. Sie sind unsterblich. Der »Zwölf-Elf« zum Beispiel. Der »Zwölf-Elf« beginnt so: »Der Zwölf-Elf hebt die linke Hand: / Da schlägt es Mitternacht im Land. / / Es lauscht der Teich mit offnem Mund / Ganz leise heult der Schluchtenhund.« Bei allem Spiel mit der Sprache, gleichzeitig eingebundenem Zusammenhang in kosmisches Geschehen, es scheint, als wären auch ganz konkret der Ammersee und seine Umgebung anwesend in diesem Gedicht: »Die Dommel reckt sich auf im Rohr / Der Moosfrosch lugt aus seinem Moor.« Und: »Zwei Maulwürf küssen sich zur Stund / als Neuvermählte auf den Mund.« Die Galgenbrüder wollen freilich poetisch eingeflogen sein: »Die Galgenbrüder wehn im Wind« – und auch der Nachtmahr, der »tief im finstern Wald […] seine Fäuste ballt«. Schließlich ist alles gut, nachdem auch der »Rabe Ralf« schaurig ruft: »Kra! Das End ist da!

Das End ist da!« Dann ist es wieder so weit: »Der Zwölf-Elf senkt die linke Hand:/Und wieder schläft das ganze Land.«

Den »Galgenbruder« nennt Morgenstern eine beneidenswerte Zwischenstufe zwischen Mensch und Universum. Man sieht vom Galgenberg aus die Welt anders, und man sieht andere Dinge als andere.

Auf dem Weg zum Jaguar rumpelt die Ente am Haus des Morgenstern vorüber

Wenn einer von sich selbst sagt, er sei der glücklichste Mensch der Welt, dann wird er es wohl auch sein – zumindest für sich selbst. Vielleicht lässt sich solch eine Einschätzung auch verallgemeinern und es gibt viele glücklichste Menschen der Welt. Doch werden diese neidlos anerkennen, dass dieser Mensch der glücklichste ist in diesem Club der glücklichsten Menschen der Welt.

Morgens, wenn er aufwacht, schaut er auf den See, direkt von seinem Kopfkissen aus fällt sein Blick auf den See. Dann fällt er selbst in den See, direkt in den See, der ganze Mann mit seinem ganzen knabenhaft gebliebenen Körper; das ganze Jahr, Tag für Tag, auch im Winter. Das Haus dieses Menschen steht unmittelbar am Ufer. Der Garten – in kleinteiligen Terrassen fällt er zwar nicht zum Meer, aber zum Ammersee herunter. Ein Stück Zaun besteht aus abgebrochenen Paddeln, ein anderes aus abenteuerlichen Masken. Die Bretter hat der Großvater, so wie sie waren, schon vollkommen morsch, einfach genommen, das Marode herausgebrochen – da waren die Bretter dann Masken, ganz von selbst; auf die Idee mit dem Zaun muss man dann auch noch kommen. Auch manch anderes, was der Großvater geschnitzt hat, schmückt das mediterran oberbayerische Stück Grund: eine Indianerbüste, eine hübsche Nackte, welche das Geländer ziert, wenn man vom Kiesstrand heraufkommt, ein männlicher Kopf, aus dem der Hahn für den Gartenschlauch ragt, während eine Wasserpistole aus Plastik in den Himmel zielt, und so weiter.

Manchmal kommt auf dem Uferpfad jemand vorbei, ein Nachbar etwa, den man fragt: »Was gibt's Neues?« Worauf der antwortet: »Nix waar z'vui gsagt!« (Nichts wäre zu viel gesagt). Natürlich ist in dem Fall, wo das richtige Leben ohnehin schon ständig im richtigen Leben vorkommt, das richtige Leben immer besonders richtig, weil man unwillkürlich denkt: »Regie Hanns Christian Müller«. Es folgt ein längerer Disput darüber, welche Auflagen wieder vom Landratsamt gekommen sind, wie man sein Ruderboot zu verstauen hat, und wo und was man dagegen machen kann. Bevorzugt werden ausdrücklich ganz simple Lösungen, denn die merkt das Landratsamt nicht. Oder man droht gleich mit »ganz oben«, Seehofer oder so ähnlich. Aus »fast wie im richtigen Leben« wird »ganz und gar im richtigen Leben«.

Er lebt gern als »Privatmensch«, da am Ammersee, »mit Frau und Kind«. Früher war das eher ein Wochenendhaus, seit gut zehn Jahren hat es Müller so hergerichtet, dass man auch im Winter hier leben kann. Es ist ein archaischer Blick über den See, gleichsam viel älter als über den nahen anderen großen See, den Starnberger See. Kaum verbaut, verschwimmen die Büsche und Bäume des gegenüberliegenden Ufers mitsamt ihrem Spiegelbild im Wasser in sanften Grün- und Blautönen; es scheint, als wären hier am Ammersee Grün und Blau eine einzige Farbe. Ein Schaufelraddampfer in der Ferne vermehrt noch den Eindruck von zeitlicher Entfernung, wenigstens zurück zum Anfang des zwanzigsten Jahrhunderts; just zu jener Zeit, als Großvater Müller hier ein Häuschen baute, auch Teile der Münchner Boheme sich in Richtung Ammersee hinausbewegt haben, allerdings mehr zum Westufer hin: die Thöny, Theoder Heine vom *Simplicissimus*, früher Wilhelm Leibl. Haubentaucher verschwinden von der Wasseroberfläche und tauchen an weit entfernter Stelle wieder auf, unbeeindruckt wirft der Gänsesäger weiter seine kleine Bugwelle, ein Kormoran breitet seine Flügel zum Trocknen aus; er weiß nichts vom Hassanfall des Mitglieds eines Fischereivereins, das Gerhard Polt wütend verkörpert und ihm Tod und Verderben an den langen, gereckten Hals wünscht.

»So hineingerutscht«, das ist eine der Standardantworten des Gerhard Polt auf die Frage, wie denn das alles so gekommen sei. Hanns Christian Müller beantwortet es nicht anders, nur vielleicht ein wenig ausführlicher: »Ehrlich gesagt habe ich nie darüber nachgedacht, was ich später mal werden will, sondern ich habe immer irgendwelche Dinge gemacht, und da hat dann eines zum anderen geführt. Ich hab sehr früh mit dem Musikmachen angefangen, dann über die Musik Schneidetisch, Theater und solche Sachen kennengelernt. Habe Filmmusiken geschrieben und bin sozusagen über die Musik an das Schreiben und an die Regie geraten. Wobei ich zuvor auch schon geschrieben habe, aber halt ›nur‹ Songtexte und Satiren. Das hat sich einfach organisch entwickelt aus dem, wie ich gelebt habe. Eigentlich habe ich immer nur Dinge gemacht, die mich interessiert haben. Und das eine hat mich dann weitergetragen zum nächsten.«

Dahinter steht ein schon sehr entspanntes »Nichts-erzwingen-Wollen«. In den frühen Fünfzigerjahren findet der erste Kontakt zwischen Gerhard Polt und Hanns Christian Müller statt, im Hof der Amalienstraße 79 in München, als »Kindkollegen«, wie Polt das gern formuliert. Die künstlerischen Laufbahnen kreuzen sich in den Siebzigerjahren. Müller ist am Münchner »Rationaltheater« tätig, später an der »Kleinen Freiheit«; ein Kabarettprogramm, das erst mit Jochen Busse geplant ist, der aber nach Düsseldorf geht, findet Ersatz in Gerhard Polt: A star is born! Gisela Schneeberger war auf die Idee gekommen, weil »der immer so lustige Geschichten erzählt«. Später werden sie und Hanns

Christian Müller ein Ehepaar. Müller ist nicht nur Regisseur in den Sketchen, die Polt und die Schneeberger spielen, er schreibt auch Filmmusik und ist ebenso Autor wie Gerhard Polt. Allerdings ist es vorwiegend er, der die Texte schließlich auch wirklich aufschreibt. Veröffentlicht werden sie, nachdem sie im Fernsehen zu sehen waren, im Verlag des Friedl Brehm unter dem genialen Titel *Fast wia im richtigen Leben*.

Hanns Christian Müller gründet seinerseits den Baaz Verlag, der vor allem die entstehenden Theaterstücke verwaltet. Der Gründungsakt gleicht wieder einmal einer Episode aus dem richtigen Leben. Hanns Christian Müller und Gerhard Polt streiften durch Schwabing und suchten nach der »vergrattelsten Bank«, die sich finden ließ, einem Geldinstitut bescheidener Provenienz. Sie wurden fündig, am Kaiserplatz, eine Bank nicht größer als eine Wechselstube – der Name tut nichts zur Sache –, und jeder von den beiden zahlte genau fünf Mark ein, Gründungskapital einer GbR, einer »Gesellschaft bürgerlichen Rechts«. Müllers »Gesellschaft zur Erforschung von Angelegenheiten«, die nichts als eine hübsche, poetische Fiktion war, erhielt eine juristische Grundlage. Die »Gesellschaft zur Erforschung von Angelegenheiten« kennt keine Scheuklappen, sie ist nach allen Richtungen offen, schert sich nicht um Tabus, sie will's einfach wissen, so viel man halt wissen kann, präziser gesagt: was man in einer Geschichte erfahren und wieder weitererzählen kann. Ein Start-up-Unternehmen mit überschaubarem Haftungsrisiko. Den Verlag gibt es im Jahre 2015 immer noch, inklusive Firmenschild. Was der Firmenname bedeutet? »Genau das, was das Wort bedeutet«, lacht Müller.

Sie haben wirklich einen sensationellen Lauf, die Biermösl Blosn kommt noch hinzu, bald spielen sie im führenden deutschen Sprechtheater, den »Kammerspielen«, gehen auf Tourneen, produzieren nicht nur fürs Fernsehen, sondern auch Spielfilme, suchen immer neue Wege.

Campino und Polt, die Toten Hosen und die Biermösl Blosn – das scheint schon sehr weit auseinander, aber wieder einmal ist alles ganz einfach. Sie sind seit über zwanzig Jahren befreundet, immer wieder auch gemeinsame Projekte erarbeitend. »Die Toten Hosen waren schon immer Fans vom Gerhard und mir«, erzählt Müller, vor allem auch von *Fast wia im richtigen Leben*. »Den Gerhard kennen wir schon lange«, bestätigt Campino. »Er war eine absolute Ikone für uns, eine Kultfigur. *Fast wia im richtigen Leben* war ein Muss in unserer Clique, Pflichtprogramm in der Punkszene. Wir konnten viele Sachen auswendig.« Umgekehrt bewundert er den Polt allein schon deshalb, dass er Konzerte von den Toten Hosen ausgehalten hat, für ihn ist das ja »ein echter Radau«. Bis sie dann wirklich zusammenkamen, dauerte es – bis zum Album *Auf dem Kreuzzug ins Glück – 125 Jahre die Toten Hosen*, da kam dann die direkte Anfrage an Polt und Müller, ob sie nicht etwas mit ihnen zusammen machen wollten. Hanns Christian Müller erzählt gern von der gemeinsamen Arbeit, unter anderem wie er sich seinen ersten CD-Player gekauft hat, wegen der Nummer *Das habe ich alles schon mal im Fernsehen gesehen … Denn mein Fernseher läuft Tag und Nacht* – September 1989. Die stammt von ihm. Und wie so manches Mal bei diesen Erzählungen springt Hanns Christian Müller auf in seinem Studio, und schon, ein Mausklick, ein Knopfdruck, ist sie da, die Musik von damals. Seine eigene Version, dann die der Toten Hosen. In die Stille braust kein Sturm vom Ammersee, aber die Toten Hosen! Draußen im Garten, als Hinterwand der Holzlege, schauen einzelne Köpfe über den Holzstoß, von Müller geschnitzte Zaunlatten. Bei zweien von ihnen ist eine Punkfrisur nicht zu übersehen.

Das mit den Toten Hosen war natürlich eine starke Nummer. Bayerische Volksmusik und Punk: Habe die Ehre! Aber es geht! Weil Punk auch Volksmusik ist? So wie es Hubert von Goisern versteht, so wie es die Biermösl Blosn versteht? Noch einfacher ist die Geschichte, wie die Toten Hosen und die Biermösl Blosn zusammengekommen sind: »Wir haben uns beim Fußballspielen kennengelernt«, erzählt Michael Well. Das war bei dem Festival in Burglengenfeld gegen die Wiederaufbereitungsanlage Wackersdorf im Juli 1986, kaum drei Monate nach der Reaktorkatastrophe in Tschernobyl. Man schätzt, dass zwischen hunderttausend und hundertzwanzigtausend Menschen zu dem Festival kamen, es war bis zu dem damaligen Zeitpunkt das größte Rockkonzert in Deutschland.

Natürlich gehen die Wege auch einmal auseinander. Gibt es eine Parallele mit so ganz engem Zusammenarbeiten zwischen Polt und Müller wie drüben am Starnberger See zwischen Sepp Bierbichler und Herbert Achternbusch, die über lange Zeit alles hervorbringt, was ein Einzelner jeweils nie und nimmer geschafft hätte, aber irgendwann – alles hat seine Zeit –, da ist das getan, was getan werden konnte; ist es so? Und dann bleiben zwei Alphatiere übrig, die eben beide weitergehen müssen, auf ihrem jeweils eigenen Weg. Vor allem Müller ist es, der sich in immer neuen künstlerischen Gestaltungen erfinden will. Noch einmal finden sich im Jahre 2004 Polt, Müller und Schneeberger zu einem Film zusammen: *Germanikus*. Drehort ist die weltberühmte Cinecittà, Zentrum des italienischen Films. Regisseure wie Roberto Rossellini, Vittorio De Sica, Luchino Visconti und vor allem Federico Fellini haben ihren legendären Ruhm begründet. *Ben Hur* (1959) von William Wyler wurde hier gedreht, und auch *Die Passion Christi* (2004) von Mel Gibson. Polt, Müller und die Cinecittà, da staunt der Laie, und es wundert sich schon auch der Fachmann. Hanns Christian Müller hatte wie stets keinerlei Berührungsängste mit der cineastischen Kultstätte: »Wir können ja auch was!«

Meistens steht vor dem Firmenschild BAAZ VERLAG eine Ente, ein sogenannter Döschwo, ein Auto, das man ja kaum noch irgendwo auf den Straßen sieht. Auch ist nur selten dieser unverkennbare Sound zu hören, wenn der Fahrer versucht, den Motor anzulassen. Manchmal steht auch ein Jaguar vor dem Firmenschild »BAAZ«, aber der ist so voller Batz, dass man kaum den Jaguar am Jaguar erkennen kann; auch laufen die Spuren von Marderpfoten quer über die Karosserie – auch das ein seltener Anblick. Es kann sein, dass man ein Stück mitfahren muss oder darf, wenn man den »Krischen« besucht, weil er schnell noch irgendwo Äpfel holen muss, auch noch »einen Tausch« vorhat. Die Äpfel sind so mehlig, dass man sie kaum essen kann, aber sie duften so gut, dass er sie auf die weiße Lederrückbank des Jaguars legt. Ihr einziger Zweck und Sinn: dass »es gut riecht im Auto«. Möglicherweise macht man zu diesen Ausführungen als Beifahrer ein etwas komischer Gesicht, jedenfalls fängt Müller zu lachen an. Hierauf erfolgt der angekündigte »Tausch«, der darin besteht, dass von dem Jaguar wieder auf die Ente umgestiegen wird, ohne Äpfel, und man anfängt, vorsichtig nach einer versteckten Kamera zu schielen; ob man am Ende nicht doch aus Versehen in einem Spot »Wie im richtigen Leben« mitspielt. Der erste Zuschauer, der ja zugleich Regisseur ist, lacht schon die ganze Zeit.

Auf dem Weg zum Jaguar rumpelt die Ente am Haus des Morgenstern vorüber.

INNING

Kaiser und Inder in Inning

In Inning, man sieht es ihm heute nicht mehr so an, hat sogar einmal ein Kaiser übernachtet, aber das ist schon eine Zeitlang her, am 15. November 1021. Kaiser Heinrich II., Sohn von Otto III., einem der raren Träumer unserer Nation auf solch hohem Thron, eine Art Ludwig II. des Mittelalters, bloß ohne Schlösserbau. Seine Bewunderer sahen in ihm ein »Wunder der Welt«, andere einen »Märchenkaiser«. Zweiundzwanzig Jahre wurde er nur alt, die meiste Zeit hatte seine Mutter regiert, eine byzantinische Prinzessin, Theophanu, »Gotteserscheinung«.

Wie oft in solchen Fällen (bei Ludwig II. nicht, aus bekannten Gründen), ist dann der Nachfolger ein Superrealist, Realpolitiker, welcher der Maxime des ehemaligen Bundeskanzlers Helmut Schmidt vorauseilend zu folgen scheint, dass wer Visionen hat, zum Psychiater in Behandlung sollte. Er stellt sich auch nicht auf den Balkon des später nach ihm benannten »Kaiserhauses« neben dem Pfarrhof und ruft begeisterten Inningerinnen und Inningern zu: »Ick bin ajn Inninger!«

Heinrich II. geht nicht wie Otto nach Italien, um die Fantasien einer römi-

schen Reichsidee mit seiner Person fortzusetzen, ihm geht es, insgesamt drei-
mal, um die reine unmittelbar Macht. Das beginnt schon mit der Übernahme
der Macht, indem er den Leichenzug Ottos aus Italien in Polling südlich vom
Ammersee abpasst, der Leiche die Eingeweide entnehmen lässt, um sie ins
Kloster St. Ulrich und Afra nach Augsburg zu schicken. Dann zwickt er dem
Erzbischof Heribert von Köln die Reichsinsignien. Ausgerechnet die Heilige
Lanze allerdings fehlt, die hat der findige Erzbischof schon separat vorausge-
schickt, weil er sich einen anderen Nachfolger ausgespechtet hatte. Aber so
heilig kann so eine Lanze gar nicht sein, dass sie sich Heinrich nicht unter den
Nagel reißen würde, im Zweifelsfall muss man halt so einen Bischof einsperren.
Irgendwann hat er alles beisammen und wird König. Dann zieht er Truppen in
Augsburg zusammen und mit ihnen über den Brenner. Natürlich will er auch
Kaiser werden, und dazu braucht er einen Papst. Das geschieht dann 1014.
Auf Darstellungen sieht man, wie Heinrich II. und seine Frau Kunigunde von
Christus gekrönt werden, das ist natürlich beachtlich. Er war allen Ernstes
der Meinung, er habe seine Herrschaft mit allem Drum und Dran von Gott
persönlich erhalten. Insofern hatte er doch Visionen.

Egk: und immer die braunen Flecken dazwischen

Immer wieder das »Dritte Reich«! Man kommt ihm nicht aus! Man kommt
nicht drumherum! So wunderbar die Landschaft und so voller Geist sie rund
um den Ammersee ist, die braunen Flecken, auch wenn man sich eigentlich
nicht so gern mit ihnen beschäftigt in solch einem Buch, um nicht in ihrem
Morast zu versinken: Man kommt nicht drumherum. Sie sind da, auch und
gerade hier. Und bleiben wie Eichenlaub noch bis ins Frühjahr, sich zwischen
alles streuend, was da schon blüht: Schneeglöckchen, Winterlinge, Krokus,
und immer die braunen Flecken dazwischen.

Einen Schlussstrich unter die Vergangenheit ziehen, wie das viele Deutsche
inzwischen wieder wollen, kann man nicht angesichts der Geschichte. So
wenig, wie man in seiner eigenen Biografie einen Schlussstrich ziehen kann.
Wenn man es könnte, ist man tot, und dann kann man es auch nicht mehr,
aller Voraussicht nach. »Es gibt keine deutsche Identität ohne Auschwitz«, sagt
im Jahre 2015 der deutsche Bundespräsident am 70. Jahrestag der Befreiung
von Auschwitz, und das bleibt so – auch wenn unsere Identität als Deutsche
natürlich nicht nur darin besteht … Gott sei Dank.

»Wie hast du dich verhalten?«, wird noch immer gefragt, wobei sich auch
die Frager die Frage gefallen lassen müssen: »Wie hättest du dich verhalten?«
Wärst du ein Held gewesen, wirklich? Hättest du dich durchzumogeln versucht, wahrscheinlich? Wärst du aufgefallen, weil du den Mund nicht halten

kannst, auch im jetzigen Leben, sehr gut möglich? Oder hättest du dich angepasst, leider?

Wie verhält es sich mit Werner Egk? Versucht, Abonnenten für *Fanal* die anarchistische Zeitschrift von Erich Mühsam, zu akquirieren. Erlebt in Berlin die Uraufführung der *Dreigroschenoper*. Lernt bei Brecht die Schriftstellerin Marieluise Fleißer kennen und vermittelt ihr eine Unterkunft in der Münchner Goethestraße, wo er selbst wohnte. Bekommt Kompositionsaufträge auf Vermittlung von Kurt Weill, Komponist der *Dreigroschenoper* – in solchen Kreise verkehrt Werner Egk.

Seine Karriere nimmt allerdings ausgerechnet mit Beginn der nationalsozialistischen Machtergreifung Fahrt auf. Das braucht nicht unmittelbar miteinander zu tun haben, aber die Aufträge häufen sich. Die *Zauberflöte* wird 1935 ein großer Erfolg, bis 1945 bleibt sie im festen Repertoire der Opernhäuser. 1936 wird er Kapellmeister an der Preußischen Staatsoper Berlin. Im gleichen Jahr erhält er den Auftrag, die Festmusik für die Olympischen Spiele in Berlin zu komponieren.

Gewiss ist es eine feine Sache, wenn ein Künstler von seinem Werk leben, es sogar wie im Falle Egk zu Wohlstand bringen kann. Aber die Frage muss dann schon erlaubt sein, ob man sich daran noch freuen kann, wenn ein Weggefährte wie Mühsam, für dessen Zeitschrift man Abonnenten geworben hat, von den Nazis im KZ totgeschlagen wird? Gönner wie Brecht und Weill ins Exil fliehen müssen? Eine einstmals freche Zeitschrift wie der *Simplicissimus* zum öden Parteiorgan herabsinkt? Um nur wenige Beispiele zu nennen.

Seine Erklärung vor der Spruchkammer, die er als offensive Frage dort stellt, ob zwischen »seiner beruflichen Tätigkeit und dem KZ-Verbrechen ein ursächlicher Zusammenhang bestünde«, lässt einen frieren. Noch einige Kältegrade tiefer, dass seine Karriere als Komponist und Dirigent in der Nazizeit keinen Juden mehr in die Gaskammer gebracht hätte – das ist schon nicht mehr nur unverfroren, es ist unverschämt, es ist unmenschlich. Das Berufsverbot gegen ihn wird aufgehoben, mit der Begründung, er wäre »dem Gesetz nach nicht betroffen«. Die Adenauerzeit kann beginnen, mit einem Kanzleramtsminister Globke, der für die Nürnberger Gesetze mit verantwortlich war, und auch unter Adenauer wird er der offizielle Komponist der Wiederaufbau- und Wohlstandsjahre, die genau ein solches Bewusstsein zur Voraussetzung hatten: kein Bewusstsein. So wird man zum Komponisten-Star. Man könnte sich auch schämen, das wäre das Mindeste.

Noch 2001 wird der Abraxas-Skandal in der Ausgabe Nr. 113 der *Süddeutschen Zeitung* knapp so abgetan: »Er (Kultusminister Hundhammer) sah nicht, wie plump der Persil-Griff des Ex-Nazi Egk zu einer Heine-Vorlage war. Es ging nur um Sex auf der Bühne. Etwas nackter Busen reichte, um das Werk urplötzlich vom Spielplan verschwinden zu lassen.« Die Anspielung auf den Persil-Schein, um sich von brauner Vergangenheit reinzuwaschen, indem man einen Text des Juden Heinrich Heine zur Vorlage nimmt, wirkt heutzutage wesentlich heftiger als der christsoziale Fundamentalismus eines Kultusministers mit Prophetenbart. »Weltbürger und Provinzkönig« hieß die Überschrift dieses Artikels.

Schon zwanzig Jahre zuvor war solche Kritik immer lauter geworden. Egk verließ nahezu fluchtartig Inning, hielt sich zwei Jahre in Aarau auf, kehrte zurück, zog weiter nach Augsburg und Donauwörth, stirbt 1983.

BUCH

Niki de Saint Phalle: Brunnen der Schlangen

Es ist sehr schön, dass in einem Buch über den Ammersee am Ammersee ein Ort liegt, der »Buch am Ammersee« heißt. Buch müsste sozusagen ein Ort sein, wie er im Buche steht. Nun ja, über Geschmack lässt sich streiten oder auch nicht. Wie auch immer: Buch findet Eingang in eine von Karl Stielers große Landschaftsschilderungen. Im Jahre 1881 schreibt er so: »Einsamkeit ist bis in die letzten Jahre dem Ammersee geblieben. Sein Gebiet ist eines der herrlichsten im baierischen Vorland; glänzend spiegelt sich die lange Bergeskette in seiner Flut; Hochwald umkränzt die Ufer, aber eine seltsame Fügung hat es gewollt, dass er vergessen blieb von den Tausenden, die allsommerlich hinausziehn und sich jeden Winkel schöner Erde erobern.«

Wenn man ehrlich ist, schreibt Stieler hier weniger über Buch als vielmehr über den Ammersee, aber die Gemeinde Buch setzt es so auf ihre Information, dass Buch eben ungefähr so ist wie der Ammersee insgesamt. Unter Sehenswürdigkeiten führt sie auf: »Eine Reihe von alten hölzernen Bootshäusern mit Stegen und Treppen in den See.« Das sind wahrlich wahre Sehenswürdigkeiten, die des Sehens würdig sind. Man kann eine Gemeinde gar nicht hoch genug rühmen, die sich so darstellen kann!

Es gibt in Buch außerdem traulich alte Häuser, ein klein wenig vom Zahn der Zeit angenagt, doch steht der Zahn der Zeit in einem gesunden Gebiss. Es gibt einen »Saustall«, den der Besitzer eigenhändig in großen Lettern auf die etwas marode Mauer eines Gebäudes gepinselt hat, das einmal tatsächlich ein Saustall gewesen sein mag, in der Zwischenzeit aber nur noch bildlich ein solcher ist. Nachbarn pflegen einen solchen Nachbarn gelegentlich einen »Krattler« zu heißen, neudeutsch: einen etwas unordentlichen Menschen, dem man diesen Charakterzug ziemlich deutlich an seinem Anwesen anmerken kann. Aber der Saustall-Inhaber hat keinen Nachbarn, bleibt also unbehelligt und kann noch mehr tun und lassen, was er will. Sonst könnte es schon sein, dass er etwas zu hören bekäme von den nicht gerade wenigen Inhabern architektonischer Beulen, wie sie aus Soap Operas wuchern. Offenbar muss es Menschen geben, die ihre Wirklichkeit gerne einer Soap Opera entlehnen möchten, als würde nicht gerade die Wirklichkeit einer Soap Opera die Gefährlichkeit einer Wirklichkeit offenbaren.

Und es gibt in Buch eine Slipanlage. Wer meint, es handelt sich vielleicht um eine günstige Einkaufsangelegenheit, sollte schleunigst googeln und wird schnell eines Besseren belehrt: »Eine Slipanlage, englisch slipway, ist eine schräge Ebene, auf der Boote vom Land in das Wasser gelassen werden können. Dazu fährt man mit einem Kraftfahrzeug-Anhänger (Trailer) oder auch mit einem speziellen Slipwagen rückwärts in das Wasser; zu diesem Zweck

muss die Lichtleiste des Trailers demontiert werden.« Vielleicht ist das Internet gelegentlich eine verlässlichere Informationsquelle als eine Soap Opera. Nichts wird in diesem Eintrag vergessen: »Wenn das auf dem Anhänger befindliche Wasserfahrzeug aufschwimmt, sich aus seiner Befestigung entfernt, kann der leere Anhänger wieder aus dem Wasser gezogen werden.« Wer hätte das gedacht? Es kommt aber noch besser: »Soll das Wasserfahrzeug an Land gezogen werden, geschieht dies in umgekehrter Reihenfolge.« Tatsächlich, nichts wird ausgelassen, jetzt muss es dem Letzten klar sein, was eine Slipanlage ist und was nicht und wie man mit ihr umzugehen hat.

Und es gibt in Buch eine Kathedrale – zumindest in der Wegbeschreibung einer Hundebesitzerin. Die Kathedrale von Buch ist so winzig, dass man beinah daran vorbeigefahren wäre, ehe man merkt, dass hier ein Kirchlein gewesen sein könnte. Leider hat die Kathedrale keinen Namen, zumindest steht keiner draußen vor der Tür, und in dem Mitteilungskasten an die Gemeinde auch nicht, aber das braucht es vermutlich auch nicht, weil die Gemeinde natürlich weiß, wie die Kathedrale oder Kirche heißt, in die sie gehen. Hineingehen kann man auch nicht, weil sie abgeschlossen ist. Natürlich ist sie abgeschlossen, weil 1753 von Dießen aus im Auftrag die Stuckaturen gefertigt wurden und von dem Meister, von dem auch die Deckengemälde des »Dießener Himmels« im Marienmünster stammen, zwei Fresken gemalt sind. Und dann hat auch noch Johann Baptist Straub den Hochaltar ins Werk gesetzt, sodass das Kirchlein von Buch ein echter Schatz ist.

Man sollte bei ihr links abbiegen, wenn man das möchte, weil man das »Managerzentrum« der Deutschen Post AG sucht. Eine weitere Sehenswürdigkeit, wie sie im gängigerweise gebrauchten Wortsinne verwendet wird, gäbe es nämlich schon noch in Buch am Ammersee, aber die kann man nicht sehen, genauer man darf sie nicht sehen, weil sie sich auf dem Gelände des »Managerzentrums« der Deutschen Post AG befindet, und das ist absolut unzugänglich, was natürlich schade ist. Alles sehr verständlich, aus Sicht der Nutzer und Besitzer, jedoch bedauerlich für Menschen, die gewiss nicht als Massenpublikum anrollen würden, aber sich eben für moderne Architektur begeistern können. Das gilt für mehrere Institutionen, die sich solch ein Kunstwerk erlauben können, das nahe Landschulheim in etwa auch.

In Buch kann man freilich schon einen Blick darauf erhaschen, von außerhalb, zumindest solange Bäume und Streicher noch kahl bleiben oder schon wieder.

Gert Schukies, der den Bau entworfen hat, knüpft nicht nur an die so glückliche Umgebung des Hauses an mit dem See, dem riesigen Garten, der sich sanft den Hang hinunter dem Ufer nähert, den erstaunlicherweise immer noch frei gebliebenen Wiesen mit den mächtigen Eicheninseln, die in beinahe wilder Ursprünglichkeit für sich gelassen werden. Schukies entwirft auch ein Gebäude, dessen Geist er aus den Gedanken des Philosophen Vilém Flusser ableitet: »Entscheidend ist, dass die ›Fabrik der Zukunft‹ jener Ort sein muss, an welchem homo faber zu homo sapiens werden wird, weil er erkannt hat, dass Fabrizieren dasselbe meint wie Lernen, nämlich Informationen erwerben, herstellen und weitergeben.«

Seine Vision einer Post also ist, dass sie ihrer Hauptaufgabe, der sie seit Jahrhunderten nachgeht, nämlich Kommunikation zwischen Menschen auch über größere Entfernungen herzustellen, auch in der Gegenwart fortsetzt, und zwar in einer Weise, die dieser Gegenwart auch gerecht wird: in Offenheit, freiem Geist und konzentrierter Planung. Dafür braucht der Mensch, der Flussers Vorstellung zufolge aus dem reinen Werktätigen wieder den ganzen Menschen mit Körper, Geist und Seele finden muss, auch Abstand von diesem geschäftigen Alltag. Schukies setzt diese Vision nicht nur selbst um, er sieht sie, Flusser folgend, allerorts und nicht nur am Ammersee wachsen: »Überall sind derartige Schulfabriken und Fabrikschulen bereits im Entstehen.«

Schukies Bauwerk: einer von vielen Dampfern, die es am Ammersee auf das Ufer geschafft haben, ohne Slipanlage. Ein maritimer Bau mit maritimem Charakter, allein schon was die runden Fenster betrifft, Bullaugen in die Ammersee-Landschaft.

Und was blinkt, wenn Bäume und Büsche noch oder schon wieder kahl sind, da bunt aus dem Hof dieses Gebäudekomplexes, dessen Gelände man, wie gesagt, nicht betreten darf; was blinkt da so bunt, gar so bunt, in poppigen Farben und Formen heraus? In Blau und in Gelb und in Rot und in Gold? Das ist überhaupt die Sensation in Buch: ohne Zweifel eine Skulptur von Niki de Saint Phalle! Niki de Saint Phalle in Buch, wer hätte das gedacht? Das muss man sich einmal vorstellen! Oder eben besser nicht, eigentlich muss diese so erstaunliche Sehenswürdigkeit verschwiegen werden, es ist tatsächlich kein Zugang möglich.

Nur so viel ist auch jenseits der Zäune zu erkennen, dass es sich um Schlangen handeln muss, oder um Schlangenköpfe, um viele Schlangenköpfe, eine Hydra, dies vielköpfige Ungeheuer aus der griechischen Mythologie.

Im »Sommer der Schlangen«, wie sie ihn nennt, waren ihr auf dem Ferienlandsitz der Familie zwei große giftige Schlangen begegnet, »gewunden in einem seltsamen Tanz«, die ihr einen heillosen Schrecken einjagten. Jäh und heftig wird dieser Schrecken gesteigert, als sie in ihrem Bett zwei schwarze Schlangen vorfindet. Sie sind zwar tot und nur Gegenstände eines makabren Scherzes ihres Bruders, doch wird sie auch dieses Bild nicht mehr los. Dies alles wird noch gesteigert ins Unermessliche, als ihr Vater sich in demselben Sommer an ihr verging: »Dieses erschreckende Geschehen koppelte sich in ihrer Erinnerung an das erschreckende und faszinierende Schauspiel der Schlangen auf dem Feld, an die Schlangen in ihrem Bett und verschmolz in ihrem Gedächtnis zu einem Bild« (Stefanie Schröder in *Ein starkes verwundetes Herz – Niki de Saint Phalle. Ein Künstlerleben*).

Und doch haben diese bunten Schlangenköpfe etwas so Fröhliches, etwas so Lustiges, dass ihr ungezügeltes Wesen nichts Bedrohliches an sich hat, eher ist es ein Gezüngle in der Brunnenanlage da, die der Skulptur auch den Namen gibt: *Fontaines aux serpents*. Es gibt so wenig Künstler, deren Werke wirklich fröhlich sind, einfach fröhlich, so spielerisch bunt wie Niki de Saint Phalle, die alles so scheinbar spielerisch zu bannen sucht in ihrer Kunst und auf diese Weise traumatisches Geschehen verarbeitet.

Es ist aber nicht nur wegen dieses Brunnens der Schlangen, dass man kein Kapitel »Ammersee« für *Lonely Planet* schreiben möchte, der Band für Band den letzten einsamen Flecken dieses Planeten schnell in einen verwandelt, auf dem sich der restliche Planet tummelt. Es ist auch wegen der Wiesen rund um das Anwesen der »Post«, welche riesige Eichensolitäre bei sich versammelt, Urlandschaften mit verfallenden Hüttchen, von Brombeerkaskaden umstrickt. Man muss sich direkt wundern, dass nicht schon längst ein Flächennutzungsplan die Fläche genutzt hat, damit auch diese Fläche kommerziellen Nutzen abwirft und nicht nur ihre trockenen Äste die Eiche.

Georg Baselitz: Welt auf dem Kopf

Die schlechte Laune des berühmten Malers Georg Baselitz ist fast so berühmt wie er selber, aber vielleicht ist er nur Menschen gegenüber schlecht gelaunt, die etwas wissen wollen, schlimmer noch: von seinen Bildern. Am allerschlimmsten: von ihm selber. Eine Steigerung gibt es noch, das sind die Banausen. Die Kunstkritiker, die ihn nicht verstehen und partout nicht wertschätzen, sind Banausen und natürlich solche Zeitgenossen, die als Patienten durch die Eingangshalle einer noblen Klinik schlendern und zufällig mitbekommen, wie zwei Bilder von ihm dort aufgehängt werden sollen. In Packpapier mit einer Schnur umwickelt, sind sie im Arm einer Dame aus dem Landratsamt sozusagen mit ihr hereingeschlendert gekommen, ziemlich lässig, auch was den Marktwert der Bilder betrifft, und der Direktorin des Hauses übergeben worden. Eigentlich gehören sie der Kreissparkasse. Diese hat sie dem Landratsamt leihweise überlassen und das Landratsamt freundlicherweise wiederum der Öffentlichkeit, in dem Fall der Klinik. Die Direktorin freut sich über die Bilder, weiß aber nicht so recht, wo und wie sie diese aufhängen soll. Ungefragt mischt sich der Patient in den kleinen Diskurs und schlägt vor, die Bilder »andersherum aufzuhängen«, dann würde »der Laden wieder stimmen«, wie er sich gleichermaßen kunstfern wie nassforsch ausdrückt. Mit solchen Banausen muss sich Baselitz, obgleich weltberühmt, sein ganzes Leben herumschlagen, und blöderweise kann er sich auch noch ärgern darüber.

Baselitz heißt eigentlich nur »Kern«, also mit Nachnamen »Kern«, mit Vornamen »Hans-Georg«, das ist natürlich nichts Berühmtes. So kann jeder heißen. Immerhin ist Hans-Georg Kern in einem Ort geboren, dessen Name »Deutschbaselitz« lautet, was die Sache noch nicht viel besser macht, da er im Landkreis Bautzen liegt, und Bautzen liegt in Sachsen, gut, aber bei Bautzen denkt jeder an das berüchtigte Gefängnis der ehemaligen DDR. Die »Vollzugsanstalt I« hieß im Mund des Volkes »Gelbes Elend« oder auch »Stasi-Knast«.

Die Liste der inhaftierten Künstler ist lang, allesamt von der SED der Staats-feindlichkeit angeklagt. Baselitz schaffte es nicht bis nach Bautzen, lieber ging er schon früh in den Westen, um da ebenfalls für Skandale zu sorgen. Nichts einfacher als das: In der biederen Bundesrepublik der Sechzigerjahre ganz simpel mit der Darstellung von Sexualität. Das ist ein seltsamer Vorgang, denn jeder kennt das, worum es geht, mehr oder weniger jedenfalls, aber wer sich aufregen möchte, möchte gern so tun, als würde er es nicht kennen. Dann gibt es unter denen, die sich gerne aufregen, welche, die wollen, dass auch andere so tun, als würden sie das nicht kennen, worum es da geht. Auch das wäre noch kein Problem, aber dann gibt es unter denen, die sich gerne aufregen, noch dazu welche, die sich gerne öffentlich aufregen, etwa über die Bilder *Die große Nacht im Eimer* oder *Der nackte Mann*. Schon damals wusste man, dass die beste Werbung über einen Skandal läuft. Wenn sich der nicht einstellt, weil sich niemand aufregen will, bittet der Galerist einen Kunstkritiker, zu schreiben, dass die Bilder beschlagnahmt worden wären. Alles erstunken und erlogen. Manchmal sind Kunstkritiker doch keine Banausen, sondern bloß korrupt, aber die Unwahrheit schreiben beide. Doch gibt es Staatsanwälte, denen es gelingt, sogar noch Kunstkritiker zu übertreffen. Und welche die Kunstwerke tatsächlich beschlagnahmen lassen. Dann stimmt die Wahrheit wieder, wenn auch nur aus Versehen. Später wird man dann irgendwo Ehrenbürger, also nicht der Staatsanwalt und nicht der Kunstkritiker und auch der Galerist nicht, aber der Urheber des Skandals schon. Und Kern nennt sich jetzt Baselitz und dreht seine Bilder auf den Kopf, damit im Kopf des Betrachters die Welt sich dreht und damit seine Sicht auf die Welt, die er nicht mehr so sieht wie vorher und die Bilder von der Welt auch nicht. So hat er das noch nie gesehen. Er weiß nicht mehr, wie er sie deuten soll, die Welt – und die Bilder auch nicht. Am besten beschränkt er sich auf das Betrachten.

Die Umkehr des abgebildeten Bildes kann Ähnliches bewirken wie die Schub-umkehr eines Flugzeuges oder Schiffes, bei der ein Schub erzeugt wird, der gegen die Bewegungsrichtung verläuft. Wenn es dumm läuft, kann ein Flug-zeug bei der Schubumkehr auch abstürzen.

Wie hätte Baselitz sich gefreut und vielleicht doch ausnahmsweise seine schlechte Laune abgelegt, wenn er mitbekommen hätte, wie die Geschichte in der Klinik ausgegangen ist. Die Direktorin hat nämlich dem Patienten das Bändchen an seinem Handgelenk mit seinen ganzen Daten, also praktisch sein Lebensbändchen, mit einer Schere abgezwickt. Sie sagt zu ihm: »Sie sind mir zu anstrengend!« Allerdings war der Mann damit frei und hat sich unbandig gefreut. Er hatte das Gefühl, Baselitz habe ihm nicht nur die Freiheit, sondern auch das Leben geschenkt, und stapfte vergnügt durch das Land zwischen den Seen.

Am Ufer in Buch besitzt Baselitz ein riesiges Anwesen und möchte nicht, dass jemand kommt. Natürlich hat er prompt auch Ärger wegen des Zauns, Ärger wegen der Hecke. Die Gemeinde stört das, den Nachbarn auch. Womit wir weniger in Deutschland wären, wie Baselitz meint, einem Land, dessen Spießbürger den Künstler nicht mögen, sondern wieder bei Orlando, der vor fast einem halben Jahrtausend auch schon Streit mit dem Nachbarn hatte, das kennen wir schon.

Waldeck: Man muss nicht hinaus in die Welt

Buch hat aber noch etwas, was andere nicht haben, das heißt, doch, in Dießen gibt es mehrere dieser Zeitmaschinenerlebnisse. In Buch ist es das »Café Waldeck«, das es eigentlich nicht mehr geben kann, weil es so ein Kaffeehaus nicht mehr gibt. Das »Café Waldeck« ist aus dem Jahre 1975, und im »Café Waldeck« ist 1975 gestern. Wenn man vergessen hat, wie so ein Haus ausschaut von innen wie von außen, oder später geboren ist, kann man in diesen Film eintreten, der Wirklichkeit ist. Schon der Glaskubus der Leuchte an der Wand mit dem schräg hinaufgezogenen Schriftzug »Café« verdient einen Platz im Museum für verflossenes Design, nicht minder das gleichfalls als Beleuchtung wie Hinweis dienende Rechteck aus gelbem Glas »Café Pension Waldeck«, das sich aus den meterhohen Wülsten der Thujenhecken schraubt. Und tritt man erst ein in diesen Tempel der Vergangenheit, wird man vollends empfangen in den Siebzigerjahren mit den leuchtend roten Tischdecken, den weißen Stühlen aus Nichtholz und den zahlreichen Topfpflanzen – und es ist alles Plastik. Nostalgisches Herz, was willst du mehr? Und dass man dann auch noch mit beinahe altmodischer Zuvorkommenheit bedient wird, macht das Glück vollkommen. Geriffeltes Glas wehrt Blicke von außen und innerhalb der einzelnen Abteilungen des Gastraums ab, im Sommer kann man auch auf einer Terrasse sitzen, »in ruhiger, sonniger Lage, seenah am Waldrand gelegen«. All das gibt es noch auf dieser Welt und man muss gar nicht allzu weit hinaus in die Welt, bloß bis an den Ammersee.

Anlegen

Wer in Stegen sitzt, ist schon auf dem Weg

Der kleine feine »Sieben-Brückerl-Weg« heißt so, weil der Weg, wenn man sich nicht verzählt, da man mehr auf das Wunderliche der Gegend achtet als auf die Zahl von Brücken, über sieben Brücken führt. Er verbindet Buch mit Stegen. Für Radler ist er nicht gedacht – die fahren weiter zum Höhenweg. In Stegen angekommen, sind wir einmal rundherum von unserer langen Reise um den See.

Stegen heißt nicht wegen der sieben Brücken auf dem Weg nach Buch und Breitbrunn so, sondern – doch da verlässt uns leider das wunderbare *Lexikon bayerischer Ortsnamen*: Herkunft und Bedeutung von Wolf-Armin Freiherr von Reitzenstein, auf das wir uns sonst immer gern verlassen: Stegen ist nicht vermerkt. Freilich darf man schwer annehmen, dass es etwas mit »Steg« zu tun hat. Schon früh wird eine Übersetzung des lateinischen »pontes« mit »stega« angegeben, und es waren die Römer, welche die Via Julia von Augusta Vindelicorum, also Augsburg nach Juvavum, Salzburg, natürlich auch über die Amper führen mussten, zum Beispiel bei Schöngeising. Das kennen wir schon inzwischen – wenn nicht, könnte man das Buch wieder von vorne beginnen. Wir sind dort dem Schriftsteller Arnold Zweig begegnet, der später nach Tel Aviv geflohen ist. Mit ihm und seinem Roman *Verklungene Tage* schauen wir noch einmal über den See. Sein Alter Ego Carl Steinitz wünscht sich seine vergeblich angehimmelte Hermine herbei, damit sie mit ihm gemeinsam diese Gegend anhimmeln könnte: »Er schämte sich fast, nur zwei Augen für diese Farben, für diese Düfte nur eine Nase zu besitzen. Er stand auf einer höheren Kuppe – und ein Blick taucht er in ein grünes Meer, ein Meer von Baumwipfeln, wellig, undurchdringlich, auf denen der Wind musizierte. Bis weit an den blassen See reichte es, in allen Tönen von Grün, hinten verschwimmend. An allen Häusern quollen Rosen empor, tief rote, zarte wie Kinderwangen, und fast schwarze wie alter Wein, und sie strömten tags und nachts ihren Geruch aus, der glücklich machte. Aus weißen Kelchen atmete der Jasmin, er verführte zum Niederlegen.« Und so geht das fort und fort. Zweig verwandelt sich poetisch in einen blühenden Zweig dieses Landes, in dem es »nach wildem Honig« duftet, »von den Feldern her, die wie gelbe Mauern ragten, und den riesigen Linden, in denen die Bienen brausten«. Selbst das Heu entlädt »Schiffsladungen von warmen wildem Arom, die alles andere niederschlugen und sich nur ungern mischten«. Selbst die Ufer des Sees, an dem, wie wir gesehen haben, Engel tanzen, erfasst dieser Taumel: »Genoss man aber die Wonne, im Kahn über den See zu rudern, so schoben und drehten sich die Ufer, als fassten sie nicht seinen blassen Spiegel ein, sondern das Leben des jungen Mannes selbst.« Am See und auf dem See und im See wird jeder Mensch wieder jung, ganz von selber. Es ist sein Element, das Wasser. Aus dem Wasser kommt er, und aus

Wasser besteht er, im Wesentlichen. In den Wellen der ewige Gleichklang, ewig gleich alt, ewig gleich jung. Ihr Rauschen, wenn sie am Ufer auslaufen, bringt das Echo aus dem Süden mit, er ist so nah, der Süden, gleich über den Bergen, die da stehen am Ende des Sees, blau über dem Blau des Wassers, blau unter dem Blau des Himmels. Der Berg erscheint als das Band zwischen Himmel und Erde, Himmel und Wasser, Fuß und Kopf, eingebunden in die Einheit von Erde und Himmel, von der nicht abgesondert der Mensch ist, sondern ihr untrennbarer Bestandteil. Wer hier sitzt, ist schon auf dem Weg, Teil des ewigen und unendlichen Kosmos. Es gibt im Augenblick nichts zu tun, als dem Rauschen zuzuhören, als den Wellen zuzuschauen.